명태 평전

표지 설명: 명태 도해, 손용호, 《조선동해어류지》, 1980

명태 평전
그 많던 명태는 어디로 갔을까

| 1판 1쇄 인쇄 2025년 1월 20일 | 지은이 주강현 |
| 1판 1쇄 발행 2025년 1월 30일 | 펴낸이 강영선 |

펴낸곳 바다위의정원
출판등록 제2020-000161호
주소 서울특별시 마포구 잔다리로 48, 3층 3001호(서교동, 정원빌딩)
전화 02-720-0551
팩스 02-720-0552
이메일 oceanos2000@daum.net

ⓒ 주강현, 2025
ISBN 979-11-991180-0-3 03990

이 도서는 2024년 문화체육관광부의 '중소출판사 도약부문 제작 지원' 사업의 지원을 받아 제작되었습니다.

어보魚譜 2

그 많던
명태는 어디로
갔을까

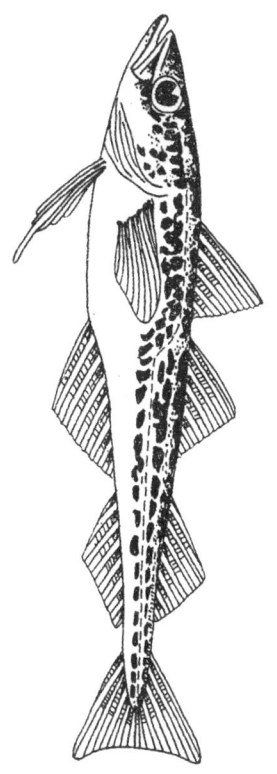

명태 평전

주강현 지음

차례

프롤로그 • 6
사라져간 동해 물고기의 궤적

1 명태 변증

명태 어보의 서사 ——————————— 23
명태의 계보학 ——————————— 49
명태의 생활사 ——————————— 62

2 북어의 길, 자본의 길

북어 자본의 축적과 전국화 ——————— 91
1910년까지 지속된 북어세 수탈 ————— 112
명태 경영의 자본과 노동관계 ——————— 130

3 환동해의 조선인과 일본인

일본인의 명태잡이와 명태자 ——————— 147
박람회와 연구실에 초대받은 명태 ————— 168
북어의 본향, 원산의 장기 지속 ——————— 190

4 생태·기술·어민의 유산

명태 어로 기술사 I: 낚시바리 —————————— 215

명태 어로 기술사 II: 그물바리 —————————— 234

배무이와 선장의 전통 지식 —————————— 259

5 명태의 근대 서사

휴전선을 넘어온 북어 —————————————— 283

북어와 황태의 탄생 ——————————————— 301

북방 미각의 장기 지속성 ————————————— 322

에필로그 • 352
명태잡이의 종말

부록 구술자 명단 • 372
주 • 377
찾아보기 • 395

프롤로그

사라져간

동해 물고기의
궤적

1

강원도 북쪽에 자리한 거진항에서는 늘 명태 축제가 열린다. 그런데 정작 이 축제에 '동해 명태'가 사라진 지 오래다.

명태가 우리 밥상에 오른 지 수백 년 만에 벌어진 놀라운 사건이다. 전쟁·혁명 같은 거대 역사가 아니어서 아무도 주목하지 않지만 일상생활사 측면에서 동해의 명태 소멸은 중요한 사건이다. 나비의 날갯짓이 폭풍을 예고하듯이 동해의 명태 소멸은 지구온난화의 후폭풍이 한반도에도 여지없이 몰아닥쳤음을 뜻한다. 한 물고기의 소멸과 퇴장은 오늘날 우리를 스쳐지나가는 시대에 관한 깊은 성찰을 요구하는 중이다. 따라서 이 책은 마로 '우리 곁에서 어느 날 사라진 어느 물고

마구잡이로 쌓인 명태, 고성 거진항, 1977

기에게 바치는 헌사' 같은 것이다. 명태 소멸은 지구온난화가 일으키는 전 우주적 흔들림을 상징한다.

　1975~1977년 당시 기억을 소환해본다. 나는 명태잡이의 본고장인 강원도 고성의 거진 앞바다에서 군대 생활을 했다. 그때는 무려 3년여 동안 복무했기 때문에 내 생애의 적잖은 부분을 동해에서 보낸 셈이다. 부산에서 시작해 함경도 온성

에 닿고, 두만강을 건너 유라시아대륙으로 연결되는 7번 국도. 달리는 버스 창문 너머로 아름다운 동해의 풍경을 음미하며 떠나는 바다 여행은 언제나 정겨웠다. 버스는 속초항을 출발해 천진, 아야진, 공현진 그리고 간성읍과 반암리를 거쳐 거진항까지 옛길로만 달렸다. 거진읍에서 마장동 터미널까지 올 때면 반드시 용대리를 거쳤다. 반대로 인제에서는 원통을 거쳐 용대리를 통과해야만 진부령을 넘을 수 있었고, 이내 간성에 이르렀다. 동해 주둔 군인이 휴가 갈 때 지나는 길이 바로 그 명태덕장행 루트였다.

당시에는 명태덕장이 진부령에만 있지 않고 해안을 따라 널려 있었다. 옛 3·8선이 지나는 양양 이북의 해안은 이따금 대전차 장벽이 보일 뿐 관광시설이 하나도 없는 텅 빈 바다였다. 드문드문 명태덕장이 바다를 가로막았다. 덕장은 아마도 강원도 북부부터 함경도에 이르기까지 모든 해안을 보초 서듯이 늘어서 있었을 것이다. 북한에서 발간한 1950년대의 수산 전문지 《조선수산》(미국 국회도서관 소장)을 보니 함경도 해안에 명태덕장이 즐비하다. 내가 1970년대에 강원도 북부에서 목격한 덕장과 거의 비슷하다. 시대를 거슬러 올라가 1912년에 일본의 고고학자 도리이 류조(鳥居龍臧)가 찍은 청진 사진(국립중앙박물관 소장 유리 원판)에도 덕장이 해안을 따라 길게 널려 있다. 1912년에서 60여 년이 지난 1970년대의 거진항 풍경까지 같았다. 선창에는 거짓말 보태지 않고 명태가 산처럼 쌓여 있었다. 명태가 너무 많이 잡혀서 상자에 넣지 못하고 무더기로 쌓아놓은 것이다. 그 앞에서 찍은 빛바랜 도리이 류조의 기념사진이 이를 증명한다.

거진항 산동네는 전체가 명태밭이었고, 낯선 이에게도 생태 한두 마리쯤은 셈도 치르지 않고 건네주었다. 가파른 산등성이에 집이 빼곡하게 들어차 있고 마당마다 명태를 말리고 있어서 멀리서 보면 명태산처럼 보였다. 그로부터 오랜 세월이 흐른 다음, 두어 번 거진항에 들렀다. 그때마다 선창 골목의 음식점에서 생태탕을 시켜 먹고 아가미젓, 창난젓을 사오곤 했다. 그런데 어느 순간 생태탕을 팔던 가게가 사라졌고, 얼마 남지 않은 집도 일본산 생태를 가져다 끓인다고들 했다. 1990년대부터 명태는 급격히 어획량이 줄다가 완전히 자취를 감추었다. 지구온난화 때문이다. 수온이 1도 높아지면 명태 한계선은 적어도 수백 킬로미터는 이동하기 때문이다.

2005년 가을, 북한의 〈아리랑〉 공연 관람 일정을 소화하던 중 묘향산 향산호텔에서 있었던 일이다. 주점에서 대동강맥주와 안주를 주문했는데, 북어가 나왔다. 원양 명태가 아니라 북한 바다에서 잡은 애태를 말린 진짜 우리 북어였다. 크기는 자그마한 것이 중태였다. 북양태에서 느낄 수 없는 특유의 향취에서 북방의 DNA가 전달됐다. 맛이 달랐다. 사람의 미각에 강렬하게 각인된 북어의 묘한 맛이었다.

이제 동해에서 명태는 사라졌고 원양태만이 밥상에 오른다. 기후-인간-어종의 여러 관계에서 빚어지는 명태 멸종에 관한 '최후의 기록'을 남겨야 할 의무를 느꼈다. 이 책을 저술하게 된 가장 큰 이유다. 서해 조기의 소멸을 기록한 책을 오래전에 출간했다. 사라져가는 것에 관한 민중 생활사의 기록은 우리 시대에 누군가는 해야 할 의무감 같은 것이다. 명태의 소멸 과정은 생태사의 중요한 과제다. 돌이켜보면 해양의 생태사적 과제를 안고 조기뿐 아니라 동해의 강치 멸종을 화두로 책을 발간한 적도 있다. 이제《명태 평전》을 발간하면《조기 평전》,《독도강치 멸종사》,《세계의 어시장》에 이르는 해양생물을 주제로 한 네 번째 책이 나오는 셈이다.

2

'국민 생선' 두 가지는 단연 서해 조기, 동해 명태다. 남해 멸치나 제주도 돔, 그 밖의 새우, 청어, 대구, 민어, 갈치, 오징어 등도 모두 중요하지만, 역사문화 전통에서 명태와 조기, 그에 수반된 북어와 굴비는 압도적이다. 동해 명태에 빗대어서 조기를 '전라도 명태'라 호칭했을 정도로 두 물고기는 수위를 다투는 수산물이었다. 조기는 조선 전기에도 많이 잡혔으므로 명태잡이에 비해 긴 역사를 지닌다. 출현 시점을 기준으로 한다면 명태는 조선 후기, 곧 18세기 이후 돌풍을 일으킨 '신예 어종'으로 간주된다. 그런데 이 두 물고기는 모두 우리 바다에서 사라졌다는 공통점이 있다. 조기어장은 여전히 추자도와 동중국해에서 형성되고 있으나, 서해안의 다양한 민간 풍습을 창출하던 역사적 어장은 일찍이 소멸했다. 명태어장도 동해에서 자취를 감추었다.

《대구》의 작가 마크 쿨란스키(Mark Kurlansky)는 사라져버린 대서양 대구를 생각하면서 북아메리카 뉴펀들랜드 동쪽 돌출부에 자리한 페티항(Petty Harbour)을 찾았다. 뉴펀들랜드 동쪽 해안의 작은 강어귀에 건설된 인구 1000명도 안 되는 이 어촌은 대구가 사라지기 전만 해도 낚싯줄과 덫그물로 대구를 잡아 살면서 제법 흥청거렸다. 이곳 어민은 대구에 관한 오랜 전통 지식을 갖추었고, 대구잡이는 물론이고 대구요리에 이르기까지 다양한 문화를 간직하고 있었다. 그러다가 조업 금지가 선언됐다. 뉴펀들랜드 어장의 어민에게는 청천벽력 같은 일대 사건이었다. 그들은 스스로 되뇌었다. "도대체, 물고기는 다들 어디로, 가버린 걸까?" 페티항 사람들의 문제란, 그들이 1000여 년 동안 이어온 이곳의 어업 역사에서 하필이면 제일 끝물에 있었다는 사실이다. 2013년 나는 쿨란스키와 부산에서 만나 대구와 명태를 소재로 대화를 나누었다. 만나자마자 마치 백년지기처럼 공감할 수 있었던 것은 한국 역시 명태의 막장 잔치를 끝낸 터였기 때문이다. 마침 명태는 대구과에 속하는 물고기이기도 하다.

페티항처럼 거진항 사람도 어업사에서 하필이면 끝물에 있었다는 공통점이 있다. 대서양 대구와 동해 명태는 지구의 전혀 다른 곳에서 서식하며 생태적 운명의 동시성을 연출하는 중이다. 그러한 인연으로 그의 《대구》 한국어본 추천서까지 쓰게 됐다.

3

명태는 우리 국민의 '최애 생선'이다. 그 자리를 넘보는 '국민 생선'은 없다. 또한 '절을 받는 물고기'이며 '액막이 물고기'다. 어딜 가나 북어대가리가 걸리지 않은 곳이 없으며, 굿판과 고사의 단골이기도 하다. 의례의 주역으로 자리 잡았음은 영력(靈力)을 인정받았다는 증거이며, 그 사실만으로도 역사문화적 권위를 담보한다. 그러나 수온 변화에 따른 물고기의 흥망성쇠는 청어 같은 다른 어종에서도 흔히 일어나지만, 명태 소멸은 수백 년간 축적된 역사문화 유산의 소멸을 뜻하는 것이다. 연대기를 남겨둘 필요가 있다.

명태가 등장하는 문헌은 다른 어종과 마찬가지로 제한적이다. 어보(魚譜) 서술 전통이 미약한 나라이기 때문이다. 《자산어보(玆山魚譜)》나 《우해이어보(牛海異魚譜)》는 그나마 어보다운 어보로 전해오지만, 이들 책은 남해안 중심 서술이라 명태가 나오지 않는다. 정약전이나 김려는 명태나 북어의 존재를 알고 있었으나 남해안 중심의 어보를 작성했기에 언급하지 않았을 것이다. 명태는 고려는 물론이고 조선 전기에도 이름이 없다가 뒤늦게 조선 후기에나 등장한 '신진 물고기'였기 때문이다.

후대의 이른바 실학파 학자가 실사구시 관점에서 명태에 대한 기록을 남겼다. 그들의 안목과 저력에 경의를 표한다. 그러나 피상적 묘사일 뿐 어보 단계까지는 나아가지 못했다. 명태를 산업 관점에서 제대로 기록한 것은 일본인이다. 그들은 자원 수탈이라는 분명한 목적을 위해 관심을 두었다. 19세기 말부터 한반도로 건너온 일본인이 펴낸 《조선수산회보》나 각 현에서 펴낸 시험조사 보고서 등에 명태어장 및 명태잡이에 관한 다양한 기술이 전해온다. 당연히 조선총독부의 수산 정책이나 수산시험장 보고서에도 명태가 등장한다.

해방 이후 자료로는 북한의 아카이브가 중요하다. 명태의 주산지가 함경도이기에 그들이 남긴 자료는 절대적이다. 1950년대부터 1960년대 초반까지 북한의 민속학연구실은 사라져가는 자료를 수집했다. 북한의 학자들이 생활풍습을 조사하고 채록한 것은 일찍이 《북한민속학사》(1991)를 펴내면서 알고 있었다. 요행히 그 자료들을 연구실에서 확보했다. 이 책에 인용된 자료는 사회과학원 민속학연구실의 원천자료(녹취 구술)다. 나진, 경성, 홍원, 원산 등에서 채보된 것인데, 구술자의 연령층이 60~80대. 조사 시점을 역으로 환산하면 1870년대에서 1900년대 초반 출생이다. 지금으로부터 120~150여 년 전 사람의 증언이라 더 이상 채보가 불가한, 중요한 구술 역사다. 가령 함경북도 청진시·라진군 조사는 1951년에 행해졌는데, 구술자 배용도는 당시 80세이므로 1870년 무렵 출생했다. 그의 구술은 조선 후기~대한제국기~일제강점기~해방 공간에 길게 걸쳐 있다. 이러한 조선 후기 인물의 구술사 자료는 더 이상 채록이 불가능하다.

명태가 소멸해가던 1999~2002년에 동해 어업을 집중 조사한 아카이브가 내 연구실에 잘 보관되어 있다. 명태잡이를 하던 고성항, 대진항, 아야진항, 나아가 속초 청호동의 함경도 아바이를 표본 조사했다. 이들의 나이는 조사 당시 60~80대였으므로 1930년대부터 해방 이후의 구술이다. 이 역시 앞으로는 더는 조사할 수 없다.

유의해야 할 점이 하나 있다. 남한의 동해안 구술 자료는 경어체로 채록됐다. 반면에 북한의 민속학연구실 자료는 경어체가 아니다. 따라서 같은 채록 자료인데도 하나는 경어체이고, 다른 하나는 일반 평어체다. 원 자료를 수정하지 않고 그대로 인용해야 한다는 일반 원칙에 따라서 표현이 다르게 되어 있으니, 이 점은 양해를 구한다. 남한에서는 구술 채록, 북한에서는 담화라는 표현을 쓴다는 점도 덧붙인다.

북한 민속학연구실의 구술 자료, 내가 수행한 동해안 구술 자료 등이 이 책을 서술하는 데 보탬이 됐다. 문헌 자료에서는 일본인의 족적이 도움이 됐다. 식민 통치의 목적상 그들은 광범위한 현지조사를 하고, 자원을 수탈했으며, 그 기록을 남겼다. 그들의 아카이브에서 70년 넘게 분단되어 있는 함경도 자료를 볼 수 있었다.

4

이 책의 담론 근거는 전통 지식(Traditional Knowledge)이다. 전통 지식은 민속지식, 민속과학 등으로도 불린다. 전통이 포괄적·통념적 개념이라면 전통 지식은 더 선명한 범주와 정치적 견해를 갖는다. 오늘날의 획일적 문화 구조에서는 문화 다양성이라는 생존 전략을 모색하기 때문에 정치적 견해란 필연적으로 생겨나는 긴장감을 뜻한다. 전통 지식은 일반적 의미의 전통이 아니라, 이른바 근대과학 체계, 근대지식, 과학지식 등과 대척 관계에 있는 정치적 술어이며, 문명인의 지식이 아닌 이른바 야만·원시·낙후·식민 등의 이름으로 내몰린 원주민 지식 체계에 관한 재인식을 뜻한다.

잡지 《뿌리깊은 나무》의 창간인 한창기 선생이 《민중자서전》을 발간하면서 남긴 구술 채록은 보물이다. 박현수 선생이 이끌던 20세기민중생활사연구단과 함께하면서 구술 아카이브를 남긴 경험도 새롭다. 민중의 역사를 논하면서 민중 구술을 문헌보다 낮추어보는 일부 역사학계의 편견에 이의를 제기한다. 오늘날에 이르러서는 구술사가 전혀 새로운 학문 분야인 것처럼 떼어내서 강조하는 경향성도 존재하는데, 사실 민속학·인류학 등은 태생부터 구술사 전통에 천착해왔다.

《자산어보》의 정약전이 일찍이 의존한 원주민 구술자 창대를 떠올린다. 이 책에도 무수한 창대가 등장한다. 책 말미에 그들의 목록을 제시한다. 함경도에서 강원도까지, 아울러 강원도에 정착한 아바이들이 바로 동해에서 19~20세기를 살던 창대다. 민속학과 인류학에서 말하는 현지조사의 주 제보자(Key Informant)다. 구술을 들려준 항포구의 창대들에게 경의를 표한다. 명태가 사라지던 시점인 2000년도에 강원도 해역을 조사해둔 자료가 큰 도움이 됐다. 책의 말미에 이들의 간략한 인적 사항을 기록해두었다.

5

이 책은 명태에 관한 최초의 현대적인 어보다. 고전적 어보와 달리 19~20세기의 역사 변동, 특히 외세가 우리 어장에 등장한 사건, 남북분단으로 어장이 갈라진 사건 등을 두루 포함한다. 무엇보다 동해에서 명태가 사라진 환경사적 재앙도 포함한다. 물고기 하나에 역사, 생태에 관한 여러 문제가 결합되어 있기 때문이다.

물고기 및 어업과 관련하여 이미 몇 권의 단행본을 출간했다.《조기 평전》과 어법에 관한《신이 내린 그물: 돌살》이 대표적이다. 1990년대부터 명태에 대한 책을 쓰겠다고 공언하고 자료도 모았지만 출간이 미루어졌다. 이 책이 나옴으로써 수십 년 만의 부채를 청산한다. 이로써 서해 조기/굴비, 동해 명태/북어라는 두 '국민 물고기'의 서사를 마무리한다.《자산어보》가 한 권에 많은 물고기를 다루었다면, 나의 연구 탐사는 '한 어종, 한 권'이다. 수산 먹을거리로서의 '음식 담론'이

넘쳐나는 반면, 세인의 관심에서 벗어나 있는 어보가 드문 현실에서 어보 연구의 디딤돌을 놓는다.

역사학에서는 드물게 본격적인 수산업사를 연구한 이기복 박사와 20여 년 전에 공동 수행한 연구조사가 도움이 됐다. 기후변화와 어종의 변화에 관한 국제적 전문가인 제주해양과학대학 정석근 교수와 김인권 전 수협중앙회장과의 주기적인 수산 토론도 도움이 됐다. 북한의 사회과학원 민속학연구실의 1950~1960년대 원천 자료를 읽게 해준 남북역사가협회에도 감사드린다. 사진은 국립중앙박물관 소장 일본인 유리 원판, 20세기 초반의 《한국수산지》, 《조선수산회보》, 조선총독부 수산시험장 등의 다양한 아카이브가 활용됐다.

2025년을 열며
명태가 사라진 거진항을 찾아가서 쓰다
주강현

명태

1

변증

조선의 동북 바다 가운데 물고기 한 종류가 살고 있다. 몸통은 날렵하고 길이는 한 자 남짓이며, 큰 입에 비늘은 가느다랗다. 색은 담홍색에 검은빛이 돈다. 뇌에는 호박씨 같은 타원형의 뼈가 있다. 배에는 알이 있는데 크기가 작아서 좁쌀 같다. 또 양젖이나 돼지기름처럼 허연 것이 있는데, 고지미(膏脂美)라고 한다. 물고기 이름은 바로 북어, 속칭 명태다. 봄에 잡은 것을 춘태, 겨울에 잡은 것을 동태, 동짓달에 시장에 나오는 것을 동명태(凍明太)라고 한다. 북어 알로 담근 젓을 명란이라고 한다. 살아 있는 놈은 육질이 고슬고슬하고 맛이 담백하다. 말려서 건어물로 만든 것은 이 일대 지방에 두루 공급되는데, 한 마리 값이 몇 문이나 한다. 가격은 어느 지방이나 다 같고 일상적으로 사랑받는 반찬으로 쓰이며 여항의 평민은 이것을 가지고 포를 만들어 제사상에 올리고 빈한한 가계의 유생 또한 제물로 올릴 수 있으나 흔한 것이면서 귀하게 쓰인다. 다만 먹으면서도 그 이름을 모른다는 것이 말이 되겠는가.

_이규경, 《오주연문장전산고(五洲衍文長箋散稿)》

명태 어보의 서사

17세기 문헌에 첫 등장하는 명태

함경북도 나진항 앞바다에 대초도(大草島)가 있다. 해방 후 이 섬에서 한국인에 의한 발굴 작업이 최초로 이루어졌다. 북으로 간 고고학자 도유호는 상세한 보고서를 남겼다. 대초도에서는 청동기는 물론이고 석기, 철기 시대 유물도 확인됐다. 선사인은 조개껍데기 층에 무덤을 썼는데, 이들은 짐승도 사냥하고 해산물도 잡는 수렵채취인이었다. 백합·우럭·큰가리비·비단가리비·바지락·굴·조개·홍합 등의 조개류와 소랏과·고둥과에 속하는 각종 권패류가 나왔다. 이곳은 고고학적으로 볼 때 함경도와 연해주의 동해안 조개무덤문화(Shellmound Culture)에 속한다. 흥미로운 점은 조개무덤에서 명태로 비정되는 물고기 뼈가 발굴됐다는 것이다. 2000년 세월을 뛰어넘는 이 뼈의 발굴은 선사인도 이 물고기를 먹었다는 유력한 증거다.[1]

이 뼈가 명태 뼈가 맞는다면 우리가 명태를 먹어온 역사는 상고대로 소급된다. 그러나 명태는 다른 물고기에 비해 역사 문헌에 매우 늦게야 출현한다. 삼국시대, 고려시대에도 명태는 등장하지 않으며, 조선시대에 들어와도 16세기까지는 기록에 보이지 않는다.

생물종의 작명은 자연과 인간의 관계에서 철학적이기도 하다. 김춘수 시인은 연작시 〈꽃〉에서 "내가 그의 이름을 불러주기 전에는/ 그는 다만/ 하나의 몸짓에 지나지 않았다.// 내가 그의 이름을 불러주었을 때/ 그는 나에게로 와서/ 꽃이 되었다"라고 했다. 생물종 작명의 시작과 그 스토리의 형성은 매우 역사적이어서 생물과 인간 사이의 역사에서 이름의 등장과 보편화 과정은 중요한 의미를 지닌다. 물고기의 어느 종에게 이름이 부여되고, 인구에 회자됨은 그것이 먹을거리의 범주에 들어왔다는 뜻이다.

그런데 명태는 모든 해산물이 등재된 15세기의 《세종실록지리지》와 《동국여지승람》 그 어디에도 이름이 나오지 않는다. 조선의 토산품은 《세종실록지리지》와 《신증동국여지승람》,《여지도서(輿地圖書)》정도만 보면 개괄적으로 파악이 되는데, 명태가 15세기의 어종 목록에서 누락됐음은 특기할 만한 일이다.[2] 문헌에 등재되지 않았다고 식재료로 쓰지 않았다는 이유가 되지는 않지만, 어떤 어업 행위에 따른 생산수단, 즉 그물과 낚시 등 어로 도구의 등장이 매개되지 않는 어물은 보편화된 어종은 아닐 것이다. 더군다나 국가적 부세(賦稅) 체제에 포함되어 어세(漁稅)를 내야 하는 어물이 되어야 보편화된 경우다. 명태는 특이하게도 15세기의 목록에서 누락되어 있다.

《세종실록》을 보면 1437년(세종 19) 의정부에 낸 호조의 보고서에서 "어수량(漁水梁)은 함길·강원의 대구어(大口魚)·연어(鰱魚)·방어(魴魚), 경상의 대구어·청어…"라고 했다. 동해에서는 찬물고기인 대구와 청어가 많이 어획됐는데, 함경도와 강원도의 산물에는 같은 찬물고기인 명태가 언급되지 않았다. 어수량은 어량(魚梁)과 같은 뜻인데, 어량은 본디 강을 막아서 고기를 잡는 어구로서 바다에도 적용됐으며, 어량 또는 수량(水梁)으로 지칭됐다. 고구려시대에도 수량으로 호칭됐다. 조선 초기에 이르러 어전(魚箭, 어살)으로 변했다.《태조실록》에는 어량·수량 명칭이 보이고,[3]《태종실록》및《세종실록》에는 어수량이 보인다.[4] 이후에는 대부분 호칭에서 어

명태의 주 어장인 동해, 팔도총도, 조선 전기

전(어살)으로 통일되며, 어수량은 더 이상 보이지 않는다. 어지간한 어종은 모두 등장하는 《세종실록》에 명태가 없는 것은 조선 전기에 명태가 주요 어업 대상이 전혀 아니었음을 말해준다.

대구가 문헌에 정확하게 등장하는 것으로 보아, 명태를 대구의 아류로 보았던 것이 아닌가 하는 추론은 가능하다. 대구가 잡힌 함경도 어수량에 대구뿐 아니라 명태도 어획됐을 가능성이 있기 때문이다. 같은 찬물고기로서 혼획된 대구와 명태를 싸잡아 대구를 중심으로 통계를 냈을 수도 있다. 그러나 어디까지나 추론이다. 대구는 대구고, 명태는 명태일 뿐이다. 분명한 것은 조선 전기 문헌에 명태는 등장하지 않으며, 그런데도 명태가 조선 전기에 잡혔을 가능성을 완전히 배제할 수는 없다는 불가지론에 봉착한다.

무태어는 명태인가

명태는 17세기에 처음으로 기록에 나온다. 1652년 사옹원 관리가 강원도 10월분 진상품에 대한 폐해를 보고하는 가운데 대구 알과 함께 명태 알 기사가 등장한다.[5] 여기서 논란이 되는 어류는 무태어(無太魚)다. '무태어는 명태인가' 하는 해묵은 논란이 재론될 수밖에 없다.

1530년(중종 25) 《신증동국여지승람》 〈함경도 경성과 명천 토산조〉에 무태어가 등장한다. 약 100년 전인 15세기에는 보이지 않던 무태어가 느닷없이 16세기에 등장한 것이다. 무태어가 명태라는 오늘날 수산학자들의 확정성 발언은 많지만, 동의가 어렵다.

　19세기 실학자 서유구는 《임원십육지(林園十六志)》 〈전어지(佃漁志)〉에서 방어가 무태어라고 했다. "방(魴, 방어)은 일반적으로 무태방어(無泰魴魚)라고 하는데, 무슨 뜻으로 그렇게 말하는지 알 수 없다"라고 했다. 무태어가 방어에도 적용되는 것을 보면, 무태어가 반드시 명태만을 지칭한다는 주장은 불투명해진다. 북한의 역사학자로 《조선수산사》(사회과학출판사, 2010)를 저술한 장국종도 무태어는 명태가 아니라고 했다.[6] 글자 그대로 해석하면, 비늘이 없는 생선을 일반적으로 무태어라고 했을 가능성이 높다.

　1757~1765년에 각 읍에서 편찬한 읍지를 모아 책으로 만든 《여지도서》에 흥미로운 기사가 보인다. 명천과 종성의 물산에 무태어가 등장하는데, 명태는 없다. 같은 《여지도서》 북청의 물산에는 무태어 대신에 명태가 등장한다. 〈함경도편〉에는 명천·종성 물산에 무태어, 북청 물산에 명태가 동시에 별개 어종으로 등장한다. 무태어와 명태가 별도로 등장함은

이들이 같은 물고기가 아니라는 증거가 아닐까. 명천은 명천 태씨의 전설이 있는 곳이다. 그런데 명촌 읍지에는 정작 명태 대신에 무태어가 등장한다. 여러 고을에는 명태가 보이지 않는데, 유일하게 북청에서만 명태가 등장한다.

북청 진상품은 얼린 대구, 말린 대구, 대구 알젓, 말린 고등어, 말린 광어, 연어와 전복, 문어 등이며, 명태는 보이지 않는다. 방물에도 명태는 보이지 않는다. 함경도의 다른 지방인 덕원, 문천, 홍원, 회령, 정평, 안변 등에는 무태어도, 명태도 모두 등장하지 않는다. 명천·종성의 무태어, 북청의 명태만이 독립적이다. 명천태씨의 전설이 일찍이 있던 것으로 본다면 명천의 기록에 명태가 반드시 등장해야 하는데, 무태어만 등장한다. 《여지도서》를 편찬한 이들이 무태어와 명태를 달리 명기한 것은 다른 두 물고기임을 뜻한다고 본다. 그런데 무태어가 다른 지방에서는 전혀 등장하지 않고 유일하게 명천·종성 기록에만 등장한다. 박구병은 "과거 토산에 올라 있는 것을 그대로 옮겨 쓴 탓"이라고 했지만,[7] 무태어와 명태의 관계는 풀리지 않는 의문이다.

18세기 문인 홍양호(洪良浩)는 한때 경흥부사를 지냈다. 그는 《북새기략(北塞記略)》에서 함경도의 풍토를 상세히 기록했다.[8] 〈해로고(海路考)〉에서는 동해안의 주요 고을에서 다른 고을로 가는 뱃길의 방향과 거리를 적었다. 〈영로고(嶺路考)〉에서는 회령·경성·경원·단천·함흥 등 관북 주요 고을의 고개를 통해 다른 고을로 나아갈 수 있는 영로(嶺路)를 기술했다. "청어와 대구는 그물로 잡으나 무태어는 바늘로 잡는다"라고도 했다. 문맥상 무태어는 명태가 맞을 것이며, 연승(延繩)어법을 지적한 것이다. 그런데 굳이 명태가 아니라 무태어라고 언급했다. 18세기가 되도록 명태라는 이름이 아직 범사회적으로 완전한 합의에 이르지 못했던 사정을 반영한다.

《명천군 읍지》〈물산조〉에는 무태어 또는 명태어라는 기록이 보이지 않는다. 이상한 일이다.《경성군 읍지》〈토산·인류조(鱗類條)〉에는 무태어와 함께 명태어, 대구어 등도 동시에 기입되어 있다. 무태어와 명태어가 동시에 병기됐음은 명태가 무태어와 같다는 주장이 틀렸음을 방증한다. 편찬자는 무태어를 명태어, 대구어와 다른 종으로 고려했기에 별도로 병기한 것으로 여겨진다. 유의할 것은 서유구의《임원십육지》〈전어지〉에서처럼 비늘 없는 물고기는 무린어(無鱗魚)로 분명히 '비늘 없음'을 명시하지, 무태어 명칭은 없다는 점이다.

19세기 한의서《방약합편(方藥合編)》〈손익본초(損益本草)〉에서는 명태를 "명천에서 나오는 무태어"라고 했다.《방약합편》이 발간된 1884년 무렵은 명태/북어가 완전히 일반화된 시점인데, 굳이 무태어라 명명한 것은 이전 문헌의 무태어를 단순 반복한 것이거나, 아니면 비늘 없는 생선이라는 뜻에서 무태어로 기술했을 가능성이 있다. 그렇다면《신증동국여지승람》의 무태어도 비늘 없는 명태를 지칭하여 '경성과 명천의 무태어'라 기술했을 가능성이 있다. 무태어 범주에 명태·방어 등이 두루 포함된다는 뜻이다. 무태어와 명태를 둘러싼 혼선이 반복되고 있다.

황필수(黃泌秀)가 각종 사물의 명칭을 고증하여 1870년에 펴낸《명물기략(名物機略)》은 한자와 한글이 혼용된 자료다.《방약합편》의 저자인 황도연(黃度淵)이 황필수의 부친이다. "무태어는 민간에서 북어라 하는데 북도에서 나오는 것을 말한다. 명태라고도 하는데 명천의 태씨 성을 가진 사람이 잡았다"라고 했다.[9] 이 역시 후대의 기록으로, 앞 시기 문헌을 종합하여 쓴 것이다. 선인의 명칭에 관한 엄밀성·분별성이 약하다는 증거이기는 한데, 그보다는 명태의 명칭이 당대에 보편성을 여전히 확보하지 못했다는 증거다. 그 시대에는 명태보다 북어라는 명칭이 더 많이 쓰였을 것이고, 황필수는 이 점을 지적했다. 그러나 '무태어를 민간에서 명태'라고 기록한 것은 일반적인 관행 서술일 뿐이다.

결론적으로 무태어가 명태만을 단독 지칭한다고 볼 수 없다. 비늘 없는 생선의 대표 격으로 명태, 방어 등을 무태어로 공통 기술했을 가능성이 높다. 따라서 무태어가 반드시 명태만을 지칭한다는 주장은 무리다. 앞에서 방어도 무태어라 밝힌 문헌이 좋은 예다. 명태라는 작명이 보편화되기 전에는 비늘 없는 생선이라는 뜻의 무태어가 방어, 명태에 두루 적용됐을 것이다. 그러다가 어느 시점엔가 명태가 전국적 동의를 얻어가면서 당대의 문헌에 자리 잡기 시작한다. '그 어느 시점'이란 명태가 대대적으로 잡히고 마침내 북어가 상업화되던 시기다. 그 초기 이름은 명태도 아니었고 '북해에서 잡히는 북어'로 출발했을 것이다. 이러한 여러 단계의 혼선을 겪다가 훗날 북어는 말린 명태, 명태는 보편적 통칭어 및 생태의 명칭으로 굳어진다.

함경도 명천 지방의 태씨 관련 전설

'300여 년 전 명천의 태씨 성을 가진 어부가 최초로 잡았다 해서 명태라고 한다'는 명태에 관한 속설이 전해온다. 17세기 인물 민정중(閔鼎重)이 명천태씨 유래설을 주장했다. 민정중은 조선 중기 문신으로 인조~숙종 연간 사람인데, 한때 함경도관찰사를 지냈으므로 당대에 구전돼오던 '명태 명천태씨 유래설'을 듣고 이를 문헌에 등재했을 가능성이 높다. 19세기 인물인 조재삼(趙在三)이 편찬한 유서(類書, 일종의 백과사전)인 《송남잡지(松南雜識)》에도 이 속설이 기록돼 있다. "원산도 소산인데 명천에서 옛날에는 잡지 않았다. 명천 사람 태가라는 사람이 처음으로 북어를 낚시로 잡았다. 크고 살지고 맛이 좋았으므로 명태라고 명명했다. 겨울에 잡으면 동태, 봄에 잡으면 춘태다. 알은 명란이라 한다. 대개 어족 중에서 많은 것에 속한다"라고 했다.[10] '명태 북어'라고 하여 명태와 북어가 동어별명(同魚別名)으로 혼용되고 있다. 아마도 둘 다 쓰였을 것이다.

명태잡이 전설이 실린 조재삼의 송남잡지

명천태씨 전설은 여러 버전이 있는데, 공통점은 명천태씨가 연승으로 명태를 잡았는데, 그 이름을 몰라 지명의 '명'과 어부의 성 '태'를 취하여 명태로 명명했다는 것이다. 함경북도의 명산인 칠보산에 면한 명천에서 남쪽 원산 근역까지가 천혜의 명태어장이었다.[11] 명천에서 잡다가 어장이 남북으로 넓어진 것이다. 태씨는 실제로 명천에서 집성촌을 이룬다.

19세기 인물인 이유원(李裕元)이 1871년에 엮은《임하필기(林下筆記)》〈춘명일사(春明逸史)〉에도 '명천태씨 어부설'이 등장한다. 그런데 이유원은 명태와 북어라는 명칭을 함께 썼다. 이 책에서 17세기 인물 민정중을 소환하는데, 민정중이 '300년 뒤에 이 고기가 지금보다 귀해질 것'이라고 예언했다고 한다. 300년이면 오늘날을 뜻하므로, 그의 예언이 적중했다 할 수도 있겠다.

이런 주장도 있다. 중국 명나라 태조 주원장의 휘(諱)가 명태였으니, 명이 망하고 청이 들어선 뒤에야 조선에서 편하게 명태라는 이름을 쓰게 됐다는 것이다.[12] 이 주장이 황당한 것은 굳이 명태라는 주원장의 휘를 조선 전기에 미리 정해놓고 썼다는 것은 시기상 오류다. 명천 집성촌의 태씨 전설이 훨씬 설득력이 있다. 명천태씨 전설은 계속 이어져서 일제강점기에도 전승됐다. '북관명산(北關名産)의 명태는 명천 어부 태씨의 어획이 그 시초였으므로 그를 기념하기 위함'이란 식으로 태씨 전설은 장기 지속된다.[13]

20세기 수산학자 박구병의 견해로는, 명태를 많이 잡았으나 '무린어를 먹어서는 안 된다'는 금기 때문에 세상 사람들이 돌보지 않았고, 그래서 어업도 흥성하다가 중단됐다는 것이다. 무명의 고기를 먹어서는 안 된다는 미신 때문이라는 이야기는 조선총독부 직원 정문기가 먼저 언급했다.[14] 하지만 이 주장은 설득력이 약한데, 어떤 어류가 어획되다가 금기 때문에 중지되는 경우가 없고, 명태가 중간에 어획이 금지될 만한 조건을 갖춘 어류도 아니기 때문이다.

서유구의 《임원십육지》〈전어지〉에서는 어종을 강어(江魚)와 해어(海魚)로 나누어 설명하는데, 민물고기나 바닷물고기에 공히 비늘이 없는 무린류(無鱗類)를 설정했다. 강에서는 가물치·메기·뱀장어·미꾸리·황복 등을, 바다에서는 명태·뱀장어·대구·고등어·짱뚱어·도루묵·가오리 등을 무린어로 꼽았다. 이상 열거된 무린어는 모두 식용으로 쓰인 물고기이므로 무린어를 먹어서는 안 된다는 주장은 근거가 없는 것이기도 하다.

조선총독부의 수산 관료였던 정문기는 《한국어보》에서 무태어를 명태의 별칭으로 보았다. 북어란 남부 지역에서 명태어 동건품(凍乾品)을 가리키는 명칭이다. 전설에 따르면 지금부터 약 600년 전 고려시대에 강원도에서 불리던 명칭으로, 북방의 바다에서 무리 지어 다니는 물고기라는 뜻이다. 당시 이 물고기는 강원도 연해에서 많이 잡혔으나 이름 없는 물고기를 먹어서는 안 된다는 미신 때문에 먹지 않았고 그 어업도 성하지 않았으니, 그 후 함경북도에서 어획되어 명태라고 명명된 후부터 보건 식품으로서 전국적으로 널리 이용되기 시작했다.[15] 하지만 명태어업이 함경도보다 강원도가 먼저라는 주장 자체부터 황당할 뿐이다. 박구병의 주장은 정문기 주장의 반복이며, 이후 많은 수산학자의 주장도 이들 주장을 별생각 없이 반복할 뿐이다.

명태잡이가 늦게 시작된 이유

1611년 저술된 허균의 《성소부부고(惺所覆瓿藁)》〈도문대작(屠門大嚼)〉에는 각종 중요 어류가 나오는데, 명태는 보이지 않는다. 그로부터 불과 41년 뒤인 1652년 사옹원 관리의 보고에 처음 등장하는 명태는 18세기에 들어서면서 어획량이 증대됐다. 명천과 길주 지방에서는 일찍부터 흰 대구를 사재감(司宰監)에 바쳤는데, 사재감은 어량(魚梁)·산택(山澤)에 관한 일을 관장하던 부서였다. 《일성록(日省錄)》에 따르면 명천, 길주에 사재감 소속 대구어장이 있었다. 명태 어획이 늘어나면서 18세기 전반기에 대구 공물이 명태 공물로 바뀌었다.[16] 공물명에 명태가 공식적으로 등장한 것이다. 국가에 바치는 공물의 종목이 바뀐 것은 중요한 변화였다.

18세기에 명태가 확산된 좋은 증거는 황윤석(黃胤錫)이 53년간 쓴 일기책인 《이재난고(頤齋亂藁)》에 나온다. 명란젓이 등장한 것이다. 그의 일기는 살아생전 겪은 광범위한 내용을 담아냈으며 정확한 연대가 표기되어 있다. 1767년(영조 43)에 엄근(嚴瑾)이란 사람이 편지와 함께 명란젓을 한 보시기 보내오는 대목이 있다. 당시 병을 앓고 있던 황윤석은 흰죽에 곁들여 명란젓을 먹는다. 명란젓이 동해에서 나는 것이라면서 명태난해(明太卵醢)라고 호칭했다. 18세기에 명란젓이 등장할 정도로 명태 유통이 본격화했음을 암시한다.

명태가 문헌에 뒤늦게 등장한 이유에 대해 다음의 몇 가지를 고려해본다. 첫째는 북방 영토 문제다. 명태잡이가 뒤늦게 이루어지고 문헌 등재도 늦어진 이유는 명태의 주산지인 함경도에서 여진족과 조선 사이에 영토 문제가 있었기 때문이다. 지금껏 이 문제를 제기한 이는 없었다. 명태잡이의 본관인 북청에는 여진문자가 새겨진 석각(石刻)이 전해온다. 금나라 마애명(磨崖銘)이다. 북청은 일찍이 발해가 남경남해부(南京南海府)를 두어 경영했던 곳으로, 발해의 석조물이 다수 발견된 곳이기도 하다. 1912년에 도리이 류조와 사료조사 전 기간을 함께한 사진사 사와 슌이치(澤俊一)가 마애명에 관한 유리 원판을 남겼다(국립중앙박물관 소장). 시베리아와 만주 등을 누비던 도리이 류조와 사진사는 함경북도 끝자락 청진에 와서 명태넉상을 찍었다. 해인에 명대가 산처럼 쌓여 있는 풍경

여진의 땅이었던 북청에 금나라 마애명이 남아 있다, 사와 슌이치, 1912

이 인상적이다.

18세기 인물 홍양호에게 경흥은 의미 있는 땅이었다. 두만강 가에 나무를 심었고 48수의 《북새잡요(北塞雜謠)》를 지어 두만강 일대의 풍속을 기록했다. 홍양호는 옛것을 좋아하는 취미가 있었기에 옛 숙신(肅愼)의 땅인 경흥에서 석노(石弩)와 석부(石斧) 그리고 황송통보(皇宋通寶) 등 중국의 오래된 동전을 구하여 서울로 돌아온다. 두만강 건너편을 보면 여진족이 일상으로 보이던 상황이었다.

함경도나 강원도 북부에서는 주민 형성 자체가 늦었다. 일제강점기인 1935년을 기준으로 함경남도의 동족 집단은 1150여 개였으며, 대부분 400여 년 전, 즉 조선 후기인 16세기 이후 형성된 취락이다.[17] 고성군 장전에는 1910년 당시 약 60호가 있었다. 이들은 대체로 남쪽에서 들어왔는데, 양양과 강릉 지방에서 왔다. 기씨, 안씨, 박씨, 엄씨, 차씨, 오씨가 기본 성이다. 박씨는 4대째 살고 있었는데, 명천박씨다. 차씨는 5~6대째 살고 있었다. 명천을 떠나 박씨가 이곳으로 들어온 것은 여진족의 침입 때문이었다고 한다. 북관 끝인 서수라는 400여 년 전 김해김씨가 개척했고, 연진도 400년 전 삼척김씨가 개척, 쌍개는 450여 년 전 밀양박씨가 개척했다(1951년 조사 자료이므로 70여 년 전으로 소급 환산). 여진족 정벌 등의 여러 문제로 어촌 개척과 형성이 뒤늦었고, 남쪽에서 올라온 사람들이 입촌하거나 북에서 남으로 내려왔다. 함경도에서 강원도 북부에 이르기까지 주민 구성의 변화가 잦았으며, 안정된 어촌 성립이 뒤늦은 상황에서 명태잡이도 뒤늦게 시작될 수밖에 없었다.

둘째, 조선 전기 어업 생산력의 부진과 어로 기술의 취약함이다. 명태는 심해어족이다. 명태어업은 해안에서 일정 거리 바깥으로 나간 후 심해로 낚시를 던져야 가능하다. 조선 전기에는 어선 구조가 취약했으며 배 크기도 작아서 먼바다는 물론이고 가까운 연안으로도 선뜻 고기잡이를 나서기 어려웠다. 어선 발달 없이는 어업 발전이 이루어질 수 없다. 동해의 험난한 겨울 바다에서 풍선(風船)을 몰고 멀리 나가는 명태잡이는 쉽지 않았을 것이다. 조선 후기에 이르면 어선 못지않게 연안 정치망인 방렴(防簾)으로 명태를 잡기 시작한다.

연안에서 미역을 채취하거나 간단한 낚시어업으로도 해산물을 얻을 수 있던 시절이다. 서해에서도 조류를 이용한 정치성 어업은 성행했다. 하지만 어군을 따라다니는 적극적 어업은 조선 후기에나 가능했다. 조기 파시와 굴비 유통도 조선 후기 어선의 발전을 떼어놓고 생각하기 어려운 대목이다. 국가가 수산업 발전을 꾀하기보다는 선세·염세·어장세 등 각종 세금으로 묶고 권문세가가 어장을 장악하면서 어민을 신분적 하층으로 묶어둔 조건에서, 더군다나 오지 중의 오지인 함경도에서 비약적 어업 생산을 기대하기란 불가능하다. 함경도에서 명태어업이 뒤늦게 시작된 것은 이같이 낙후된 사회경제적 조건도 하나의 이유였다.

셋째, 17세기에 명태가 공식적으로 등장한 것은 수산업 약진과 관련이 있다. 수산업에서 담수어업 비중이 줄고 해수어업 비중이 늘어났다. 15~16세기만 해도 민물고기 비중이 높았지만, 17세기에는 원해어업이 점차 발전하기 시작했으며 고깃배 수도 늘어났다. 수산물 상품화가 촉진되면서 운반과 판매에 전문화된 배도 많이 나타났다. 17세기 이후 수산업의 뚜렷한 발전은 주요 어종인 명태, 청어, 조기 등의 가공이 적극적으로 진행된 데서도 찾아볼 수 있다.

명태어업은 남해와 서해 어업의 성장과 함께 이루어졌다. 문헌을 보면 큰 어장이 여럿 등장한다. 함경도 길주·명천의 명태어장, 강원도 원산의 청어어장, 평안도 신미도·가도·덕도의 숭어·조기 어장, 황해도 해주와 연평의 조기어장, 풍천과 장연의 해삼어장, 경기도 수원과 평택의 황조기어장, 강화와 인천의 밴댕이어장, 전라도 영광의 조기어장, 제주 강진의 전복어장, 위도와 법성의 청어어장, 경상도 울산과 동래의 전복어장, 진해의 대구어장 등이 부상했다. 18세기 말에서 19세기 전반에 접어들면 명태, 대구, 조기, 청어 등 주요 어종의 어획량이 확대됐다. 명태도 그전 시기에는 볼 수 없을 정도로 어획량이 급증했다. 이것이 18~19세기 문헌에 다양한 방식으로 명태(혹은 북어)가 기록되기 시작한 요인이다.

실학자의 호출

18세기에 이익(李瀷)은 "어민은 목선을 만들어서 물고기잡이로 생계를 유지한다. 생선, 건포, 알, 젓갈을 말과 배로 실어 내는데, 지금 한양 저자에서 보는 맛있는 어물은 그 대부분이 동해에서 실어온 것"이라고 동해 어업의 성장을 기록했다.[18] 오지인 동해에서 한양까지 건어물이 당도한 것이다. 북어라고 명확히 지목하지는 않았으나 '대부분 동해에서 실어온'이란 대목에서 북어가 당연히 포함됐을 것임을 알 수 있다.

정조 연간에 이만영(李晩永)이 편찬한 백과전서류인 《재물보(才物譜)》(1798)는 하늘·땅·사람의 삼재(三才) 만물을 다루는 일종의 어휘집이다. '북해에서 나므로 이름을 북어(出北海 故名北魚)'라고 하여 명태보다 북어가 선행했음을 밝혔다. 북쪽 바닷물고기이므로 북어로 단독 호칭되다가 나중에 북어와 명태가 혼용된 것으로 보는 것이 맞다.

이덕무, 유득공, 박제가 등 북학파 인사와 교유했던 성해응(成海應)은《연경재전집(研經齋全集)》을 저술하여 '북해의 물고기'에 대해 기록했다. 우리나라 사람만이 이익을 전유하는 물고기 넷을 꼽았는데, "명태어·대구어·청어·목어(牧魚, 도루묵)가 그것이니 모두 속명"이라고 했다.[19] 속명은 중국 문헌에는 등장하지 않음을 말하므로 한국 고유의 명칭이라는 뜻이다.

서유구가 1820년경 펴낸《난호어목지(蘭湖漁牧志)》에는 명태 산지, 어기, 명란 및 북어와 동태에 관한 기사가 등장하며, 명태어업이 대풍을 이루었다는 기록도 있다. 함경도 명태는 마른 명태로 만들어져 사방의 상인이 모이는 원산에서 집하됐다. 거기서 배에 실어 동해를 돌아 운반하거나 말에 실어 철령(鐵嶺)을 넘었는데, 밤낮없이 인마 왕래가 끊이지 않았다. 그 수량이 많아 전국에 넘쳐흘렀는데, 해산물 중 명태는 청어와 더불어 가장 많다고 했다.[20] 다음 인용문은 서유구가 말년에 저술한《임원십육지》의 일곱 번째 부분으로, 목축과 사냥 그리고 고기잡이에 관한 내용이 담긴 〈전어지〉의 '명태어(明鮐魚)'에 관한 설명이다. 명틔와 북어를 병기했다. 두 명칭이 모두 쓰였다는 뜻이다. 19세기에 이르러야 '생것을 명태, 말린 것을 북어'라고 구분하기 시작한 것이고, 이러한 호칭 구분법은 21세기 오늘에까지 이어진다.

명틱 북어. 일반에서 부르기를, 생것을 명틱라 하고, 말린 것을 북어라 한다. 또한 관북에서 난다. 비늘은 없고 척주는 담흑색이며 배는 조금 희다. 머리는 크면서 길어 거의 몸뚱이의 3분의 1을 차지한다. 몸뚱이는 둥글고 창자는 불룩하면서 끝은 깎여 있다. 꼬리는 작으면서 두 갈래로 가지가 조금 나 있고 등 위에는 머리와 꼬리의 가까운 곳에 다 작은 등지느러미가 있다.

19세기 실학자 이규경의 저술은 명물고증학(名物考證學) 혹은 명물학(名物學) 관점에서 주목한다. 그가 다룬 어류는 바닷물고기와 민물고기를 망라한다. 조선 서적뿐 아니라 《화한삼재도회(和漢三才圖會)》(1712) 같은 일본의 백과전서까지 두루 인용했다.[21] 19세기에 이르면 명태에 관한 지식이 보편적으로 받아들여진 것으로 보인다. 이규경의 기록은 명태에 관한 이해가 정확한 수준에 도달했음을 알려준다.

조선의 동북 바다 가운데 물고기 한 종류가 살고 있다. 몸통은 날렵하고 길이는 한 자 남짓이며, 큰 입에 비늘은 가느다랗다. 색은 담홍색에 검은빛이 돈다. 뇌에는 호박씨 같은 타원형의 뼈가 있다. 배에는 알이 있는데 크기가 작아서 좁쌀 같다. 또 양젖이나 돼지기름처럼 허연 것이 있는데 고지미(膏脂美)라고 한다. 물고기 이름은 바로 북어, 속칭 명태다. 봄에 잡은 것을 춘태, 겨울에 잡은 것을 동태, 동짓달에 시장에 나오는 것을 동명태(凍明太)라고 한다. 북어 알로 담근 젓을 명란이라고 한다. 살아 있는 놈은 육질이 고슬고슬하고 맛이 담백하다. 말려서 건어물로 만든 것은 이 일대 지방에 두루 공급되는데 한 마리 값이 몇 문이나 한다. 가격은 어느 지방이나 다 같고 일상적으로 사랑받는 반찬으로 쓰이며 여항의 평민은 이것을 가지고 포를 만들어 제사상에 올리고 빈한한 가계의 유생 또한 제물로 올릴 수 있으니 흔한 것이면서 귀하게 쓰인다. 다만 먹으면서도 그 이름을 모른다는 것이 말이 되겠는가.

– 이규경, 《오주연문장전산고》

이규경은 《오주연문장전산고》〈북어변증설〉에서 만주의 영고탑(寧古塔)이나 흑룡강 일대의 토착민은 이 물고기를 잡아 굽거나 말려 쌓아두고 식량으로 쓴다고 적었다. 격물론(格物論)에 등장하는 물고기를 다루면서 이 물고기가 북어가 아닌가 질문한다. 덧붙여 "다만 먹으면서도 그 이름을 모른다는 것이 말이 되겠는가"라고 힐문했다. 명태/북어라는 명칭이 정해진 역사가 오래되지 않았음을 알 수 있다.

말린 명태가 전국에 유통되어 일용 상찬 또는 제수로 소비된다는 내용은 주목을 요한다. 값이 한 마리에 수 문(文)인데, 어느 지방이나 같다고 한 것으로 보아 명태가 염가로 널리 유통됐음을 알 수 있다. 명태는 날마다 먹는 반찬으로, 여염의 빈민은 제사 지낼 때 쓰고, 유가(儒家)에서도 가난한 사람은 역시 제수용으로 쓰는데, 흔하면서도 귀한 것이라고 했다.[22] 적어도 19세기 전반에는 명태가 대표적인 다획성 어종으로 소비되고 있었음이 확인된다. 19세기에 명태 기사가 많이 확인됨은 그 이전 시기인 18세기 초엽부터 명태가 많이 잡히기 시작했음을 뜻하고, 이러한 현상이 누적되어 19세기의 다양한 기록으로 귀결된 것이다.

19세기 중엽 조재삼도 명태는 어족 중 많이 잡혀 깊은 산골과 벽읍(僻邑)일지라도 이를 싫도록 먹는다고 했다.[23] 함경도관찰사를 역임하여 함경도 사정을 잘 알고 있었던 이유원도 매년 수천 석의 명태가 잡혀 전국에 꽉 찼다고 했다.[24]

한국에서 어류 지식은 주로 지리서와 분류식 백과사전인 유서(類書)를 중심으로 발전했다. 지리서가 단순히 어명과 산지를 기입하는 데 머무른 반면, 유서는 해양어류 체계에 관심을 기울이고 관찰도 깊었다. 전환점은 19세기부터였다. 19세기에 전문 어보가 출현한 것은 이런 배경에서였다.[25] 명태가 널리 기술되는 과정도 이런 시대의 동향과 맞물린다.

이규경의 시대에서 100여 년이 흐른 후 조선총독부가 발간한 《조선의 10대 어업》은 1911년부터 1919년까지를 포괄, 서술했다. 이 책에는 명태어업의 기원에 대해 "본 어업은 조선 고래의 어업으로서 개시 이래로 200여 년을 경과해왔다. 초기에는 함경북도 명천군 연안에서 연승을 주로 이용했고, 자망(刺網)·거망(擧網) 등을 점차 이용하면서 어장을 남북으로 넓혀 나가 조선 최대의 어업을 이루었다"라고 기록돼 있다. '200여 년 경과'라는 표현에서 명태어업은 1700년대부터 시작됐고, 그물이 아니라 주낙을 썼음을 알 수 있다. 명천에서 낚시로 시작된 어업인 것이다.

이를 종합하면, 명태어업이 본격적으로 시작된 시점은 18세기 무렵으로 비정된다. 그전에도 간헐적으로 잡았겠지만 1800년 《순조실록》의 등재와 이규경의 〈북어변증설〉 시점 등으로 미루어볼 때 대략 그 이전인 1700년대에 어업이 본격화되어 북어로 팔리고, 18세기 전기에 공물로 납부하는 어물이 되었고, 1800년대 들어 문헌 기록에 보편적으로 등장한 것으로 추정된다.

'실학자의 호출'이라는 소세목을 달았지만, 실제 그에 걸

맞게 호출된 것은 아니다. 앞에서 살펴본 대로 명태를 둘러싼 명칭, 유통 실태 등에 관해 간략히 언급할 뿐, 백성의 생활사에 깊게 천착하는, 적어도 《자산어보》에 준하는 구체적 서술은 없었다. 수산학을 등한시하던 조선의 풍토에서 어보 연구의 어려움이 있었기 때문이다. 물고기에 대한 연구와 기록 역시 당시의 어업에 관한 국가의 안목과 사회 수준만큼 반영된다. 그나마 성취된 몇 종의 조선시대 어보도 국가적 목적과 지원하에 발간된 것이 아니었다. 학자의 순수 개인 작업일 뿐이었다. 조선시대 어보 발간의 처지는 조선의 수산이 처해 있던 열악한 수준을 그대로 반영한다.

명태의 계보학

동아시아의 명태 호칭은 한국이 원조

본디 계보학(Genealogy)이란 조상이나 학문의 계통을 연구하는 학문이다. 미셸 푸코는 계보학적, 고고학적 방법으로 주체 관계의 맥락을 파헤쳤다. 물고기에게 계보학이란 가당찮다는 생각도 든다. 그러나 이 책의 제목은 《명태 평전》이다. 명태라는 한 물고기에게 헌정하는 평전이란 뜻인데, 사람에게만 붙이는 평전을 물고기에게 붙였으므로 계보학이 성립되지 않을 이유도 없다. 동해에서 잡힌 하나의 생물체와 그것이 건조되어 유통되는 과정에서 어민이 붙여준 여러 호칭 자체가 수백억, 수천억 마리의 사라져간 생물체에 관한 계보학이기 때문이다. 만유일체의 관점에서 '명태의 계보학'이라는 이름에 관하여 불편을 느낄 이유는 없을 성싶다.

명태는 대구과 명태속에 속하는 바닷물고기다. 오호츠크해에서 많이 잡히며, 영어로는 알래스칸폴락(Alaskan Pollack)이라고 한다. 명태는 ① 동해(함경남북도, 강원도), ② 일본 야마구치현(山口縣) 이북 연해, ③ 오호츠크해, 베링해, 북태평양, ④ 북아메리카 서해안 명태로 대별된다. 동해 명태는 북태평양 명태와 동일종이나 북태평양 명태가 한반도 북부까지 회유한다고 단정할 수는 없다. 동해에서는 여름에도 심층에 명태가 서식하고 있다가 수온이 낮아지면 회유하기 때문이다. 그러나 일부는 북방으로 회유하기도 한다. 북한동해수산연구소에서 표식하여 방류한 명태가 홋카이도에서 잡힌 것으로 보아 동해 명태의 이동 범위가 넓음을 알 수 있다.[26]

일본에서는 명태를 여러 이름으로 일컫지만, 보통 멘타이(メンタイ)라고 하여 우리 발음과 비슷하다. 알은 명태에 아들 자(子) 자를 붙여서 멘타이코(明太子)라고 한다. 일본에서는 명태를 대구의 하위 개념으로 설정하는데, 그 어원은 사도(佐渡, 사도가시마佐渡島)에서 왔다고 한다.[27] 〈조선해중요수산물(朝鮮海重要水産物)〉(1893)에서는 명태라고 한글로 적어놓고 멘타이라고 훈독한 후 스케토(鱈, スケトウ), 즉 대구로 표기했다.[28] 메이지 시대만 해도 대구를 명태와 동일하게 스케토로 표기했다.

　중국어로는 '작은 대구'라는 뜻으로 사쉐(狹鱈) 또는 밍타이위(明太魚)라고 한다. 명태는 중국 바다에 출현한 적이 없으며 먹지도 않았기 때문에 중국에는 명태의 고유 한자어가 존재하지 않는다. 러시아어 민타이(Минтай) 등 동아시아의 명태 발음도 우리말에서 유래한다.[29] 러시아의 환동해와 오호츠크해 진출은 뒤늦게 일어난 일이고, 러시아인은 명태를 섭생한 경우도 없었기에 후대에 우리말에서 민타이를 가져다 쓴 것이 맞다. 함경도 어민이 연해주로 이주하면서 그때부터 민타이란 명칭이 생겨난 것으로 비정된다.

　명태에 관한 한 원조는 한국이다. 한국, 중국, 일본, 러시아 공통의 명태 어원이 한국에서 기원했음은 명태의 동아시아적 세계성을 말해주는 동시에 명태잡이와 소비의 주도권을 한국이 쥐고 있음을 뜻한다. 중국인은 명태를 거의 먹어본 일이 없다. 일본 해역에서도 명태가 많이 잡히지만 일본인은 어란(명란)만 즐기고 살은 가공식품 어묵으로 활용한다. 명태를 대가리에서 내장까지 하나도 남김없이 먹는 문화는 지극히 한국적인 문화 원형이다.

　말린 명태, 즉 건태는 북어(北魚), 생태는 명태라고 한다. 원래 북어와 명태는 동의이어(同意異語)였다. 동해 중에서도 특별히 북쪽 바다를 북해라 불러왔다. 그 북해에서 북어라는 명칭이 탄생했다. 17세기 이만영은 《재물보》에서 "북쪽 바다에서 잡으므로 북어"라고 했다. 당시에는 북어가 건태가 아니라 명태를 총칭하는 말이었음을 알 수 있다. 18세기 유희(柳僖)는 어휘사전 《물명고(物名攷)》(1820)에서 "대구어의 작은 것인데 동해의 북쪽 끝에서 잡으므로 북어라는 이름을 얻었다"라고 했다. 북해 물고기이므로 북어가 됐다고 분명히 밝혔다.

유희의 이러한 지적은 명태의 명칭을 둘러싼 가장 정확한 표현이다. 이규경은 백과사전인 《오주연문장전산고》에서 "동북해 중에 일종의 물고기가 있는데, 이름을 북어라 하며 세속에서는 명태라 한다"라고 했다. 아예 '세속에서는 명태'라고 했으므로 본디 명칭은 모두 북어였음을 명확히 했다. 당시에도 일반에서는 명태라는 말이 많이 쓰인 것을 밝힌 것이다. 즉 북어와 명태는 혼용됐을 것이다. 그러다가 어느 시점에 이르러 명태와 북어가 분화됐다. 오늘날 건태에 국한하여 북어를 쓰는 것과 조선 후기의 호칭 방식은 다르다.

18~19세기에 걸쳐서 연이어 태어난 이만영, 유희, 이규경 3인이 모두 북어란 북해라는 바다 공간의 물고기임을 의미할 뿐 명태와 동의어임을 밝혔다. 애초에는 모두 북어라고 했을 것이다. 북해 물고기인 북어, 동해의 검푸른 파도 아래 살

아가던 물고기에 대한 적절한 호칭이다. 북어는 각별하게 독립적으로 존재하는 데 반해 남어(南魚), 서어(西魚)라는 어명은 독립적으로 존재하지 않는다. 그만큼 명태는 동해를 압도하는 대표성에서 저 홀로 지위와 명예를 독점적으로 확보하고 있다.

그런 것이 후대에 말린 것에 한정하여 북어라 부르게 됐으니 어찌 된 일인가. 본디 남쪽에서는 생태 구경을 못 하고 고작해야 말린 것만 먹었다. 이 때문에 북쪽에서 내려온 북어라면 오로지 말린 건태만을 뜻하는 것이 되어 명태의 통상 명칭은 그냥 북어였다. 명태란 단어와 북어란 단어는 당대에 혼용됐을 가능성이 높다. 서유구가 《임원십육지》에서 "생것은 명태, 마른 것은 북어라 한다"라고 한 것을 보면 19세기에 이르면 생것과 마른 것을 엄정하게 구분했음을 알 수 있다. 오늘날 생것은 명태, 마른 것은 북어로 인식하게 된 것은 대체로 19세기경 성립된 것으로 비정된다. 명태와 북어의 명칭이 19세기경에 본격적으로 분화된 것이다.

명칭의 다양성과 명태 문화의 복합성

명태가 많이 잡히기 시작한 것은 20세기에 들어와서다. 19세기에도 어획량이 대단했지만 20세기에 들어서면서 급증한다. 어로기술의 비약적 발전에 힘입었으며, 일제가 조선 어장에 가담하면서 남획이 일상화된 결과다. 더 나아가 통계가 잡히지 않다가 1910년대 이후 조선총독부 통계에 들어온 것도 한 요인이다. 1911년에 약 308만 관 잡았던 명태를 1919년에는 무려 2066만 관이나 잡았다. 10년 동안 어획량이 무려 일곱 배나 증가했다. 1930년대에 정어리어업이 세계 1위를 차지한 적도 있으나 생활의 필요와 기호 면에서 명태를 따를 만한 어종은 없었다. 한국인이 선호하는 기본 어종은 명태, 조기, 가자미, 청어, 대구, 꽁치, 고등어, 갈치, 임연수어, 삼치, 도미, 멸치, 농어, 우럭, 광어, 송어, 숭어, 연어, 방어, 상어, 준치, 문어, 낙지, 오징어 등인데, 그중에서도 으뜸은 명태와 조기, 청어였다. 명태, 조기, 청어는 3대 어종으로 불렸다.

그러한 가운데 명태의 다양한 명칭이 축적됐다. 명칭은 생산지에서 생산자와 민간업자 간에 혹은 소비지에서 수요자와 상인 및 중간 매매상 간에 흔히 사용되던 것이다. 오래전부터 널리 사용하던 것도 있고, 일정 지역에서만 부분적으로 사용되던 것도 있다.[30]

명태의 세부 명칭은 아주 다양하다. 잡는 방식과 시기, 말리는 방식, 크기와 상태 등에 따라서 어부와 유통업자 등에 의해 많은 명칭이 태어났다. 선태, 명태어, 망태, 강태, 간태,

북어, 춘태, 왜태, 아기태, 애태, 노가리, 막물태, 은어바지, 동지바지, 섣달바지, 일태, 이태, 삼태, 사태, 오태 등이 확인된다. 이름이 다양하다는 것은 명태가 '국민 생선'으로 불리는 보편적 어류로 널리 사랑받았다는 증거다. 오죽하면 이규경이 "일상 반찬에 쓰이며 여염집과 가난한 사람까지도 마른 고기를 제사에 쓸 정도로 흔하고도 쓸모 있는 물건이다"라고 했을까.

명태의 명칭이 다양한 것은 문화종 다양성의 증거다. 문화종 다양성을 보장하는 것은 곧바로 언어종 다양성을 보장하는 것이다. 부랴트족은 곰 구분법에서 고기는 일곱 가지, 피는 다섯 가지, 지방은 아홉 가지, 머리는 열두 가지, 쓸개는 열일곱 가지, 털은 두 가지로 구분하며, 각기 다른 목적으로 치료에 쓴다. 레비스트로스는 《야생의 사고》에서 이누이트는 눈과 얼음을 수십 가지로 구분한다고 했다. 오늘날 눈과 얼음을 수십 가지로 구분하는 것은 과학자의 영역으로 넘어갔고, 그들도 목측이 아니라 실험 장비를 써서 가려낸다. 많은 언어가 사라졌다.[31] 조선 후기 이후 이 땅의 선조가 생활과 역사 속에서 탄생시킨 명태 명칭의 다양성은 그만큼 명태가 늘 우리 곁에 같이 있던 물고기였다는 방증이다. 그러나 21세기에 들어와 명태 명칭의 다양성은 소멸했고 일부만이 남았다.

명태
명칭
사전

상태에 따른 구분

명태는 크게 생태와 건태로 나눈다.

생태: 잡아서 냉동·냉장 등을 하지 않은 그대로의 명태.
선태: 냉동하지 않은 명태로 생태와 같은 의미인데 생선명태(生鮮明太)의 약칭이다.
동태: 냉동한 명태. 동해안 일대와 서울에서 부르는 명칭으로, 겨울 추위에 막대처럼 단단하게 냉동된 것이다.
피태: 배를 가른 명태.
통태: 배를 가르지 않은 명태.
하등명태: 얼려서 말릴 수 없는 시기, 즉 10월 중순 이전에 잡은 명태. 미숙란이 많다.

잡는 방식에 따른 구분

명태는 그물과 낚시 두 가지 방식으로 잡는다. 낚시와 그물 종류에 따라 이명(異名)이 존재한다.

그물태: 그물로 잡은 명태로, 그물명태, 망태라고 한다. 자망으로 잡은 자망태인데, 붉은 핏기가 있고 비늘이 벗겨진 상태다. 수조망으로 잡아서 대부분 살이 없고 거무스레한 수조망명태. 알이 있고 비늘이 벗겨지고 희어 보이는 일명 데구리명태인 저예망명태 등 그물 종류에 따른 이칭이 있다.

연승태: 낚시로 잡은 명태로, 연승태 또는 조태(釣太)라 한다. 기본 낚시(一釣)를 의미하는 조태보다는 연승태가 대수다. 연승태는 낚시바리로도 통용된다. 조태 중에는 제일 나쁜 품질로 물에 떠다니는 것을 잡은 것인데, 살이 없어 가볍다는 뜻도 있다. 비늘이 벗겨지지 않고 기름이 많다.

강태: 물밑을 다니는 명태인데, 상품으로 쳤다.

거망태: 중간 품질의 명태로, 떠다니는 것을 잡는다.

홀치기태: 홀치기(수조망)로 잡는 명태를 말한다.

잡는 절기에 따른 구분

'바리'와 '바지'가 두루 나타나는데, 바리는 그물바리, 낚시바리에서 왔으며 바지는 '받이'라고도 표기된다. 바리와 바지는 같은 뜻으로 혼용됐다.

동태바리: 동지바지라고도 하며 산란 즈음 잡힌다. 음력 10월부터 동지·섣달까지 잡히는데, 대체로 11월부터 조금씩 잡히다가 12월 22일경 최고 어획을 기록하고 이듬해 1월까지 잡힌다. 동태(冬太)라고 하며 동기에 잡아서 맛이 좋다. 동태(冬太)와 동태(凍太)는 동음이어다.

섣달바지: 섣달에 잡히는 명태를 말한다. 섣달에는 조류가 세서 낚시든 자망이든 다 떠내려가기 때문에 명태잡이를 잘 하지 않는다.

동지바지: 명태잡이 중기인 음력 11월 15일경, 즉 동지 전후에 잡히는 명태다. 알이 많고 고기 맛도 좋고 크다.

은어바지: 도루메기(도루묵)가 한물갈 때 뒤따라오는 명태 이름이다. 은어는 도루메기의 속명(俗名)이다. 은어가 초겨울에 회유해온 뒤에 반드시 명태 무리가 따라오는 습성을 따져서 명명한 이름이다. 보통 음력 10월 15일경에 몰려오는 명태 어군을 가리킨다.

춘태바리: 설이 지난 봄에도 간간이 명태가 잡히는데, 이를 춘태(春太)라 한다. 과거에는 2·3·4월에도 많이 잡혔지만 지금은 없다. 2월 말의 고성 명태축제 때 잡히던 명태가 춘태바리다. 춘기에 잡아서 맛이 없고 살이 적다.

꺾태: 산란을 마쳐 뼈만 남은 명태를 말한다.

막물태: 마지막 어기에 잡히는 명태다. 여름에도 명태가 한두 마리씩 잡힌다. 수중 깊이 내려가 살던 명태가 올라올 때 잡히는데, 양이 미미하며 별도의 이름이 없고 모두 막물이다.

사태: 4월에 잡히는 명태다.

오태: 5월에 잡히는 명태다.

때기물: 아침 해가 뜨기 직전에 잡는 아침때기물과 저녁 해가 지기 직전 잡는 저녁때기물이 있다.

크기에 따른 구분

왕태: 성인의 팔 길이(30센티미터)보다 훨씬 더 큰 명태를 말한다. 대구인지 명태인지 구별이 안 될 정도로 크다. 왕태는 예외로 잡힌다.

왜태: 함경도에서 잡히는 특대의 생명태를 일컫는다.

대태: 큰 명태를 말한다. 20센티미터 이상 되며 보통 팔 길이 정도에 달한다.

중태: 약 20센티미터까지 크기의 명태를 말한다. 흔히 만나는 명태가 중태다. 가장 많이 잡힌다.

소태: 20센티미터 이하 크기의 명태다. 노가리보다 조금 더 크다.

앵태: 소태와 같은 뜻이다.

애기태: 함경남도에서 소형 생명태를 일컫는다.

노가리: 12센티미터 이하 크기의 명태로, 작다는 뜻에서 '잔치'라고도 한다. 앵태, 왜태, 아기태라고도 한다. 노가리는 부산에서 생겨난 말이다. 노가리 역시 크기별로 앵노가리, 중노가리, 노가리로 구별된다. 앵노가리는 10센티미터도 채 안 되기 때문에 그물에도 걸리지 않고 속초 저인망어선에서 불법으로 잡는 것인데, 주로 술집에서 만날 수 있다. 중노가리는 손목 위까지 올라오는 크기다.

건조 방식과 상태에 따른 구분

건태: 가공 방법에 따라 얼려서 말린 동건(冬乾) 명태, 자연 기온에 말린 소건(素乾) 명태, 기계로 말린 인공 건조 명태가 있다.

염태: 소금에 절여서 말린 염건(鹽乾) 명태, 간태라고도 하는 염장한 염명태, 개명태(開明太)라고도 하는 등을 째고 소금을 쳐서 말린 짝명태가 있다.

북어: 말린 명태를 통상적으로 지칭하며, 건태라고도 한다.

더덕북어: 얼었다 녹기를 반복하면서 부슬부슬하게 건조된 최고의 명태를 뜻한다. 신포산으로 가장 우량한 동결 건조 명태를 가리킨다.

황태: 얼었다 녹기를 반복하며 마른 명태로, 특히 원양태를 들여다 말리면서 1970년대 이후 생겨난 명칭이다.

먹태: 황태를 만들다가 덜 건조되어 검은색을 띠는 북어다.

깡태: 딱딱하게 마른 북어다.

코다리: 내장과 아가미를 빼고 네다섯 마리씩 한 코에 꿰어 반쯤 말린 반건조 명태를 말한다.

낙태(落太): 바람을 못 이겨 덕장에서 떨어진 북어다.

파태(破太): 몸통에 흠집이 있거나 일부가 잘려 나간 북어를 말한다.

무두태(無頭太): 애초부터 머리를 잘라내고 몸통만 말린 뒤 갈가리 찢어 안주나 반찬거리로 내놓는 황태채를 말한다.

산지에 따른 구분

20세기 말이 되면서 명태는 수입 북양태(원양태)와 토종 지방태로도 불렸다.

지방태: 강원도 고성을 비롯해 동해 연안에서 잡히는 명태다. 지방태는 크기가 작아도 짭짤하고 구수한 맛이 나는 데다 양념을 빨아들이는 힘이 세서 그 어느 명태보다도 맛이 좋다. 특히 민간요법으로 쓰이는 명태는 고성 연안에서 잡히는 동해산이라야 약효가 있다고 전해질 정도로 고성 명태의 우수성은 예부터 널리 알려져 왔다. 물론 이러한 믿음은 분단 이후 함경도 어장이 단절되면서 생겨난 풍문이다.

강태(江太): 주산지인 함경도가 아니라 강원도에서 잡은 명태다. 함경도 것에 비하여 작은 것이 많다.

원양태: 북태평양 일대와 베링해 등지에서 잡히는 명태다. 주로 동태 상태로 수입된다. 순수하게 겨울철에 잡는 '동태(冬太)'와 달리 언 명태라는 뜻의 '동태(凍太)'다. 묵호항, 부산항에 들어와 강원도 고성 지방으로 운송하여 일주일쯤 얼음을 녹인 뒤에 내장을 빼내고 며칠 동안 물속에 두었다가 두 마리씩 엮은 명태를 덕장에 걸어 말린다. 얼었다 녹았다 하며 살이 부풀어 황금빛을 지닌 황태가 되어 가공품에 많이 쓰이는데, 지방태보다 크나 맛은 떨어진다.

명태의 생활사

서식의 절대 조건, 한류

인간의 생활사가 있듯이 물고기의 생활사도 있다. 명태의 생활사가 구체적으로 밝혀진 것은 20세기에 들어와서다. 특히 일제의 수산자원 조사 차원에서 연구됐다. 그러나 어민이 생활 속에서 체득하는 명태에 대한 전반적인 전통 지식은 이미 조선시대에도 충분히 축적되어 있었다. 조선의 어민은 어떤 어장에서 어느 계절에 어떤 방식으로 고기를 낚는지에 관한 어로기술과 전통적 생태관을 생활에서 체득해 확보하고 있었다. 물고기 생활사에 관한 근대과학의 맹신과 효시를 뛰어넘는 전통 지식의 전승 체계를 기억해둘 필요가 있다.

명태는 등지느러미가 세 개이고 뒷지느러미는 두 개이며,

가슴지느러미는 아가미구멍 뒤에 있고 배지느러미는 그 앞쪽 밑에 있다. 가슴지느러미는 비교적 길어서 제1등지느러미 기저의 뒤끝을 지나며, 꼬리지느러미는 수직형이다. 눈은 크고 머리의 등 쪽 가장자리와 접한다. 아래턱이 위턱보다 앞쪽으로 돌출해 있으며, 아래턱의 앞쪽 끝에는 아주 작은 한 개의 수염이 흔적처럼 남아 있다. 몸의 등 쪽은 연한 갈색 혹은 청색 바탕에 폭이 좁은 파상무늬의 암갈색 세로띠가 세 줄가량 머리 뒤쪽에서 꼬리까지 길게 뻗어 있으며, 배 쪽은 희다. 가슴지느러미는 검다. 대구는 위턱이 앞쪽으로 돌출한 반면에 명태는 아래턱이 앞쪽으로 돌출해 있어 잘 구별된다.

무엇보다도 명태는 찬물고기라는 특질을 갖는다. 북태평양에 광범위하게 분포하는 심층어족으로, 동해뿐 아니라 연해주, 오호츠크해, 베링해, 일본 홋카이도 수역에 분포한다. 북한의 해양생물학자는 다음과 같이 정리한다.

> 찬물에서 사는 밀층성 물고기다. 여름에는 200미터 이상의 깊은 곳에서 살며 겨울에는 알을 낳기 위하여 바다 연안으로 떼를 지어 들어온다. 사는 물 온도는 0.2~15℃, 가장 적당한 물 온도는 2~7℃이며, 알 낳는 물 온도는 2~15℃ 사이인데, 가장 적합한 물 온도는 2~4℃다.[32]

여름에는 수심 200미터 이상 되는 깊은 곳에서 살며, 겨울에는 산란을 위해 연안으로 떼 지어 들어온다. 함경도 신포 앞바다의 분포 밀도(산란기)가 가장 농밀하다.[33] 조선총독부 수산시험장의 조사 지도에 따르면, 함경도를 중심으로 집중 회유하고 멀리 강원도까지 일부 분포한다.

동해의 명태 회유 경로는 두 가지로 구분된다. 한 무리는 가을철 북태평양에서 남하하여 9~10월에 함경도 연안에 이르고 계속 남하하여 일부 개체는 11~12월에 강원도와 경상북도 연안까지 회유한다. 산란을 마치고 2월 이후 수온이 상승하면 다시 북상한다. 다른 한 무리는 여름철 중부 이북 바다의 깊은 수심에 머물다가 연안 수온이 하강하면 11~12월에 연안으로 접근하여 산란을 마치고 수온이 높아지는 2월 이후 다시 동해의 깊은 곳으로 이동한다. 조선총독부에서 1940년에 조사한 여름철 명태 분포를 보면, 명태는 함경남북도 앞바다 수심 약 10~200미터 깊이에서 머물고 있다. 조선총독부 산하기관으로 부산 영도에 있던 수산시험장은 정어리(1936), 명태(1936), 청어(1936), 대구(1942) 등에 관한 현지 조사 연구서를 1935~1942년에 발간했다.[34]

수심이 얕은 서해에서는 조기가 난류를 타고 북상했다가 추워지면 다시 돌아온다. 반면에 동해는 깊은 바다이기 때문

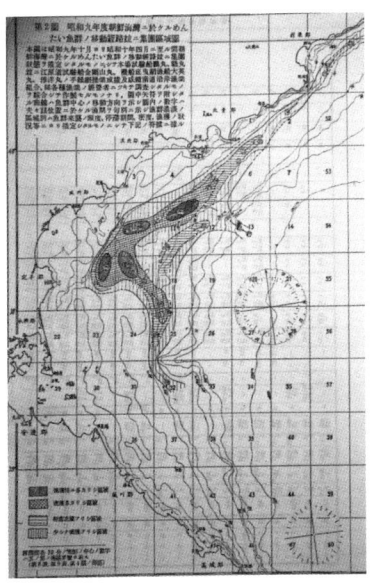

명태 어군 이동 경로.
함경남도가 주 어장이다.
1920

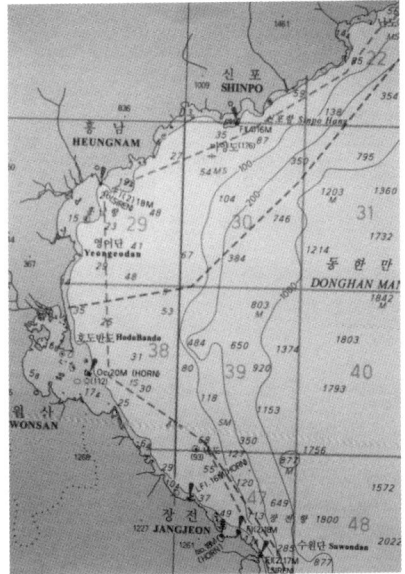

현대 해도로 본
명태의 주 어장

에 여름에도 명태가 심해의 찬물에 머물 수 있다. 회유 조건이 전혀 다르다. 동해는 크기가 작은데도 '심해저'를 갖추었기 때문이다.[35] 회유하지 않고 깊은 바다에 머물 수 있는 것은 명태가 심해어이기 때문에 가능한 일이다. 같은 동해에서도 멸치는 봄여름에 북상하여 함경도와 강원도 장전 등의 바다에서 큰 어장을 형성하고 찬바람이 불면 남쪽으로 내려간다. 이는 멸치가 표층에서 떠돌기 때문이다. 명태는 동해의 원해에서 여름을 나는 관계로 냉수 구역이 연안 가까이 형성되면 명태가 여름을 나는 곳도 연안 가까운 곳이 된다.

다음 도표를 보면 명태가 북쪽 지역에 오래 머무는 것으로 보이며, 남쪽으로는 봄까지 확장되어 늦게 조업이 이루어짐을 알 수 있다. 11~3월에 함경도에서 주 어장이 길게 형성되고 있다. 이 통계 수치는 1911~1919년의 현황을 도표화한 것이다.

명태의 서식층은 냉수층 위에 얇게 깔린 난수층의 성쇠와 밀접한 관련이 있다. 명태는 겨울에 난수층이 약해지면 상층에 있으나 여름이 되어 난수층이 강해지면 수면 아래로 깊이 내려가는 적온적서(適溫適棲)의 법칙을 따른다. 서식 밀도는 난수층 바로 아래의 수온 약층 부근에서 최대치이며, 보통 섭씨 2도 내외가 서식에 적합하다. 산란기에는 수온이 섭씨 4도

도별 명태 성어기와 주요 어장[36]

도별	성어기	주요 어장
함경북도	11~3월	이진(梨津), 청진, 독진(獨津), 어대진, 대량화(大良化) 바다
함경남도	12~1월	신포, 신창, 육대(六垈), 차호, 단천 바다
강원도	1월	장전, 거진, 대진, 주문진 바다
경상북도	1~2월	영일만 바다
경상남도	3~4월	울산군 연해

내외일 때 가장 많이 모여든다. 여름철 표면수온이 높을 때도 심해의 적절 수온층에서는 분산 서식한다.[37]

동해의 중·하층 냉해수는 서식에 영향을 미친다. 동해 중부 이남에서는 해안에서 5~6해리, 북부에서는 1~2해리 이내, 수면 아래 20~30미터에서도 냉수층을 볼 수 있다. 강원도·경상도 연안에서는 때로 이 하층의 냉수가 우세를 보여 해안까지 출현한다. 이는 수산물 흥망성쇠에 절대적이다.[38] 이상이 일제강점기 일본인이 파악했던 해수 상황이다. 해방 이후에는 북한에서 1950~1960년대에 조사한 연구가 있다. 수온에 따른 명태의 흥망성쇠가 간헐적으로 있었다.

9월 하순은 명태가 월하상에서 산란을 위해 점차 접근하기 시작하는 시기이므로 수온 상태가 중요하다. 명태의 회유 상태가 양호한 1958년에는 수온이 낮았으며 더욱이 여름철인 5~6월에도 현저히 낮았다. 그러나 1959년도에는 여름철에도 높았고 명태의 초기부터 종어기까지 계속 수온이 높은 현상이 지속됐다. 이런 현상은 명태 어군이 연안 수온이 높으므로 접근을 저어하여 비교적 깊은 곳에서 산란하거나 분산 산란하게 회유한다. 어황이 양호한 1939년과 불량했던 1935년 사례에서도 수온에 따른 경향성이 드러난다.[39]

동해의 해류 조건도 수심만큼이나 중요하다. 동해에서는 리만해류(한류)와 쓰시마해류(난류)가 충돌한다. 북방한류의 영향을 받는 명태의 어획은 한·난류를 구분하는 인식이 절대적이다. 한·난류가 동해에서 충돌하면 결과적으로는 동해의 어족을 풍부하게 만드는 요인이 되기도 한다. 오늘날 명태어장 고갈 현상도 해류의 온난화와 밀접한 관계가 있다.

생식 회유와 산란장

북한의 동해수산연구소에서 1950년대에 조사한 바에 따르면, 동해로 회유하는 명태는 4년생과 5년생이 대부분이다. 일정 크기로 성장한 명태가 산란을 위해 회유하기 때문이다. 산란장에 명태가 들어오면 먼저 살고 있던 털게나 가자미 무리 등은 다른 곳으로 달아난다. 둔한 해삼, 해면, 조개 및 털게 새끼는 일단 도망쳤다가 다시 돌아온다. 기름상어와 대구 무리는 명태와 같이 이동하고 정어리, 멸치, 도루묵, 살오징어 새끼는 명태에게 쫓겨 다닌다. 명태의 먹이는 잔 새우나 정어리, 멸치, 도루묵, 살오징어 등이다. 반면에 명태 새끼를 가장 많이 잡아먹는 물고기는 횟데기(임연수어)다. 당연히 약육강식의 세계다.

1958년의 경우, 명태 떼를 발견한 것은 9월 상·중순경 마량도(馬養島) 신창(新昌) 연안에서였다. 그때 작업선들은 수심 150~200미터에서 작업하여 저인망으로 기망당 약 50~300킬로그램을 잡았다. 9월 하순에는 300킬로그램 내지 최고 3톤 정도를 잡아 양이 점차 많아졌다. 한편 백안단(白安端) 앞 수심 15~200미터에도 9월 하순경 희소한 명태 떼가 들어왔다. 신창, 마량도 앞바다에는 10월 초에 명태 떼가 수심 100~120미터 연안까지 들어왔고, 이 명태 떼의 이동이 남으로 확장되면서 어장이 넓어져 점차 성어기에 접어든다. 11월에 들어서면서부터 명태 떼는 점차 밀도가 높아지는데, 알을 낳기 위해 연안에 접근하는 큰 명태 떼는 11월 22~24일경 신창, 마량도 연안에 나타나 남으로 회유한다. 이 명태 떼는 백안단 연안에서 비교적 오랫동안 머물러 있어 많이 잡혔다.

그 후 두 번째 큰 고기 떼는 12월 11일경 첫 번째로 큰 고기 떼보다 좀 더 연안으로 접근하여 역시 남으로 회유했는데, 이 명태 떼는 백안단 연안을 거쳐 호도와 여도까지 남으로 회유한다. 같은 시기에 군선 연안에도 새 명태 떼가 나타났는데, 이 명태 떼는 12월 하순에 단천 연안으로 점차 확장하면서 1월 상순에는 유진단 연안에서 극히 희소한 명태 떼가 충해로 나갔다. 세 번째 큰 명태 떼는 12월 24~25일경 신창, 마량도 연안에 접근했으나 수심 100미터보다 얕아지는 가까운 연안에는 들어오지 않고 알을 낳은 후 먼바다로 나갔다. 해양 생태의 특수한 변·이동이 있었기 때문이다.[40]

이상과 같이 주(主) 어군은 마량도·신창 연안에서 들어왔으나 일부는 백안단 연안에서도 들어오고 군선 연안으로도 들어왔다. 마량도 연안에서 들어온 것은 백안단 연안을 거쳐서 적은 양이 마지막에 호도, 여도 연안으로부터 먼바다로 나갔다. 백안단 연안에 들어온 것은 호도, 여도 연안에서 비교적 농후한 어군이 회유하다가 역시 먼바다로 나갔다. 군선 연안의 것은 북으로 회유하여 단천, 김책 연안을 거쳐서 유진단 앞바다에서 먼바다로 나갔다. 여름에 명태는 마량도, 차호, 김책, 무수단 앞 약 100~150마일(약 160~240킬로미터) 떨어진 바다의 중층을 외유하는 것으로 추측된다. 이상이 북한의 수산과학자들이 파악한 회유 경로다.

산란기는 장소에 따라 일정하지 않다. 베링해협에서는 2~4월경, 동해안, 특히 마량도 근처에서는 11월경부터 이듬해 1월경까지가 산란기다. 암·수컷은 반반이다. 표층 가까운 곳에서 산란하므로 산란기에는 표층까지 떠오른다. 알은 부유성 부성란이며 일시에 방출한다. 한 마리가 25만~40만 개 이상을 산란하는데, 여러 번에 걸쳐 낳는다. 다음은 명태 산란에 관한 북한 《조선동해어류지》의 정리다.

명태는 3년 자라면 엄지고기로 되어 알을 낳는다. 알 낳는 시기는 11월부터 다음 해 1월까지다. 보통 한 마리가 낳는 알 수는 25만~40만 개 이상이다. 알은 한 번에 낳지 않고 여러 번에 걸쳐 낳는다. 보통은 11월부터 다음 해 1월 사이이며 경성만 이북에서는 1월부터 3월 사이다. (…) 알 낳는 시기에 엄지고기는 거의 먹지 않으며 새끼고기 시기에는 떠살이 생물을 주로 먹고 엄지고기 시기에는 작은 갑각류, 멸치, 낙지류, 도루메기의 새끼나 알을 많이 잡아먹는다.[41]

산란 시간은 자정부터 새벽까지다. 바람이 없거나 미풍일 때 성행한다. 물고기의 산란은 달의 힘을 빌리는 경우가 많다. 명태도 예외 없이 야심한 밤을 이용하여 산란한다. 조석의 변화가 달의 힘에 의한 것이듯이 생명 탄생의 신비도 달에 의탁하는 것이다. 명태의 산란도 신비로운 생명 탄생의 우주적 힘에서 벗어나지 않는다.

부화한 새끼는 산란장 부근의 해류가 빠르지 않은 중층이나 내만에서 성장한다. 물론 상당수의 새끼가 잡아먹히며 일부만이 살아남는다. 여름이 돌아와 헤엄치는 능력이 생기면 깊은 바다로 이동한다. 만 2년이 되어 몸길이가 25센티미터쯤 될 때까지는 수심 200미터 등심선 부근의 바다에서 서식한다. 성장 속도가 매우 빠르다.

회유할 때, 즉 마량도 부근에 나타날 때는 먹이를 먹지 않는다. 산란 시에는 먹이 섭취를 전폐하기에 그물로 잡아가도 모를 정도가 된다. 산란을 마친 늦봄에 회유하는 춘태는 산란기에 쇠약해진 몸을 회복하기 위해 대량 탐식한다. 평균 수심 250~300미터 층에서 살다가 산란기에 연안으로 회유하므로 수직 이동을 수반한다. 연안에 접근할 때는 100미터, 심지어 40미터 수층까지 회유하며, 10미터 이상 올라오기도 한다. 그 때문에 얕은 곳에 설치한 정치망 속으로도 들어간다.

심층어족이므로 표층으로 올라오면 활동이 둔해지고 맥을

쓰지 못한다. 연승이나 자망에 걸려드는 명태는 이 같은 상황에서 잡힌다. 성질이 급해서 죽는 것이 아니라, 표층으로 올라오면 수온과 수압 차이 때문에 바로 죽어버린다.

명태의 습성(강원도 아야진)   어민 구술

명태는 걸리면 그냥 죽죠. 우리는 애아찬다 그러는데, 바람 들어가서 딱 죽어요. 연안에서 잡는 거는 오래 살아요. 수심이 깊은 데서 잡는 거는 많이 죽죠. 광어·우럭·가재미(가자미)·도다리, 요런 건 연안에 있기 때문에 오래 사는데, 명태 뭐 이런 거는 연안하고 수온과 수심 차이가 있으니까 오래 못 살아요.

명태의 성질(고성군 거진항)   어민 구술

놀라미(노래미)나 우럭이나 맷갓을 와서 먹는데 명태는 절대 와서 먹질 않아요. 자기 앞에 와야 먹어요. 낚시하는 사람들 다 알아요. 고기라는 게 사람처럼 씹어 먹는 게 아니고 들이마셨다 내마셨다 하는 거예요. 맷갓이 딱 가면은 요걸 들이마셨다 내마셨다, 민지가 좋아서 내마시다 턱 걸리는 거예요. 걸리니까 이놈이 탁 치는 거예요. 걸려들기 위해선 민지가 좋아야 된다는 거죠. 사람처럼 무는 게 아니죠. 명태는 쫓아다니질 않아요. 그래서 수심을 맞출라고 애를 쓰는 거예요. 놀레미니 이런 거는 수심 맞출 게 뭐가 있겠어요. 놔

놓으면 지가 와서 무는데…. 수심 맞추어 딱 정확히 줘야 되지. 확 내뱉을 적에 턱 걸리는 거니까.

명태는 암수가 나뉘어 수놈은 중층, 암놈은 하층에서 각기 무리 지어 다닌다. 수직 분포는 수심 20~300미터 수층이다. 생식 회유 시에는 가장 농밀한 어군이 집중적으로 연안에 접근하여 수심 50미터 정도를 회유한다.

신포 앞바다에서 산란을 시작하는 것이 11월경인데, 산란 중 또는 산란 후 어군은 계속 회유하며 함경북도와 연해주 근처로 북상한다. 일부 어군은 영흥만으로 남하하는데, 그리 많지 않고, 동해 남부로도 일부 내려간다. 따라서 명태의 주 어장은 함경남도이며, 그다음이 함경북도, 강원도 남부, 심지어 경상북도에서도 약간의 어장이 형성된다.

명태의 생태와 생활권역 (속초시 청호동)　　　　어민 구술

명태는 바다에 가라앉지요. 그물도 밑으로 가라앉힙니다. 수심은 200발에서부터 400발까지 다양한데 철에 따라 다릅니다. 동지섣달 무렵 알 까러 들어올 때는 수심 얕은 곳(200미터)으로 들어오고, 보통은 400미터 이상 내려갑니다. 알을 까는 데는 풀과 바위가 있는 곳인데, 바위톱, 물 밑에 있는 바위를 여기서는 '성애'라 부르는데, 거기서 알을 깝니다.

모래와 뻘도 있고 자갈도 있지요. 춘태는 알을 까고 나가서 가격이나 맛이나 동태가 훨씬 낫지요. 과거 쌀 때 많이 잡히는 경우와 현재 비쌀 때 적게 잡히는 경우의 총수입은… 아무튼 명태를 잡아서 1년치 쌀을 살 수 있었지요.

어민이 생각하는 명태와 고기잡이에 대한 일반적인 관념은 네 가지다. 첫째, 명태는 몸이 따뜻하니까 찬물을 좋아한다. 둘째, 명태는 아래위로 움직이는 것이 아니라, 순순히 조류를 따라온다. 셋째, 수심이 중요하다. 넷째, 좋은 선장인지 아닌지는 수층의 어느 지점에 찬물이 있는지 아느냐에 달렸다.

최고의 어장, 마량도와 신포
명태의 주 어장은 두만강 하구로부터 강원도에 이르는 동해 북부다. 함경남도 전진, 신포를 지나 신창항에 이르는 바다가 중요하며, 신포항이 중심이다. 조선 후기 명태어업 초창기에는 주 어장이 명천 부근이었음이 분명하다. 20세기 초반에도 신포 앞 40~50발 수심으로 명태가 몰려들었으나 점차 남진한 것으로 보인다. 즉 명태어장은 함경도가 중심인 것은 변함이 없으나 아래로 중심어장이 조금씩 옮겨가는 추세를 보인다. 1910년대 명태는 마량도를 중심으로 북쪽은 국경(두만강 하구), 남쪽은 강원도, 심지어 경상도 해역에서도 잡혔다. 1943년 통계로는 명태 어획고의 85퍼센트가 함경남도였다. 강원도의 명태잡이가 부각된 시점은 분단 이후다. 분단 이전에 강원도 명태잡이는 총량에서 비중이 약했으며, 명태는 소량이지만 경상도 북부 해안에서도 두루 잡혔다.

다음 표의 통계를 보면 명태 어획고는 함경남도가 최다이며, 함경북도는 함경남도의 4분의 1 수준, 강원도는 함경남도의 12분의 1 수준, 경상북도는 아주 미약한 수준이다. 명태의 주 어장이 함경남도임을 명확히 보여준다. 다음의 4년치 통계는 연간 어획량이 지역별로 일정함을 말해준다.

동해안은 해안선이 단조로운 것으로만 알려져 있으나, 크고 작은 곶 혹은 돌출부가 많아서 해안 출입이 단조롭지만은 않다. 원래는 해안선이 복잡했으나 석호(潟湖)와 사주(砂洲)의 발달로 단순해졌을 뿐이다.[42] 그런데 중심어장인 같은 함경남도에서도 지역마다 어획량에서는 조금씩 차이가 난다. 1940년의 함경남도 자료를 보면, 도내 각 어업조합의 동건(凍乾) 명태 제조고가 확인된다. 함경남도에서 15만 태 이상이 어획됐으므로 이는 300만 마리에 달하는 막대한 양이다. 퇴호, 삼호, 서호, 육대 어업조합 관할에서 가장 많은 양이 취급됐다.

명태 어획고[43] (단위: 관貫)

도명	1920년	1921년	1922년	1923년	4년치 평균
함경북도	2,268,205	2,362,423	3,947,812	3,530,851	3,034,037
함경남도	14,422,929	14,831,282	10,352,883	12,057,724	12,913,457
강원도	1,866,224	1,592,517	1,276,323	1,835,138	1,646,550
경상북도	30,140	37,000	4,400	4,000	18,885
합계	18,576,508	18,823,222	15,608,418	17,427,713	17,608,965

함경남도 어업조합별 동건 명태 제조고[44]

어업조합	생산량(馱)	액수(圓)
단천(端川)어업조합	170	11,200
군선(群仙)어업조합	3,480	280,200
차호(遮湖)어업조합	6,569	431,185
신창(新昌)어업조합	8,680	662,700
신포(新浦)어업조합	5,794	335,600
육대(六垈)어업조합	11,094	753,720
전진(前津)어업조합	12,570	1,101,097
삼호(三湖)어업조합	28,095	2,090,535
퇴호(退湖)어업조합	39,292	3,138,360
서호(西湖)어업조합	25,663	1,332,650
원산어업조합	12,135	846,650
합계	153,542	11,003,977

명태는 산란 시점이 되면 두만강 하구에서 원산만까지 진을 친다. 특히 한반도의 움푹 들어간 함경남도 일대의 신포 남쪽 마량도나 원산만 일대는 명태가 선호하는 최고의 입지다.

북청은 동쪽으로 이원군(利原郡), 서쪽으로 홍원군(洪原郡)과 접한다. 중앙부로 남대천이 흐르며 하류에는 충적평야가 있다. 앞바다는 난류와 한류가 교차하여 어족자원이 풍부하며 예부터 어업이 발달했다. 조선시대에는 신포진(新浦鎭)이 있었다. 신포항은 뒤에 산을 등지고 전면 4킬로미터 앞바다에 마량도를 끼고 있는 천혜의 양항으로, 일본인도 대한제국 말부터 관심이 높았다.[45] 수심이 깊어 큰 선박의 정박도 가능하다. 해저는 백사토라서 산란장으로 적당하며, 어기에 큰 무리가 모여든다. 마량도 근역은 산란을 위해 몰려온 명태로 '물 반, 고기 반'이었다.

칠보산에 면한 명천에서 남쪽 원산 근역까지도 천혜의 명태어장이다. "함경도 명천군에서 주로 낚시로 잡다가 어장이 남북으로 넓어진 것"이라고 일본 학자들은 기록했다. 명천 앞바다 청정 구역에서 채취하는 칠보곽(七寶藿) 미역은 품질이 좋다. 해초는 어류 유인에 유리하다. 명태도 이런 해초를 섭취했을 것이다.

마량도는 명태 성어기에 육지에서 몰려드는 사람들이 2만여 명이나 되어 집집마다 남은 방이 없고 마실 물이 동날 지경이었다. 신포읍 일대도 아수라장이었다. 육지에서 모여드는 이들과 바다에서 물고기를 내리는 선원으로 읍내 모든 상점의 상품이 고갈되기도 했다. 일찍이 《한국수산지》에 신포에 관한 상세한 설명이 기록돼 있다.

> 명태는 함경도 특산물로서 조선에서 가장 중요하다. 그 어업이 왕성하고 어획량도 많다. 실로 조선 3대 어업의 으뜸이다. 본도 연해 도처에서 어획되지만 많이 어획되는 곳은 함경남도 홍원, 북청, 이원, 서천 연해다. 중심은 신포이며 성어기에 접어들어 근해에 어선이 모여드는 광경을 보면 1500척 내지 1600척을 헤아린다. 신포 또는 마량도 연안은 기박 어선으로 채워져 거의 여지를 보이지 않는다.

《한국수산지》의 마량도 설명은 매우 길게 이어진다. 문암리만(文岩里灣)·중흥리만(中興里灣)·토성리만(土城里灣) 등에 배를 대기에 유리하다. 마주 보는 신포는 남쪽으로 봉화반도가 뻗어 나와 있고 서쪽과 북쪽에 산이 있어 바람을 피하기에 좋다. 1908년 당시 신포에는 300호, 1360명이 거주했다. 포경업 전진기지로도 이름이 높았다. 시가지가 번창했으며 기선 출입이 많고 일본인 거주자가 증가했다. 북청으로 연결되어 정기선이 월 3회 기항하고 부정기선이 다녔다. 명태를 출하하는 상선 출입이 잦았다. 신포와 신창, 성진, 원산, 부산 등지로 연안회항선이 다녔다. 1910년 국권피탈 이전부터 일본인이 다수 출현한 것이다.

일본인 거주자는 수비대, 헌병대를 제외하고 남성 31명, 여성 23명이며, 직업별로는 무역상 한 명, 회조업(기선) 한 명, 잡화상 네 명, 매약상 한 명이 있었다. 그리고 여인숙 한 개, 음식점 한 개, 과자상 세 개, 우육상 한 개, 부선업(浮船業) 두 개, 단체어업 한 개(단체어업에 속한 어부 20명) 등이 있었다. 명태어업의 중심지로, 어선 기항에 적당했다. 널리 퍼진 수조망은 조선말로 홀치그물이다. 원래 일본 어부가 쓰는 어구인데, 사용이 간편하여 마량도 지방민이 받아들였다. 단, 신창 방면의 어장은 수심이 510미터 내외라 이 어망이 적당하지 않아 종전 같이 연승과 자망을 사용했다. 1923년 시작된 북청군 신포어업조합의 어민은 1942년에 270명이었다. 마량도어업조합과 통합하여 운영됐는데, 사무소는 마량도 중흥리에 설치했다.[46]

마량도는 군마를 기르던 섬으로, 마랑이도(馬郞耳島), 마즉도(馬卽島)라고도 한다. 어업기지보다 군마 목장으로 더 알려진 것은 그만큼 명태잡이가 뒤늦게 시작됐음을 암시한다. 마량도는 일제강점기부터 명태잡이 본산으로 이름이 났다. 신포읍에서 불과 10리 거리다. 섬에는 열두 곳의 자연마을이 있으며, 인구는 300여 호에 달했다. 월남하여 속초 청호동 아바이마을에 정착한 이들 중에 상당수가 마량도와 신포 출신이다. 그들은 함경도식 어법으로 남한 땅에서 명태를 잡았다. 신포는 지금도 북한의 동해 어업 전진기지다.

마량도 출신 청호동 사람들의 기억   어민 구술

신포읍에서 마량까지는 수로로 10리밖에 안 되는 가까운 거리지요. 연락선이 있었는데, 우리가 나올 때까지 하루에 3회씩 다녔지요. 오전에 학생들 통학시키고, 점심 저녁 때 세 번 운행했습니다. 섬 자체가 열두 개 리입니다. 문암리, 주웅리, 석정리, 토성리. 조그마한 부락이 열두 개 되지만 인구수는 모르겠습니다. 나는 문암리 40번지에서 나왔는데 섬에서 제일 커요. 소방서 있지, 주재소가 거기 있고 국민학교도 있고. 호수는 300호. 대한민국 섬에서 마량도가 5~6위 정도 될 정도입니다. 마량도는 평지가 별로 없고 산이 많지요. 논농사는 없고 밭농사가 많습니다. 암초도 많지요. 일제가 세운 천남(川南)공장이 있었습니다. 수산업 전진기지로 해서 일정 때 갸들이 주둔하고 있었지요. 일본으로 수출도 하고 그랬지요. 통조림을 만들었지요. 김일성이 들어오면서 제3공상이라고 이름이 바

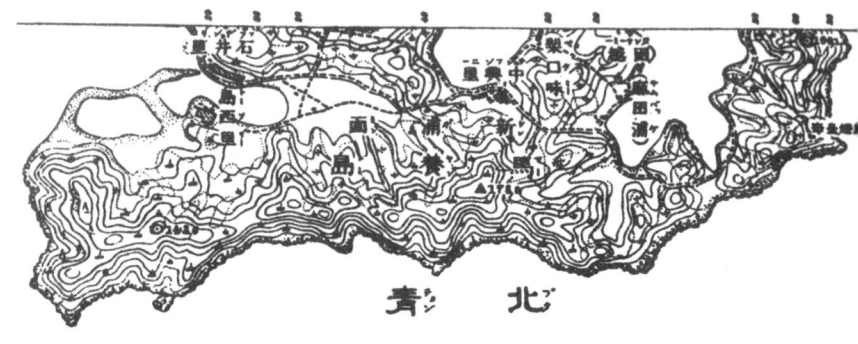

명태잡이 항구가 있는 신포와 마량도. 5만분의 1 지형도, 1926

뀌었지요. 신포수산사업소. 공산 치하에 중앙집권제라고 해서 중앙에서 오다를 내리면 직통 아니오? 천남공장도 신포수산사업소 관내로 흡수를 시킨 거죠. 천남공장 자리에 제3공장이라고 들어선 것입니다. 그 당시에 명태를 많이 잡았습니다.

마량도 부근에서 산란이 끝난 어군은 왕성하게 먹이를 구하기 시작한다. 마량도 이북은 옹기 쪽까지 수심이 깊다. 원산 앞바다까지는 수심이 얕으며 장천 아래쪽으로는 깊다. 강원도 중부에서도 명태를 잡는데, 동해안치고 좋다. 명태는 수심이 깊은 데서 다니는데 알을 낳기 위해 근해로 온다. 특징은 자망, 홀치개(외줄낚시), 연승을 한다는 것이다. 어업이 대규모

이기 때문에 고용 관계도 대규모였다.[47]

고래나 물개는 명태를 쫓아서 회유한다. 1896년에 러시아 포경선이 마량도 부근에 나타나 단 하루에 일곱 두의 고래를 포획했다고 한다. 1898년 말에도 러시아 포경선이 비통상 구역 내인 함경도 신포에 출입하여 말썽을 일으킨 역사가 있다. 수심이 깊었기에 포경선이 들어온 것이다.

그 밖의 함경·강원도 명태어장

함경남도 홍원군은 북청군과 동쪽을 경계로 하는데, 여진족 땅이어서 관련 자취가 남아 있다. 여진족을 몰아내기 위해 고려, 조선 초기에 전투가 많았던 곳이다. 이성계의 전적지가 도처에 있다. 해양학적으로는 난류와 한류가 만나는 곳이라 명태, 대구, 정어리, 고등어, 게가 많이 잡히고 조개, 미역, 우뭇가사리도 채취된다. 오늘날 경포천해양식사업소, 홍원수산사업소, 수산업협동조합 등 많은 수산업체가 있다.

북청군은 오랜 고읍이다. 조선시대 작자 미상의 가사 〈갑민가(甲民歌)〉를 보면 "함흥, 북청, 홍원, 장사 돌아들어 잠매(潛賣)할 제"라는 표현이 나온다.[48] 갑민은 갑산군 백성을 뜻하며, 북청에서 갑산은 가깝다. 이 가사가 나온 1792년경 함경도 연안 경제는 북어 유통으로 발흥하고 있었다. 반면에 신분 분화가 촉진되고 유리걸식하는 사람도 늘고 있었다.

북청은 일제강점기에 들어와 함경선에서 북청선을 통해 연결됐다. 북청은 후치령(厚峙嶺)을 통해 개마고원의 풍산, 갑산, 삼수 등을 지나 압록강 연안의 혜산에 이르는 자동차도로의 기점이기도 하다. 평지와 고지의 물산이 집산되는 관계로 북청은 상업적으로 중요한 교통의 요지였다. 단천에 이르는 길은 각종 지하자원이 풍부하기로 이름이 높았다. 철도가 없던 시절에는 북청에서 배로 원산까지 북어를 실어 날랐다. 북청 물장수로 유명한 북청 사람은 생활력이 강했다. 일제강점기부터 경성에 거주하며 물을 져다 팔아 생활하던 북청 출신의 강인하고 건실한 이들의 삶을 노래한 〈북청 물장수〉가 좋은 예다. 함경도 출신 김동환 시인이 썼다.

북청 바로 북쪽에 유수의 어항 차호(遮湖)가 있다. 차호는 남쪽으로 북청군, 북쪽으로 단천시와 접한다. 북쪽에 아늑한 이원만이 있으며, 차호읍은 동해로 튀어나와 있어 바다는 수심이 깊다. 주위를 산이 둘러싸고 있어 동해의 풍파를 막아주는 천혜의 항구다. 어업 전진기지로 주목받았으며, 일본인이 일찍부터 들어왔다. 차호어업조합은 1923년에 설립된 신포어업조합보다 빠른 1918년에 설립됐는데, 수심이 깊은 차호

항을 중심으로 활동했다.⁴⁹

청진과 나진군의 경우⁵⁰ 주요 어촌은 신진(新津), 서수라(西水羅), 다탄(多灘), 시원, 바다구미, 청어구미, 연진(連津), 안진(安津), 쌍개(쌍포雙浦), 용저(龍渚) 등이다. 이들 어촌 아래로 어대진과 명천, 무수단이 바라보인다. 해안은 암석 절벽이 바다로 내달아 있고 산골짜기 사이에 어촌이 있다. 강원도 동해안 어촌과 환경 조건이 다르다. 신진리는 수성평야, 연진과 청어구미는 연진만의 습지 초원, 용저는 부거평야에 연접하여 교통이 편리하나 나머지는 험악한 산골짜기에 자리한 수십 호에 불과한 작은 초옥이 밀접한 어촌이다. 서수라는 400여 년 전 김해김씨에 의해 개척됐고, 연진도 400여 년 전 삼척김씨가 개척했다. 쌍개는 450여 년 전 밀양박씨가 개척했다.⁵¹ 여진족 정벌 등의 여러 가지 문제로 어촌 개척이 뒤늦었고, 남쪽에서 올라온 사람들이 입촌했다. 따라서 명태잡이가 뒤늦게 시작될 수밖에 없었다.

나진은 일제강점기에도 함경북도 어업의 본부였다. 1942년 함경북도 어업조합연합회가 청진부 나남읍에 있었으며 일찍이 1913년에 설립됐다. 최북단 두만강 가에서 웅기, 나진, 청진, 어대진, 성진 등까지 포함된다. 주 어획물은 명태, 대구, 정어리, 가자미, 청어, 연어, 게 등이있다. 그 당시 명태알

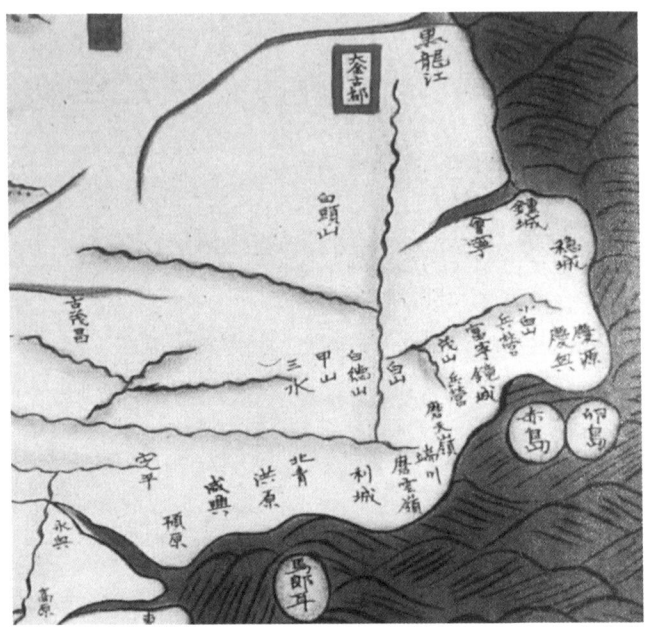

혼일강리역대국도지도의 함경도 부분. 명태어장이 형성된 마량도, 함흥, 북청, 단천, 경흥 등의 지명이 보인다. 일본 류코쿠(龍谷)대학 도서관

과 동건 명태를 통제 판매하는 제도가 존재했다.[52] 1930년대 사진에 두만강 하구에 군집한 어선들이 보인다. 대부분 함경북도에서 조업하던 어선이다.

마량도 남쪽의 강원도에 속하는 원산만도 명태어장으로 중요하다. 원산만은 동해가 내려앉아 바닷물에 잠길 때 만들

고성군 거진읍 반암리에서 바라본 거진항. 강원도 명태잡이의 본향이다. 1976

어졌다. 북쪽 호도반도와 남쪽 갈마반도 사이에 서쪽으로 들어간 송전반도, 송전만과 석전만이 있다. 신도, 대도, 솔섬, 여도, 웅도 같은 섬도 있다. 원산만은 배를 대기에 유리하며 이곳에서는 명태, 노루메기, 가자미, 낙지, 청어, 멸치, 임연수어 등이 많이 잡힌다.[53] 원산은 무엇보다 명태 집산지 및 전국 출하지로 중요하다.

원산만 남쪽에서는 고성의 거진이 중요하다. 명태가 거진을 중심으로 이북 쪽에서 많이 잡혔기 때문이다. 아야진의 배도 전부 거진 이북 쪽으로 와서 작업했다. 분단 전에는 당연히 거진의 배가 금강산 해금강과 장전 해역까지 북상하여 명태를 잡았다. 거진항은 선박 피박지로 적당하며, 성어기에는 많은 어선이 모여들었다. 거진 남쪽의 아야진항은 수심 2~4미터로 저질(底質)은 모래와 바위다. 노·간출암이 많아 20톤 미만 소형 어선이어야 들어올 수 있다. 속초항은 청초호 북측을 매립하면서 축조한 어항이었으나 현재는 신항을 개발하여 무역항이 됐다. 대포항 저질은 모래와 바위이며 수심은 1~3미터다. 주문진항은 수심이 3~8.7미터이며 저질은 모래다. 장호항은 저질이 모래와 바위이며 수심 1.5~8미터다. 이상이 명태잡이로 출어하던 강원도의 항구들이다.

아야진의 갯벌
어민 구술

여기는 뻘이에요. 거의 돌처럼 딱딱해요. 서해는 발이 들어가지만 여기는 돌멩이처럼 딱딱해요. 깊이 나가야지만 모래를 벗어나 뻘이 있죠. 100미터 나가면 뻘이 나타나죠. 물고기가 바닥에서 기는 놈 자개미, 광어는 모래를 좋아하고 우럭은 바위 좋아하고 명태는 뻘을 좋아하고, 명태가 뻘을 먹는다는 게 아니라, 명태가 찬 고기잖아요. 그러니까 수심이 깊은 데 들어가다 보니까 지가 살기 좋은 곳에 뻘이 있다는 거죠.

북어의 길,

2

자본의 길

각 읍, 바다, 포구에서 이름 없는 세금을 과다하게 받는 것에 대해 전후로 연석(筵席)에서 거듭 엄중하게 신칙하셨던 것뿐만이 아닙니다. 그런데도 함흥 포구와 원산·덕원 등에서 최근에 신설한 수월세 이름의 북어세는 전에 없던 예를 새로 만들어 주민에게 큰 피해를 주고 있기 때문에 작년 5월에 전(前) 도신이 계문(啓聞)하여 혁파했으나, 몇 달 가지 않아 여전히 다시 시행하여 규정 외로 걷고 다방면으로 침탈하므로 어지러이 원통하다고 하소연합니다. 조령(朝令)을 무시하고 혁파하자마자 다시 시행했으니 너무나 놀랍고, 각 포구의 어상(魚商)들이 이로 인해 생업을 잃어버렸으니 매우 가련하므로 당해 도에 분부하여 각별히 금단하는 것이 좋겠습니다. 묘당에서 품처하게 하는 것이 어떻겠습니까?

_함흥부 안핵사 이삼현, 1863년 1월 16일

북어 자본의 축적과 전국화

철령을 넘어서 한양으로

15~16세기까지만 해도 물고기 어획량 중 민물고기 비중이 높았다. 어획 수단, 유통과 가공 등 제반 환경이 미성숙한 단계에서 바닷물고기의 원거리 이동은 쉽지 않았다. 17세기 이후 수산업이 발전하면서 민물고기 비중이 줄고 바닷물고기 비중이 늘어났다. 연근해어업이 발전하기 시작한 덕분이다. 서해 칠산바다에는 선단이 몰려드는 파시평(波市坪)이 성립됐으며, 험난한 동해에도 목선을 띄우게 됐다. 물론 조선업은 여전히 열악한 수준이어서 왕성한 항해력에는 도달하지 못한 제한성이 뚜렷했으나 이전 시기에 비할 바는 아니었다.

어업은 채취 어법이나 고정 어구에서 벗어나 어선어업으

로 전환되기 시작했다. 고깃배 수가 늘어났고 배의 크기도 커졌다. 가공업이 발달하면서 서해의 굴비, 동해의 북어가 시장 상품으로 큰 의미를 지니게 됐다. 청어를 말린 비웃도 인기를 끌었다. 전국화된 5일장으로 촌 구석구석까지 건어물이 들어갔다. 주요 어종인 명태, 청어, 조기 등의 판로가 대대적으로 확장되기 시작했다.

17세기에 이르러야 기록에 나타나는 명태는 18세기에 들어와 어획량이 증대했다. 명천·길주 지방에서는 일찍부터 대구를 사재감에 바쳤는데, 18세기 전반기에 대구가 명태로 바뀌었다. 무술년에 영의정 서명선이 보고하길 "중간에 대구 공물이 명태 공물로 변화하고 40태가 90태가 됐다(而中間大口變爲明太 四十駄增爲九十駄)"라고 했다.[1] 1태가 20마리이므로 800마리가 1800마리로 변경된 것이다. 무술년은 1778년이므로 그보다 훨씬 앞선 시기부터 함경도에서 명태가 많이 생산되고 있었음을 알 수 있다.[2] 같은 찬물고기인 대구를 능가하여 명태가 부각되고 있었다. 동해의 공물을 상징하던 대구를 제치고 명태가 공물로 등장한 것은 생산량에서 압도한 결과다.

18세기 중엽에 이르면 전국의 장사꾼치고 함경도 명태를 팔지 않는 자가 없었다. 함경도 상인은 서울까지 진출하여 장사했다. 18세기 이익은 이에 대하여 "어민이 목선을 만들어 해산물을 잡아 생계를 의탁하고 있다. 생선, 건포, 알, 젓갈을 말과 배로 실어내는데, 지금 서울 저자에서 보는 맛있는 어물은 그 대부분이 동해에서 실어온 것이다"라고 했다.[3] 한양에서 가까운 서해안 어물보다도 평소에 먹어보지 못하던 먼 동해의 어물이 서울 사람의 입맛을 끌어당겼다.

조선 후기까지 후진 지역으로 평가받던 함경도에서 18세기 이래 상업 활동이 전국 규모로 확대되어가고 있었다. 함경도의 상품 교역은 18세기 이래 상업 발달에 따라 지역을 벗어나 전국의 소비지와 연계하여 이루어졌다. 당시에는 지역 산품인 북어와 마포(麻布)가 전국적으로 활기를 띠었다. 상업의 중심지인 서울, 개성 같은 도시와 황해도, 평안도를 연결하는 삼방로(三防路) 개척, 전국 해로의 발달 등은 함경도가 상품 유통을 통해 전국의 경제권과 연결될 수 있는 조건을 마련해주었다. 함경도의 상품 유통은 육로를 통해서는 북어·마포와 목면이 교환되는 형태였고, 해로를 통해서는 북어와 미곡이 교환되는 것이 일반적이었다.

활발한 상업 활동은 유통의 주체인 상인층 내부의 발전도 가져와 전업 상인층이 분화하고 있었다. 물화 집산지인 함흥, 원산 일대에는 대규모 자본과 관권을 배경으로 특정 상품의 판매를 독점하던 대상인이 활동했다. 이는 조선 후기 상업의 일반적 특징인 도매상업이 함경도에서도 발달하고 있었음을 보여준다. 선상층(船商層) 내부에서도 어물 매집 기능을 하던 해상층(海商層)과 동해안 해로를 이용해 경상도와 직교류하던 선주층(船主層)이 분화하고 있었다. 포구상업의 중심지에는 주인층(主人層)이 성장하여 어물 유통의 중심으로 기능하며 함경도와 전국의 선상을 상대로 북어를 유통하고 있었다. 다양한 상인층 분화는 함경도의 상업 활동이 경제의 한 범주로 자리 잡고 있었음을 말해준다.[4]

함경도 상인의 활동이 활발해지기 시작한 시점은 18세기 중엽, 특히 1740년대부터다.[5] 이 시기부터 함경도 상인을 지칭하는 북상(北商)이 자주 등장한다. 서울의 경상(京商), 개성의 송상(松商), 의주의 만상(灣商), 동해의 내상(萊商), 평안도의 서상(西商)과 더불어 북상이 출현한 것이다. 송상, 만상, 내상은 조선 후기의 3대 상인 집단인데, 오지인 함경도에서 이들 3상에는 못 미치지만 전국 상권의 북상이 등장한 것은 일대 사건이었다.

북상은 함경도 출신이거나 함경도를 기반으로 전국 유통망 속에서 상업 활동을 전개하던 상인의 총칭이다. 대표 산물인 북어와 북포(北布)를 서울 및 전국 장시에서 판매했다. 북포에 관해서는 동시대의 이규경이 《오주연문장전산고》에서 그 내력과 명칭을 서술했다. 그의 기록에 등재된 것은 당시에 북포가 전국적 주목을 받았다는 뜻이다. 함경도 길주·회령의 북포는 올이 가늘고 고운 고급 베로서 한양에서 인기가 많았다.[6] 원산의 어물상, 북관의 포상(布商)으로 구성된 북상은 경상, 송상, 서상 등과 함께 조선 후기 상품유통경제의 발달을 이끌어간 전국 규모의 사상(私商) 집단으로 성장했다. 이전에 함경도 특산품은 북포 하나였는데, 북어가 추가됨으로써 유통의 여력이 커졌다.

북어는 찬거리 또는 제수로 애용되어 한양에서 소비가 많았다. 북어 집산지는 원산포였다. 배로 운반하자면 남해안을 돌아서 와야 하므로 운송 거리와 기간이 너무 길었고, 또 오랜 항해에 상할 염려가 많았다. 그리하여 원산포에서 육로를 통해 한양으로 곧바로 입하됐다. 18세기 전반까지는 관북과 관동을 가르는 철령을 넘었고, 18세기 후반부터는 강원도 중부의 남북을 연결하는 주요 교통로인 추가령을 넘어서 유통됐다.[7] 육상 운송 통로는 사상인(私商人)이 독점했다.[8] 아직 부산이나 강경까지 상선으로 운반하려면 조금 더 시간이 필요했다.

18세기 후반 《신증농국여지승람》에 산지별 수신물이 기재되어 있는데, 많이 잡힌 어물은 명태였고, 그 밖에 청어·조기·멸치·새우 등이 올라 있다.[9] 명태는 원산포에서 집하되어 말에 실려 포천의 송우점(松偶店), 양주의 누원점(樓院店)을 거쳐 한양으로 공급됐다. 한양에 어물이 반입되면 원칙적으로 시전(市廛)에서 처분됐다.[10]

특히 18~19세기에는 대규모 어구를 사용하여 어업 생산력이 증대했다. 수산물 상품화로 이익을 독점한 세력은 이익을 더욱 극대화하고자 했다. 명태와 조기, 청어, 대구 등이 다획되면서 일반 서민까지도 소비할 수 있는 여지가 마련됐다. 19세기 《임원십육지》에 따르면[11] 당시 다량 어획 어류는 명태·조기·새우·청어·멸치·대구 등이었으며, 20세기 초 편찬된 《한국수산지》의 내용도 거의 같다. 유통의 발달로 수산물이 각 지역의 장시와 부상에 의해 육로와 해로를 통해 소비자에게 전달됐다. 북어 같은 건어물은 유통의 안정성으로 인하여 원거리 농촌과 산간에도 전달됐다.[12]

그런데 이 같은 사회경제적 요인만으로 북어의 전국화가 가능했을까? 사람의 심리, '멘탤리티의 역사'가 중요하다. 북어라는 건어물이 손쉽게 사람들에게 수용된 것은 '비린내가 없는 생선'이기 때문이기도 하다. 내륙의 한국인은 바닷물고기를 먹을 기회가 거의 없었다. 청어를 말린 비웃도 조선 후기에 풍미했으나 먹을 양이 많고 비린내가 거의 없는 북어가 청어를 압도했다. 북어는 많은 이들의 입맛에 맞았고, 손쉽게 요리가 개발됐으며, 제사상과 고사상에도 오름으로써 일상생활에서 군림하는 최고의 물고기가 됐다. 수완 좋은 장사꾼이 이를 놓칠 리가 없었다.

포구 주인과 자본가 객주

동해안을 따라 내려가는 선상(船商)의 활동도 전개됐다. 선상은 북어 산지인 북청과 집산지인 원산·함흥 등지의 상인인데, 생산지 어민에게서 구입한 어물을 원산에 가져가 팔았다. 자기 선박을 소유하지 못한 소규모 영세 상인이다. 단독으로 혹은 여러 명이 함께 배를 세내어 활동했으며, 그 범위도 함경도 내의 생산지나 집산지를 벗어나지 않았다. 1857년(고종 12) 북청에서 명태 60태를 싣고 함흥과 영흥 등지에 가서 판매한 북청 신포의 상인 이병직이나 단천에서 구입한 북어를 이원에서 판매한 윤태원 등이 그 전형이다.

선상은 생산지와 소비지를 왕래하며 상품을 구입하고 판매하여 유통 이익을 얻던 소매상이다. 집산지의 물품을 수집하여 전국 규모로 활동하던 북상에게 넘겨주는 역할도 했다. 도내 장시나 소비지를 순회하며 물물교환을 하던 행상이나 포구를 왕래하며 북어를 모아 판매하던 선상은 자본 규모가 미약했다. 그러나 전국의 시장을 돌며 북어와 북포를 판매하던 북상의 처지는 지역 내 행상과 달랐다. 그들은 대부분 원거리 항해에 적합한 대선의 선주였다. 철령 등의 육로로 말을 타고 북어를 보내던 북상은 원거리 항해를 감당하면서 함경도에서 경상도, 심지어 충청도에 이르는 선상 운송을 감행했다.[13] 축력(畜力) 운반으로는 한양의 수요를 감당할 수 없었고, 충청도 강경장까지 많은 북어를 보내야 할 정도로 전국적으로 확산된 결과다.

그리하여 19세기 이유원은《임하필기》에서 명태를 수천 석씩 잡아들였다고 했으며, 원산 등지에서는 땔나무와 같이 쌓여 있었다고 했다. 북어 건조 산업이 당대의 대세가 됐다. 겨울철 동태나 소금에 절인 염장물, 말린 건어물 같은 유통 가공물이 아니고는 명태 구경을 할 수 없던 산골에도 북어가 들어갔다. 전국 규모의 북어 유통망이 성립됐다는 뜻이다.

어획기에는 북어가 온 나라에 차고 넘친다고 했다. 함경도 상인이 전국의 시장에서 북어를 판매했기 때문에 나온 말이었다. 전국 유통은 원격지의 교역 상인이 담당했다. 각 읍의 선상 중에는 실력을 키워서 자신의 배를 소유하고 격군을 고용해 함경도 관내에서 구입한 어물을 강원도, 경상도 일대에 가져다가 팔고 미곡과 목면을 구입해오는 이들이 나타나기 시작했다. 선박을 구입해 전국적 상업을 행사할 정도로 일정한 부를 축적한 것이다.

포구 주인과 객주도 중요했다. 각 포구에는 포구 주인이 머물며 포구 상업을 장악했다. 주인이란 품종별 주인권에서 유래했다. 17세기 중엽 경강에서 지방 선상의 상품 판매를 중개하는 여객 주인이 성립된 후 19세기 초에는 전국 포구에 주인층이 등장했다. 포구 주인은 해로와 육로를 통하여 지방 상인과 주객 관계를 맺고 전국의 북어 유통망을 조종했다. 함경도 포구에도 명태를 장악한 주인이 등장했다.

경강포의 북어주인(北魚主人), 강음칠포(江陰七浦)의 시탄수세감관(柴炭收稅監官)·무시주인(貿柴主人)·어염수세감관(魚鹽收稅監官) 등 물종별 주인권이 성립됐다. 마포의 염해도여각주인(鹽醢都旅閣主人)·염도여각주인(鹽都旅閣主人), 인천의 채과여각(菜果旅閣), 박천 진두(津頭)의 목화도여각주인(木花都旅閣主人) 등 물종별 주인권의 출현은 상품 유통 기구로서 주인권의 전문성이 강화됐음을 뜻하는 동시에 상업 역사가 새롭게 변화했다는 것을 의미한다.[14] 함경도 포구 주인도 이같은 시대의 맥락에서 출현했다.

함경도의 북어 상선과 긴밀한 관계를 맺으며 활동하던 독

북청 장날, 국립중앙박물관, 1911

홍원 장날, 국립중앙박물관, 1911

특한 존재로 덕주도 있었다. 명태는 동결과 건조를 거쳐 상품화되는데, 가공 과정에서 덕주의 역할이 컸다. 함경도의 덕장은 북어 산지인 북청, 이원, 단천, 길주, 경성 등지에 많이 분포됐다. 덕주는 덕장 소유주로서 선상에게 북어 건조장을 임대하고 임대료를 받는 것이 본업이었다. 위탁받은 북어의 건조 과정에서 생기는 손실은 덕주의 책임이었으나 손실분을 미리 감안하여 생산자나 상인에게 북어를 추가로 받는 것이 관행이었다. 덕주는 북어 위탁판매도 맡았는데, 그 과정에서 상인의 이익을 침해하는 일이 많았다. 덕장을 경영할 만한 자본력을 앞세워 선상 활동을 침해하며 상품 유통에 개입한 것이다.

산골까지 들어간 북어

북어의 전국적 유통과 확산은 5일장 연결 시스템의 완성에 기인한다. 시장 상인의 처지에서는 보관과 유통에 편리하고 제수거리로 안착되어 수요가 많은 북어야말로 이득을 취할 수 있는 가장 좋은 상품이었다. 싼값에 사서 비싼 값으로 파는 무천매귀(貿賤賣貴)는 목돈을 만질 수 있는 상술이다. 특정 물품의 매점매석을 통한 부의 축적은 이미 《허생전》을 통해서도 확인된다. 북어 역시 상인이 눈독을 들이는 장날의 제수거리 상품이었고, 장시를 통해 전국으로 퍼졌다

《임원십육지》〈예규지〉 '장시조'에 등장하는 명태 장시는 경상도 영해읍내장, 동해읍내장, 순흥 성하리장, 거제읍내장, 거창읍내장, 영천읍내장, 강원도 양양읍내장, 충청도 은진 강경장, 황해도 신계읍내장 등이다. 《임원십육지》의 저자가 모든 장시를 예시한 것은 아니므로 명시된 장시 외에도 전국의 장시에서 북어가 팔렸을 것이다. 19세기 전반에 편찬된 《창성읍지》를 비롯한 전국의 지방 읍지에도 명태가 실려 있으며, 《오주연문장전산고》의 저자 이규경도 북어의 전국적 확산을 〈북어변증설〉에서 갈파했다. 이규경은 "북어가 제사상에 놓는 필수품이 됐기 때문"이라고 했다. 비싼 건대구의 대체재로 값싼 북어가 서민에게도 보급된 것이다.

조선은 도로가 좁고 마차 통행이 불가한 곳이 많아서 화물의 경우 사람이 어깨(지게)에 지고 운송해야 했다. 이에 길드적 규율과 통제가 있는 조직이 필요했다고 이청원은 《조선역사독본》에서 보부상의 필연성을 강조했다. 보부상은 당시 상품 유통의 중심이었다. 해산물과 소금은 보부상이나 우마 같은 작은 단위로만 운송이 가능했다. 따라서 읍치 중심에서 촌락으로 연결되는 해산물의 운송 거점이 필요했다. 이러한 사회경제적 요구에 따라 책가어물장(冊街魚物場)이 성립됐다.

챗거리라고도 한 책가(冊街)는 어물 도산매, 어물의 거점

역할, 교통망의 여러 기능을 수행했다. 18세기에 접어들면서 농업, 어업, 수공업과 도로 및 수로의 발전 등으로 어물장도 중요한 위치를 차지했다. 책가에는 마방(馬房) 시스템이 있었다. 마방은 어물 도산매와 해산물 복합 거점으로 기능하며 창고와 마사를 갖추었다.[15] 철령을 넘어서 한양으로 가는 길 외에 다양한 루트가 개발되고 있었다.

북어와 관련하여, 영동 지방은 이미 조선 전기에 강릉을 중심으로 각 군현의 중심지와 교통의 요충지에 20~30여 개의 향시(장시)가 발달한 것으로 보인다. 조선 후기에는 강릉에 장시 4~6개가 개설되어 전체의 20퍼센트 이상을 차지했으며, 양양·삼척·울진·평해·통천·고성·간성에도 장시가 들어섰다.[16] 면포·마포 등의 직물류와 어류 거래가 활발했다. 영동과 영서를 연결하는 장시권도 활발했다. 이처럼 북어는 관동과 관북, 관북과 강원도, 영동과 영서를 연결하면서 지방 장시를 파고들었고 많은 물량이 한양으로 향했다.

동해안에서 직접 경상북도 내륙으로 관통하는 노선도 있었다. 문경 이화남령(조령)에서 상주를 거쳐 동래로 관통하는 간선도로와 낙동강 연안을 따라 전개된 도로 그리고 동해의 해산물과 내륙의 오곡을 상호 수급하기 위한 영해, 영덕에서 진보를 경유하여 객사에 이르러 다시 안동으로 이어지는 도로를 일명 동로라고 했다.[17] 책가 어시장에 나들이하던 장꾼은 주로 보부상과 지역 주민이었다. 월곡 주변의 장꾼은 배티재, 청송·진보에서는 가릿재, 길안에서는 황산재, 영양 방면에서는 동산재, 예안·영주·순흥의 장꾼은 금댕이재를 넘나들었다.[18] 백두대간이 동서를 가로막는 한반도의 지리적 조건상 동해와 내륙을 연결하는 고개가 '북어의 길'로 활용된 것이다.

동해안 상선 루트와 북어조합 성립

함경도 홍원군(남홍리 천도마을)에서 1963년에 조사된 자료(사회과학원 민속학연구실)에 따르면 함경도 내부는 물론이고 경상도, 전라도, 충청도, 경기도까지 뻗친 유통망을 알 수 있다. 경상도 포항과 대구, 전라도 목포로 북어 1000바리(1바리=2000마리, 즉 200만 마리)를 싣고 갔다. 200만 마리는 상상을 불허할 정도의 유통량이었다. '북어가 산처럼 쌓여 있다'는 조선 후기의 기록과 일치한다.

 북어를 말에 싣고 함경도의 오지인 삼수, 갑산으로 가서 팔았다. 농민도 자기 말이나 남의 말을 세내어 산간과 농촌에 가서 팔았다. 동네 어민 역시 10~20짝을 사서 장에 가서 팔았다. 소매인은 큰 규모의 경영주에게서는 고기를 못 사고 배 임자(선주)나 사공의 그물에서 샀다. 어민뿐 아니라 농민까지 북어나 염장명태 장사에 나선 것은 그만큼 돈이 됐기 때문이다.

어획물 처리는 중간 거간꾼에게 넘기거나 어민의 가족이 머리에 이고 다니며 부근에 팔고 양곡과 교환하는 식이었다. 거간꾼은 말에 싣고 산간 지대에 가서 양곡과 교환했다. 크게는 경기도, 전라도, 충청도까지 염장한 물고기를 배에 싣고 가서 외상으로 주었다가 가을에 다시 가서 양곡으로 받아왔다.

개항 후에는 개항장마다 선상(船商)이 부상했다. 개항장이 대외무역과 원격지 유통의 중심지로 성장하면서 선상의 활동 범위는 포구에서 개항장 중심으로 바뀌어갔다. 개항장 무역의 증대와 이에 촉진된 상품화폐경제의 발전은 유통량 팽창을 가져왔고, 선상은 포구와 개항장 또는 개항장과 개항장 사이를 왕래하면서 수출입품의 대규모 유통을 담당했다. 그들은 토화(土貨)를 구입해 외상(外商)에게 판매함으로써 가격차를 이용해 이윤을 챙겼다.

외방포구 선상 경영에서 1886년의 표류 선박 사례가 눈에 띈다. 표류 선박의 선상 구성은 영덕(盈德) 선주, 물주, 사공, 격군 7인으로 이루어졌다. 균역청 소속의 일파삼선(一把杉船)인데 영덕-북청, 신포-영일포를 연결하며 북어 무역을 행했다. 세복위업(貰卜爲業), 즉 타인이 위탁한 화물을 운송하고 운임만 취득하는 전업적 운송업자다. 이는 운송업만으로 생계가 가능해지고, 물류 유통량이 그만큼 증가한 상황임을 말해준다.[19] 다시 말해 함경도 북청과 신포에서 경상도 영일만까지 북어 화물을 운송하는 전업자가 등장했다는 뜻이다.

《고종실록》에 등장하는 다음의 기사는 시사하는 점이 크다. 전라남도 순천의 배가 동남해를 돌아서 함경도 단천까지 갔다. 거기서 북어 250태(5000마리)를 싣고 서해안 강경포로 가져다주고 귀환길에 남해안 순천 해역에서 풍랑을 맞아 대마도로 표류했다. '순천-단천-강경-순천' 루트는 거의 한반도를 한 바퀴 도는 장거리 항해다. 원해 항해가 가능한 상선이 등장할 정도로 상선을 통한 북어의 전국 유통망이 형성됐다는 뜻이다. 1878년(고종 15) 11월 27일 표류민을 불러다 풍랑에 표류하게 된 연유와 거주·인원을 물었더니, 표류민 선주 김영보(金永甫)가 이렇게 아뢴다.

선격(船格)은 12명이며, 순천부(順天府) 소라면(召羅面) 사도(沙島)에 사는 백성들이었습니다. 균역청에 속한 삼파삼선을 가지고 배를 빌려주는 것으로 생업을 삼기 위해 양식과 그릇 등을 모두 싣고 올해 2월 23일 본리(本里)에서 출발했는데, 4월 14일에는 단천(端川)에 도착하여 머무르다가 해당 부에 거주하는 물주

이용하(李龍夏)·이순칠(李順七) 등이 산 북어 250태를 싣고 은진·강경까지 옮겨주고 빌려준 값으로 2000냥을 받기로 했습니다. 물주와 함께 배를 타고 8월 2일 출발하여 10월 3일에는 순천 지역에 이르렀는데, 서북풍이 크게 일어나 치목(鴟木)과 돛대가 모두 부러지면서 큰 바다 가운데서 휩쓸려 표류하게 됐습니다. 싣고 있던 북어는 거의 다 바다로 던졌으며, 4일에는 표류하다가 한 곳에 닿게 됐는데, 일본인들이 나와서 구해주어 사람과 배가 거의 보전될 수 있었으니, 그곳이 바로 일본국 대마도 묘주포(妙湊浦)라고 합니다.

1906년(광무 10) 6월 3일, 함경남도 관찰사 신기선(申箕善)은 러시아 군함에 의해 피해를 입은 민간인의 보상 처리를 요청한다.[20] 함흥군 상민 김자완(金子完)의 소장을 받아서 신기선이 의정부 참정대신 박제순(朴齊純)에게 올린 글이다.[21] 부산항까지 가는 북어 루트가 다시 한 번 확인된다. 추포환(萩浦丸)은 짐작건대 야마구치현 하기(萩)에서 명칭을 따온 일본 선박이다.

8년 4월 25일에 북어(北魚) 554동(同)을 추포환에 싣고 부산항으로 내려가다가 충원군 앞바다에서 러시아 군함과 봉착하여 배

안의 사람들이 다 포로가 되고 이 배는 격침됐으니 제 손해금이 3000원이 됩니다. 수년간 포로로 있다가 이제 겨우 돌아와서 우러러 호소하오니 특별히 전달 보고하시어 찾아서 지급하여주시기를 바랍니다. 살피건대 외국 병사의 전쟁에 한국 국민이 피해를 입었으니 억울함이 없지 않아 이렇게 호소한 것입니다. 원항감리서(元港監理署)의 문서를 취하여 살펴보니 격침되어 빠진 물건이 모두 적확합니다. 지금 평화를 이루어 포로를 교환하는 때에 인민이 손해를 입은 물건 값을 마땅히 상환해야 할 것인데, 일본 상민 피해금은 반드시 변통하여 처리하는 예가 있을 것입니다. 한국민만 홀로 소외되어서는 안 되겠기에 특별히 백성의 사정을 생각하여 위의 김자완의 피해금 3000원을 교섭하여 찾아 지급해주시기를 바랍니다.

기선을 중심으로 하는 근대적 운송수단의 도입은 원격지 유통의 확대와 이에 따른 국내 상품 유통의 증대를 가져왔다. 명태는 국제 무역 상품은 아니었어도 국내 상품 유통에서는 중요 상품이었다. 1880년대 중반 5만 엔 정도에 불과했던 명태의 원산 이출액이 1890년대에는 30만 엔 내외에 이르렀다.[22] 유통량 증대는 기선이라는 근대적 운송수단 덕분이며, 한편으로는 조선 내부의 상품 생산과 수요가 확대되고 있음을 의미했다.

원격지 유통은 주로 일본인이 소유한 기선에 의존했다. 일본 상인이 주도권을 쥘 수밖에 없었고, 일본 상인에 대한 조선 상인의 종속은 심화됐다. 원격지 부산의 미역, 원산의 명태 등의 상권은 대체로 기선을 이용한 일본 상인이 차지했다. 종래 조선 상인이 육로를 통해 서울로 수송하던 함경도 명태와 마포 상권은 해로를 이용하는 일본 상인에게 침식돼 서울의 어물전 상인이 손해를 보는 실정이었다. 명태 판매권이 점점 한상(韓商)의 손을 떠나 재유외상(在留外商)의 손으로 넘어간 것이다.[23]

20세기에 접어들면 부산에 북어조합이 결성되기에 이른다. 많은 유통과 거래 대금이 형성됐으며, 막대한 수요가 창출되어 1909년 7월 부산에 북어조합회사가 성립된 것을《대한매일신문》기사가 알려준다. 흥미로운 것은 중역(총재)이 유길준(兪吉濬)이라는 점이다.[24] 함경도 북어조합 설립은 반년 뒤인 1910년 1월 13일의 일이다.[25]《조선신사대동보(朝鮮神士大同譜)》(1913)에 따르면 부산 초량동에 거주하는 최군천(崔君天)이 북어조합장이었다. 원산에서 부산까지 다량의 북어가 수송됐고, 이를 북어조합회사를 통해 전국에 유통하려는 목적이었다. 더군다나 1905년 경성-초량 간 경부선이 개통됨

벽체만 남은 남선창고 터

으로써 부산에서 철도망을 통해 대구 등지로 북어가 유통됐다. 북어조합회사가 생산지 함경도가 아니라 유통 거점인 부산 초량동(경부선 종착역)에 있었음을 주목해야 한다. 국권피탈 이후 조선총독부 관보에는 부산에 위치한 북어창고주식회사가 자주 등장한다. 북어창고주식회사의 상업 등기 주소지로 회사가 위치한 부산법원과 북어 집산지인 함흥지방법원을 각기 등록했다. 원산지와 유통지에 각기 회사를 등록한 것이며, 그만큼 함경도 북어가 부산에 다량 군집했다는 증거다.

초량동에 부산 최초의 근대적 창고인 남선창고(南鮮倉庫)가 있었다. 일명 초량 명태고방으로 불렸으며, 해상 운반 수산물을 보관하기 위해 설립됐다. 1900년(고종 37) 초량 객주 정치국(丁致國)이 함경도 객주들과 힘을 합쳐 부두 창고 회흥사(會興社)로 설립했다. 함경도와 서울 간에 철도가 없었기 때문에 부산에서 서울 등지로 가져와 팔기 위한 창고가 필요했다. 1914년에 경원선이 개통되면서 수산물이 직접 서울로 수송되어 부산 지역 객주만이 이용하게 됐다. 1910년(순종 4)에 북어창고로 개칭했고, 1914년에는 주식회사로 변경했다. 1920년에 북선창고(北鮮倉庫)로 개칭, 1926년에는 남선창고로 변경했다.[26] 1937년까지 초량의 객주 공동 소유였으나 이후 개인 소유가 됐다. 2008년 12월에 창고 건물이 해체됐다. 바로 옆의 유서 깊은 백제병원 건물은 남아 있는 데 반하여 남선창고는 붉은 벽돌 담장만 남아 있다. 비록 붉은 벽돌 담장만 100여 년간의 증거물로 남았지만, 함경도 북어가 부산을 거점으로 전국을 석권하던 그날의 역사를 웅변하는 중이다.

1910년까지 지속된
북어세 수탈

영혼이 깃든 물고기

조선 후기 언제부터인가 북어가 제사상에 오르기 시작했다. 정확한 시점은 알 수 없으나 아무래도 북어가 전국에 널리 유통되면서부터 시작됐을 것이다. 이규경은 《오주연문장전산고》에서 제사에 북어를 사용한다고 했다. 유교 통치가 강화되어 제사 형식이 체계화·일상화된 조선에서 서해는 조기, 동해는 명태라는 제사 품목이 정례화됐다. 조기와 명태의 공통점은 '절 받는 물고기'란 점이다. 조기가 경인 지방을 비롯한 서해안에서 제례 음식으로 올랐다면, 명태는 북어라는 이동성에 힘입어 전국으로 확산됐고 각종 제사와 고사 등에 소비됐다.

조기는 제사상같이 격식이 필요한 곳에서나 대접을 받지만, 명태는 시도 때도 없이 의례에 올랐다. 어딜 가나 북어 대가리 하나 안 걸린 곳이 없으며, 나아가 굿판·고사판의 단골이 됐다. 과거에도 존재했고 현재에도 존재한다는 점에서 장기 지속의 역사다. 그리하여 18~19세기를 뛰어넘어 20~21세기에도 북어는 의례에 초대받고 있다. 자동차만 사도 고사를 올리면서 북어를 바친다. 음식점을 개업하면서 실로 엮은 북어를 문설주 위에 걸어놓는 관행도 남아 있다. 굿판에서 무당이 춤을 추면서 북어를 양손에 쥐고 연풍대를 도는 모습도 흔히 보인다. 10월 상달 고사에 팥시루떡을 천신하면서 시루 위에 북어를 올린다. 장승 솟대를 세우고 허리춤에 북어를 실로 묶어서 매달아둔 풍경도 눈에 띈다. 이렇게 오랫동안 북어가 의례의 주역으로 자리 잡았음은 그만큼 영력을 인정받았다는 증거이며, 그 사실만으로도 역사문화적 권위를 가진다.

함경도 홍원군 조사(1963)에 따르면 쇠배와 떡배라는 묘한 전통 주술력이 전해온다. 어로 준비가 완전히 끝난 후 출어 전날 뱃고사를 지낸다. 이때 소(또는 돼지, 찰떡 등)를 잡아 배에 모셔놓고 풍어를 기원하는데, 뱃고사에 어떤 것을 준비하는지는 이미 결정되어 있다. 배가 건조됐을 때 소를 잡아서 고사를 지냈으면 그 배는 쇠배로 규정되어 계속 소를 잡는다.

처음에 찰떡을 쳤다면 떡배가 된다. 배가 건조되어 세상에 나올 때부터 배에 운명을 관장하는 어떤 영력이 깃들인다는 믿음이다. 남의 배를 구입했다면 살 때 그 배가 쇠배인지 떡배인지 구체적으로 인계받는다. 돈만 받고 배를 파는 것이 아니라 배의 주술 내력까지 인수인계한다. 배에 주술적 영력이 실려 있다고 믿음으로써 그 영력의 힘으로 명태를 잡고 안전을 기원하는 것이다.

함경도 어민은 공동으로 경비를 출자해 매년 9월 날을 받아서 제사를 지냈다. 천신에게 올리는 고사 전통인데, 이 상달 고사는 민족의 역사와 함께 오래 전승되어온 제례다. 반드시 돼지를 잡는데, 물귀신이 돼지를 좋아한다는 믿음에서 비롯됐다. 배가 처음으로 출어할 때는 만선기(滿船旗)의 색과 형태를 어떻게 해야 할지 점쟁이에게 점을 치게 하는데, 그 결정을 따른다. 기를 함부로 바꿀 수 없다. 신이 깃들인 배에서 신이 깃들인 깃발을 달고 신이 깃들인 제물로 제례를 행한다. 이런 의식 역시 오랜 풍습일 것이다.

실학자 홍대용은 옛 친구가 불행하게도 많지 않은 나이에 세상을 떠났다는 소식을 듣고 매우 슬퍼하며 삼가 향촉(香燭)을 마련하고 북어 열 마리와 폐백(幣帛) 한 끝을 보내 영전에 올림으로써 영결 인사를 했다.[27] 북어를 한 마리가 아니라 열 마리나 보낸 것이 특이하다. 북어는 죽음의 의례만이 아니라 혼례에도 쓰였다. 혼인을 약정한 뒤 신랑 집에서 봉치함을 보내면 대청에 떡시루를 놓고 함 위에 얹었다가 내린 다음 풀어보는데, 이 시루를 지역에 따라서는 봉치시루라고도 했다. 납채(納采)란 양가가 중매인으로 하여금 내왕하게 하여 말을 통하도록 하고 여자 쪽의 허락을 기다린 다음, 처음으로 신랑 측 혼주(婚主)가 예서에 있는 서식에 따라 신부 집에 편지를 보내는 것을 말한다. 납채시루란 납채 의례에서 시루떡에 북어 한 마리를 꽂아놓고 정화수를 놓는 것을 이른다. 이처럼 북어는 혼·상제에 두루 쓰였다.

북어가 의례에 단골로 쓰인 데는 몇 가지 요인이 있다. 조선시대에 가장 많이 유통되어 전국을 석권한 유일한 물고기이기 때문이다. 건제품이라 유통·보관에 지장이 없고, 의례에 쓰이면서도 바로 식용이 가능하다는 점도 있다. 단단한 육질과 일면 그로테스크한 모습의 북어 대가리도 한몫했다. 종묘의 제사에 여전히 대구포가 올랐음에 반하여, 북어는 대구보다 가격이 저렴하고 흔하여 서민도 대거 제사상에 올렸다. 가난한 선비가 대구보다도 북어를 제사에 썼다는 표현이 그것이다. 대구의 대용품이 등장한 것이다. 함경도라는 한정된 해역에서 나는 물고기지만 전국에 유통되기에 전국적 제의려

(祭儀力)을 확보하게 됐다.

일제강점기의 북어 수요는 대체로 전통 명절 절기에 많이 요구됐다. 정월 설날을 전후한 명절, 3월 3일 삼짇날, 5월 5일 단옷날, 7월 13일 우란분재, 8월 15일 추석, 9월 9일 중양절 등이 그것이다. 민간에서 전통 절기가 존속되는 조건에서 명절 차례에 북어포가 제수거리로 올랐으며, 상달고사 등 고사상에도 북어포가 올랐다.[28]

북어가 일상에서 중요해지고 보편적으로 받아들여졌다는 역사적 실례는 의외로 속담에서 찾을 수 있다. '명태를 많이 잡으면 중의 절까지 편다'는 속담이 있다. 명태를 많이 잡으면 생활이 풍족해지므로 사찰 시주도 늘어난다는 뜻이다. 생활에서 명태 수요가 많았음을 증거하는 말도 있다. '이앙 때 명태 안 먹으면 안 된다'거나 '명태 안 놓고 제 지내면 죄진 것 같다'처럼 명태는 모내기 노동에 새참 음식으로 등장하거나 제사에 필수품이었다. '남쪽에서는 논밭에서 부자 나고 함경도에서는 명태에서 부자 난다'에서는 함경도 명태의 경제 가치가 확인된다. 이런 와중에 '북어하고 계집은 두들겨야 부드러워진다'처럼 가부장의 폭력에서 나온 속담도 있다. 조선 후기 가부장 문화가 강화되던 시점에 여성에 대한 폭력이 북어에 빗대어 속담으로 정착했을 것이다. 심지어 북어로 아내를 때려 숨지게 하는 사건까지 기록에 등장할 정도였다. 1901년(광무 5) 경상남도 양산에서 일어났던 실제 사건이다.[29]

돈 되는 북어, 가중된 무명잡세

명태는 가히 '영혼이 깃든 물고기'로서 장안에 회자됐고, 이 물고기로 말미암아 부를 축적한 사람이 속속 생겨나게 됐다. 세금 수탈에 혈안이 된 관아에서 이 '영혼의 블루칩'을 가만히 내버려둘 리가 없었다. 지금부터 이 영혼이 깃든 물고기에 가해진 세금 이야기로 넘어간다.

조선 후기는 '무명잡세(無名雜稅)의 시대'였다. 어·염·선세 말고도 연강(沿江)을 위시하여 영읍(營邑)이나 장시에서는 여러 명목의 세금이 징수됐다. 지방에 따라 저마다 세목을 붙여서 징수된 것으로, 이를 통틀어 무명잡세라 한다. 세금은 공식적인 가렴주구의 수단이었다. 나라에서는 무명잡세를 금했으나 실효를 거두지 못했다. 각 궁방(宮房)·아문과 각 주읍(州邑)에서 그들 나름대로 실시해왔기 때문에 금절이 어려웠다.

본래 《조선왕조실록》에 등장하는 함경도 물고기 진상과 세금의 대부분은 명태가 아니라 대구가 그 대상이었다. 《경국대전》 편찬 이후 개정된 법전인 《속대전》에 따르면, 강원도의 세는 대구어로 하되 완선은 20미, 만파선은 10미로 했다.[30]

1568년(선조 1) 어사 김명원이 함경도 공납의 폐단을 보고하는데, 그 가운데 명천 이남에서 사재감에 1척 4촌의 대구어를 진상해야 해서 괴롭다는 내용이 들어 있다.[31] 그때까지도 여전히 명태는 등장하지 않는다. 1660년(현종 즉위년) 함경감사의 장계 내용 중에는 "포목을 바치는 일과 황대구어 등을 진상하는 것이 민폐를 가장 크게 끼치는 요인"이라는 대목이 있다.[32]

1815년(순조 15)에는 함경도 바닷가 주민이 바치는 진상의 문제점을 언급한다. 함경감사 김이양(金履陽)이 아뢰기를 "본도에서 진헌하는 생어물 중에서 송어·연어·은어·과어(苽魚)·황어·청어·문어·대구어 8종은 철의 이름과 늦음에 따라 나는 시기가 다릅니다. 그런데도 월령(月令)과 삭선(朔膳)의 봉진이 모두 당초에 정해진 기한이 있어서, 항상 기한을 놓치고 번번이 연기를 청하고 있습니다"라고 한다. 명태가 일반화된 19세기 초반에도 8종이나 되는 함경도 품목에 명태는 들어 있지 않다.[33] 그만큼 명태는 여전히 '후발 주자'였다. 그러나 이《순조실록》을 문구대로만 해석해서는 안 된다. 이미 18세기 전반에 대구에서 명태로 공납이 바뀌었다는 사실을 기억해야 한다.

조선 후기 북어 유통이 일반화되면서 사정은 달라진다. 본

청진의 명태덕장, 사와 슌이치, 1912

격적으로 북어에 세금을 부과하기 시작한다. 함경도 원산·함흥·덕원 등에서는 북어세로 수월세(手越稅)가 있는가 하면, 포구에는 백일세(百一稅)가 있었다. 물고기에 세금을 부과하는 초유의 일이 벌어졌는데, 그만큼 북어 유통이 돈이 되는 사업이었기 때문이다. 경상도에서는 영산의 임해연세(臨海沿稅), 밀양의 삼랑세(三浪稅)·이명세(里明稅)·수산세(水産稅), 양산의 물금세(勿禁稅)·용당세(龍塘稅) 등이 모두 무명잡세다. 잡세는 궁방·아문에서 자의로 거두며, 감관(監官)이나 영읍의 관례(官隷) 등의 폭정이 따르기 마련이었다.[34]

명태가 그야말로 산처럼 쌓였다. 도리이 류조가 1912년에 찍은 청진덕장 사진을 보면 바닷가 자갈 위에 명태가 그야말로 산처럼 아무렇게나 쌓여 있다. 1912년에서 가까운 한말에도 세금이 산처럼 부과됐을 것이다. 북어로 부를 축적하는 상인이 생겨나자 이를 수탈하려는 관의 방만한 수세가 극에 달했다. 불길한 징조는 북어 유통 전국화가 더 체계 있게 진행된 19세기에 들어와 가속도가 붙었다는 점이다. 1863년(철종 14) 1월 16일, 함흥부 안핵사(按覈使) 이삼현(李參鉉)이 북어세와 수월세 혁파에 대해 이렇게 논의한다.[35]

각 읍 바다 포구에서 이름 없는 세금을 과다하게 받는 것에 대해 전후로 연석(筵席)에서 거듭 엄중하게 신칙하셨던 것뿐만이 아닙니다. 그런데도 함흥포구와 원산·덕원 등에서 최근에 신설한 수월세 이름의 북어세는 전에 없던 예를 새로 만들어 주민에게 큰 피해를 주고 있기 때문에 작년 5월에 전(前) 도신이 계문(啓聞)하여 혁파했으나, 몇 달 가지 않아 여전히 다시 시행하여 규정 외로 걷고 다방면으로 침탈하므로 어지러이 원통하다고 하소연합니다. 조령(朝令)을 무시하고 혁파하자마자 다시 시행했으니 너무나 놀랍고, 각 포구의 어상(魚商)들이 이로 인해 생업을 잃어버렸으니 매우 가련하므로 당해 도에 분부하여 각별히 금단하는 것이 좋겠습니다. 묘당에서 품처하게 하는 것이 어떻겠습니까?

안핵사 이삼현은 '최근에 신설한 수월세'라고 했다. 함흥포구와 원산 등지에 있던 북어세는 '근년에 신설된 이름'이란 기사가 자주 등장한다.[36] 《승정원일기》에서는 '근년 신설된 북어세'라고 하여 수월세가 아닌 북어세로 표기했다.[37] 같은 해 1월 27일 함흥부에서 북어세와 수월세 및 그 밖의 잡세 혁파를 청하는 비변사의 계가 있었다. '어상들이 어찌 지탱할 수 있겠습니까'라는 대목에서 혹독한 북어세의 현실이 잘 드러난다.

함흥부 안핵사 이삼현이 아뢴 바를 보니 "함흥포구와 원산·덕원 등에서 걷는 수월세 이름의 북어세는 전에 없던 예를 새로 만들어 주민에게 큰 피해를 주고 있기 때문에 작년 5월에 전 도신이 계문하여 혁파했으나, 얼마 가지 않아 여전히 다시 시행하고 있으니 도신에게 분부하여 다시 금단하도록 해주십시오"라고 했고, 이에 "묘당에서 품처하게 하라"라고 명하셨습니다. 며칠 전에 북도 주민들이 수월세라는 이름의 북어세를 혁파해달라고 청하기 위해 연명으로 호소한 적이 있었습니다. 들어보니 북도 주민은 오로지 북어를 가지고 장사를 하면서 감영과 읍의 두 가지 세만 시행한 지 오래됐는데, 근래 들어 각처에서 새로 중첩해서 과세하는 일이 날로 늘어 상민들은 생업을 잃고 포구민은 고기잡이를 그만두고 있다고 합니다. 지금 수월세라는 명색으로 보더라도 몇 년 사이에 시행하자마자 곧바로 혁파된 지가 역시 몇 차례나 됩니다. 이러한데도 엄한 영을 내려 영원히 막지 않는다면 어상들이 어찌 지탱할 수 있겠습니까?

북어세 혁파 실패

북어세는 쉽게 혁파되지 않았다. 1864년(고종 1) 3월 8일 원산 포민은 북어 매매 시 수월구문(手越口文)을 늑탈하는 폐단이 있으니 포민의 생존을 보살펴줄 것을 아뢴다. 종친부는 원산 포민의 요청대로 수월세를 대원군 궁에 상납하도록 함경감영에 지시를 내린다.[38] 그리고 같은 해 4월 17일 경상감영에 영남의 북어 수월세 혁파를 지시한다. 생산지 함경도만이 아니라 수입지 영남까지 수월세가 확산됐음을 알 수 있다. 모리배가 점탈하는 폐단이 전국에서 횡행한 것이다.[39]

북어는 홍원, 북청, 이원, 단천에서 생산되어 남쪽에서 판매됐는데, 세금을 이 네 읍에서 각각 징수한다면 부정이나 세금 남용이 없다는 보장이 없다. 함흥 서호진은 나라를 오가는 북쪽과 남쪽 배를 검사하는 곳이니 이곳에서 일괄로 징수하면 폐단이 없을 것이라 했다. 이튿날인 4월 18일에도 덕원, 원산의 두 포민이 소를 올렸다.[40] 이미 원산에서 세금을 내고 북어를 영남으로 보냈는데, 영남 현지에서 다시 수월세를 부과하니, 이에 이중 과세라는 첩세(疊稅) 문제를 제기한 것이다.

30여 년 뒤인 1894년(고종 31)까지도 북어세는 해결되지 못했다. 국가 재무를 총괄하던 탁지아문(度支衙門)에서 호남의 남병영 북어전세(北魚槇稅) 징수를 금지하고 관원을 파견하여 관리하도록 지시했다. 여러 잡세를 이미 혁파했는데, 도내의 북어전세가 본영 군수(軍需)에 포함되어 열읍(列邑)에서 이를 빙자하여 혹독하게 거두어들이니 어민이 곤란을 겪고 있었다. 주사(主事) 한 명을 별도로 정해 내려보내 검사하고 이상이 없음을 확인한 후 받아들이게 하며 본영 군수 외에 모두 수에 맞추어 본 아문으로 수납하도록 하여 횡침(橫侵)하지 못하게 하는 것이 마땅하다고 했다.

 북어세 혁파라는 숙제는 끝내 20세기로 넘어간다. 1902년(광무 6) 2월 궁내부 내장원에서는 '북어첩세혁파장정(北魚疊稅革罷章程)'을 제정하여 각 항구 감리서와 객주, 상민(商民)에게 배포했다. 앞 시기에 늘 문제가 된 북어의 이중 과세를 금지한 것이다. 규장각이 소장한 이 문서 표지에 '부산항'이라고 표기되어 있다. 영남의 북어 집결지인 부산에 내려보낸 문서다. 함경도 북어 상민인 박우정 등의 청원에 따르면, 당초 북진에서 1태에 1냥 4전 5부씩 세금을 이미 납부했는데 북어가 다른 항구에 이르면 해세위원(海稅委員)이 또 1냥의 과세를 부과하니, 이는 일물재세(一物再稅)가 분명하므로 상민이 어찌 이를 감당하겠느냐고 했다. 이중 과세가 전혀 해결되지 않은 상태를 말해준다.

충청도 강경포까지 번진 북어세

이중환의 《택리지》(1751)에서는 은진·강경이 충청도와 전라도의 육지와 바다 사이에 위치하여 금강 남쪽 들 가운데 하나의 큰 도회지가 됐다고 했다. 공주 쪽은 물이 얕아 배가 통하지 못하나 부여와 은진에서는 비로소 바다 조수와 통하여 백마강 이하 진강(津江) 일대가 모두 배편으로 연결됐다. 강경은 바다와 강을 연결하는 절대 요충지로서 이미 18세기에도 바닷가 사람과 산골 사람이 모두 이곳에서 물건을 교역했다. 봄·여름에 생선을 잡고 해초를 뜯을 때면 비린내가 마을에 넘치고 큰 배와 작은 배가 항구에 담처럼 늘어서 있었다. 함경도 북어가 강경까지 와서 내륙까지 유통될 수 있는 지형 조건을 갖추고 있었다. 동해 북어가 한반도 남쪽을 돌아서 서해 강경포까지 유통되는 라인이 연결됐다는 것은 의미가 크다. 그리고 강경포에서도 당연히 용동궁북어수세(龍洞宮北魚收稅)라는 북어세를 거두었다.

《비변사등록》에는 순조 30년 공충감사(公忠監司) 박제문(朴齊聞)의 상계에 대해 강경포의 수세 폐단과 북어 선세(船稅)를 혁파하기 위해 조사해 처리하라는 전교가 실려 있다.[41] 박제문은 장계에서, 은진 강경포에서 세를 징수한다고 일컫고 뇌물을 받아 폐단을 빚자 북어 선세를 특별히 혁파하도록 묘당에 아뢴다.

> 세금은 배 주인의 잡물(雜物)에 대해 흥정을 붙여 주고받는 구문(口文)입니다. 선상(船商)·화고(貨賈)는 각기 주인이 있어 그 땅에 사는 백성들이 생업으로 전해가며 살아가는데, 몇 해 전에 북어 선세가 생긴 후 지금 이를 빙자해서 다시 여러 백성의 이익을

인산인해를 이룬 강경의 장날

빼앗으려고 하여 갯가 백성에게 흩어지려는 마음을 품게 했습니다. 소행을 생각하면 매우 통분합니다. 각 궁방(宮房)의 도고(都賈)·어전(漁箭)·복언(洑堰)·선세가 백성이 지탱하기 어려운 단서가 되고 있으므로 묘당에서 품처하기를 청합니다.[42]

1882년(고종 19) 9월에 어의궁(於義宮)에서 관할 절수지(折

受地)인 공청도 은진현 강경포의 세수에 관한 절목과 절목을 작성할 때까지 발행한 완문(完文)을 모아 엮은 《공청도은진현강경포북어수세절목(公淸道恩津縣江景浦北魚收稅節目)》이 규장각에 전해온다. 어의궁은 사직동에 있던 상어의궁(上於義宮)으로, 인조가 등극하기 전까지 쓰던 잠저였다. 강경포가 어의궁의 수세 대상지로 지정되어 환포(換浦) 또는 복포(復浦) 됐으나 세납이 유명무실할뿐더러 간사한 백성의 탈세가 자행됐기에 이를 엄하게 규제할 목적으로 절목을 작성한 것이다. 상민을 보호하자는 뜻도 있었으나, 본질적으로는 지나친 가렴주구로 인하여 궁궐의 세금이 징수되지 않을 것을 예방하는 조치였다.

절목의 내용은 다음과 같다. 첫째, 세액과 수세 담당관의 차정(差定)으로 담당관은 감관(監官) 2인, 사음(舍音) 1인, 감고(監考) 2인으로 한다. 둘째, 수세 불실이나 비위 시 담당자에 대한 처벌을 규정한다. 셋째, 절목을 4부 작성하여 어의궁, 감영, 은진현, 수세소(收稅所)에 1부씩 비치한다.

조선시대에 현금으로 쓰인 상품은 포(布)와 북어였다. 북어는 저장성이 뛰어나고 전국적으로 유통이 됐기에 손쉽게 기준이 됐다. 북어는 환금 수단으로 현금과 동일하게 거래됐으며, 뇌물이나 부정부패에도 이용됐다. 1884년(고종 21) 6월

6일 남병사 윤치호의 죄상에 대하여 함경도 유생 전승준 등이 이렇게 상소한다.

> 북청 백성 이원필(李原弼)에게서 북어 180태와 돈 4000냥을 생판으로 빼앗았는데 욕심이 그래도 차지 않아 지금까지도 잡아 가두고 있으며, 홍원·북청·이원·단천의 물고기 장사꾼들(魚商)에게서 북어를 사고는 단지 절반 값만 주고 배로 원산에 실어갔습니다. 나라의 지방 군사 통솔자가 얼마나 중요한 자리인데 관리로 있으면서 장사질을 할 수 있겠습니까. 관할하는 여섯 개 고을의 저자에 있는 바다 물건이나 육지 물건이나 어느 것이고 세금을 부과하지 않는 것이 없으며, 본토의 군사를 열 집에 한 명씩 뽑았는데 뇌물을 많이 바친 사람은 모면하게 됐습니다.[43]

《각사등록(各司謄錄)》 1894년 11월 14일 기록에 관북의 북어세는 호남병영(兵營)의 군수전 외에는 상납하지 말라는 기사가 보인다.[44] 1901년(광무 4) 6월 7일 기록에는 함경남도 단천군수의 단천군 조세 포탈 서리 관련 보고 및 그 지령문이 실려 있다. 을유년에 신설된 북어세가 1만 2000냥인데, 망선 한 척당 20냥, 연승어선 한 척당 20냥씩 징수하고, 북어 한 태에 한 냥씩을 부과했다.

북어는 한말에 목면과 더불어 현금으로 교환되던 유일한 물고기였다. 다루기 쉬운 북어는 손쉽게 유통되는 장점이 있어 나라에서 내리는 품목에도 으레 포함됐다. 1866년(고종 3)에 출정했던 군사들에게 호궤하고 시상하는 데 북어 20쾌(快, 20마리)가 포함되어 있다.[45] 동학농민전쟁 당시의 각종 문헌에도 북어가 자주 등장한다. 그만큼 북어는 '전국구 상품'으로 자리 잡은 것이다.

환금성이 강한 만큼 세금 역시 지속적으로 가해졌다. 1906년(광무 9) 5월, 진주해염지세파원(晉州海鹽紙稅派員)이 경리원에 보낸 청원에 북어세가 등장한다.[46] 일제에 나라를 빼앗기는 상황에서도 북어세는 여전히 위세를 떨쳤다. 그만큼 돈이 되는 유통 사업이었다.

명태 경영의
자본과 노동관계

1926년의 홋카이도 게 가공선

졸옹(拙翁) 홍성민(洪聖民)은 1591년에 함경북도 부령(富寧)의 강촌(羌村)으로 귀양을 갔다. 부령은 먼 훗날인 일제강점기에 청진이 개발되면서 청진시로 변하지만, 본디 북해의 궁벽한 어촌이었다. 거기서 졸옹은 고기를 잡아 파는 노인과 곡식을 가진 사람 간의 다툼을 목격하고 〈매어옹행(賣魚翁行, 고기 파는 늙은이)〉이라는 한시를 남긴다.[47]

늙은 어민이 죽을 고비를 무릅쓰고 고기를 잡아 돌아와 "큰 고기 열 수나 되는데 열 식구 하루 양식은 안 될라구" 하면서 쌀이건 서속(기장과 조)이건 바꾸어 아침 끼니를 이으려고 했다. 그러나 곡식 파는 이는 가격을 후려쳤다. 노인은 물고기를 잡는 일의 위험 부담을 내세워 물고기의 가치를 주장하고, 곡식을 가진 자는 생존하는 데 좀 더 기본임을 내세워 곡식의 가치를 주장하면서 값을 다툰다. 졸옹은 다툼을 중재하여 거래를 성사시킨 다음, 고기 파는 노인에게 왜 하필 험난한 일을 하느냐고 묻는다. 노인은 살아가기 위해 불가피한 일임을 일깨워준다. 이처럼 고기잡이는 험난하면서도 제값을 받지 못하는 일이었고, 어부의 생활은 끼니를 거르는 고난의 삶이었다. 조선 후기의 그림은 고기잡이의 목가적 풍경만을 묘사하는데, 그 풍경 뒤에는 어촌 사회의 사회경제적 기본 모순이 도사리고 있었다.

북어가 한창 많이 잡히던 1920년대 일본 어민의 처지도 비참했다. 일본의 대표적 프롤레타리아 작가 고바야시 다키지(小林多喜二)의 중편소설 《게 가공선(蟹工船)》(1929)은 1926년 홋카이도의 게 가공선에서 실제로 일어난 사건을 기반으로 하여 쓴 작품이다.[48] 당시 게 가공선은 조난 사건과 어부 학대 문제 등으로 커다란 사회문제가 되고 있었다. 고바야시 다키지는 4년에 걸쳐 게 가공선에 대한 자료를 수집하고, 북양어업에 대한 면밀한 조사를 통해 작품을 완성했다. 그는 일본프롤레타리아문학연맹의 조직원으로 활동했는데, 1933년 체포되어 고문을 받다 살해됐다. 당시 그외 나이 서른 살이었다.

게 가공선은 바다 위에서 게 통조림을 만드는 공장선이다. 게 가공선의 현실은 '죽음'이었다. 작가는 어업 노동자의 현실을 끔찍하리만큼 생생하게 묘사했다. 프롤레타리아 문학뿐 아니라, 일본 근대 문학사에서 획기적 작품이다. 고바야시 다키지는 각 개인의 성격과 심리를 없앤, 곧 개인이 아닌 '노동 집단'을 주인공으로 삼았다. 이 작품을 읽다 보면 느껴지는 어떤 낯섦 혹은 당혹감은 이 집단 묘사 소설 기법에서 비롯된다. 이 소설 기법을 통하여 작가는 비인간적 노동 조건에 대항하는 수단으로서의 '집단 연대'에 뜨거운 신뢰를 보여준다. 이 작품을 통해 일본의 자본주의가 제국주의적이고 침략적이라는 것을 말하고자 했다. 작품은 제국주의적인 자본주의에 대항하는 노동자 정신을 표현한다.

명태잡이 어민의 처지도 게 가공선의 노동자와 다를 것이 하나도 없었다. 함경도 명태잡이 어민에 관한 문학 작품은 없지만 사회경제적 처지는 게 가공선의 노동자들과 같았을 것이다. 선박과 그물 소유, 노동력 제공과 분배의 문제 등이 복잡하게 얽혀서 어민은 이에 종속되고 헤어날 길이 없었다. 이는 어업 경영의 자본제적 착취로 선명하게 드러난다.

자선 경영과 차수 경영

조선시대의 지주전호제(地主佃戶制)는 일제강점기에 들어와서도 변하지 않았다. 땅에서 이루어진 여러 관계는 바다에서도 그대로 관철됐다. 바다에서는 토지가 아니라 선박 소유의 문제가 있었다. 배를 가진 자와 못 가진 자, 즉 배가 없는 어민은 배를 소유한 자에게 종속되어 어로노동을 제공해야 생존할 수 있었다. 한가롭게 배를 타고 나가서 낭만적으로 고기를 잡는 목가적 풍경은 존재하지 않았다. 거친 동해 북부의 겨울바람은 험난하기만 했다. 어민들은 고단했던 어로 풍경을 다음과 같이 구술한다.

험난한 고기잡이(함경도 홍원, 1963) 　　　　　어민 구술

선조들은 용감했다. 바람이 세게 불면 돛이 찢어지고 대가 부러지고 하는데 대가 부러지면 대를 이어서 가고 그렇게도 할 수 없으면 바람이 부는 대로 떠내려갔다. 그때는 조명 도구가 없어 장작불을 켜고 일을 했으며 콤파스 무전기 대신에 패철(나침판) 하나만 가지고 방향을 잡았다. 바람과의 싸움은 대단했다. 바람과 싸우지 않으면 고기를 못 잡는다고 했다. 바람이 세게 불면 돌을 10~15개 매달고 줄에 매고 물속에 던져 닻을 놓듯이 했다. 배가 크고 바람이 세면 들어올 때 온밤 자지 못하면서 살시사로 들어온다.

북청군 신창의 명태 어선. 규모가 컸다. 도리이 류조, 1912

 소규모 명태그물은 빈한한 어민의 몫이었다. 연승배는 규모도 작고 본격적인 어선어업이라고 하기도 어려울 만큼 열악했다. 19세기 중엽에 이르면 자기 배를 가지고 어로 노동자를 고용하여 고기를 잡는 자선(自船) 경영, 선주에게 배를 빌려 어로 노동자를 고용하여 잡는 차수(差數) 경영 같은 새로운 자본주의 어업 경영 형태가 도입됐다. 자선 경영은 농업에 비유하자면 집약농법의 가난한 자영농이었으며, 작은 배의 어획량으로는 자가 경영이 어려울 정도의 열악한 처지를 뜻했다.

차수 경영은 여러 사람이 공동으로 배 한 척을 준비하여 모두 어부가 되는 방식과 따로 어부를 고용하여 운영하는 방식이 있었다. 조원이 차원(差員) 1인일 때는 일차인(一差人)이라 했다. 함경도 신포를 경계로 경영 방식이 남북으로 나뉘는데, 신포 이남에는 자선 경영, 이북에는 차수 경영이 많았다. 1910년대 말까지도 신창 지방에서는 어선의 80~90퍼센트가 차수 경영이었다.[49] 사회과학원 민속학연구실의 1960년대 조사는 명태 어로 경영 관행의 지리적 분포를 명확히 해주는 소중한 자료다.

함경북도 어랑군 어대진의 차수 경영은 셋으로 구분된다. 첫째, 개인이 배를 얻어서 동료를 구해 고기를 잡는 방법이다. 둘째, 배 임자에게 배를 얻어서 동료들이 그물을 내어 남의 배를 타는 방법이다. 셋째, 삯품을 팔고 하는 방법이다. 이 경우 배 임자가 배를 내고 다른 동료는 그물을 각각 낸다. 각자 자기 그물에 걸린 것을 소유하는데, 각각의 고기 칸에 보관하며 배 임자와 반분한다. 두 번째 방법의 경우는 수확물의 반을 배 임자에게 바친다. 세 번째 방법은 배 임자가 수확의 전부를 갖는다.

차수 경영은 각자 소유 그물을 정해놓고, 자기 그물로 잡은 것은 자신의 소유로 하되, 1회마다 그물 설치 장소를 변경하여 어획량 균분을 꾀한다. 각 차인의 어획량은 일정하지 않다. 경영 자금의 70~80퍼센트는 자본주에게, 나머지는 원산 거주 일본 상인에게 의존했다. 이 같은 융자는 자산을 보유한 자 또는 신용 있는 자에게는 문제가 없었으나, 대부분의 어업자가 무산자이므로 자본주는 이를 경계하여 극단적으로 제한했다. 즉 현금 이외의 일상품으로 급여할 경우 시세보다 10퍼센트 정도 높게, 또 이를 현금으로 환산하여 이자를 붙였다. 이자는 월 3퍼센트, 필요에 따라 다시 담보를 요구했다. 번제 방법은 명태를 음력 12월 말 시중 매매가로 하여 대금과 상환하는 조건으로 양륙(揚陸)과 동시에 덕주에게 건조를 위탁하는 것이었다. 건조를 마치면 덕주에게 적치표(積置表)를 발행하게 하여 자본주 소유로 했다. 계산할 때도 가계(加計)라 하여 1타당 약간씩 할인하여 계산액이 대금을 초과할 때는 잔금을 현금으로 어업자에게 돌려주는 방법을 썼다. 따라서 어업자는 어획물을 마음대로 처분할 수 없었다.

1차인, 즉 어부 한 명에 대한 융자에는 더 심한 조건을 붙였다. 곳에 따라서 두전(頭錢)이라는 고리대도 존재했다. 가령 20원의 신용증에 대하여 50전에서 1원 50전을 미리 공제하고 빌려준다. 함경남도 이원군에서는 가계 대신에 육삭변(六朔邊)이란 특수 관행도 존재했다. 대부 기간 6개월 이하에 한하여 설령 두 달을 빌린다 해도 월 3퍼센트의 6개월분을 청구하는 방식이다. 흉어로 회수가 불가하면 원리금의 변제 잔금을 빚으로 남겨두고, 다음 해에 다시 자금을 대부했다. 이때 신채권은 구채권에 대해 선취권이 있어서 다음 연도에 신채권 변제 없이 구채권 변제가 불가하여 빈한한 어업자는 더욱 궁핍으로 내몰렸다.

자선 경영이 차수 경영보다는 유리했지만 반드시 그렇지도 않았다. 자기 자금으로 운영하는 자가 드물어 대부분 자본주에게 의존했다. 자본주는 자금을 융통해주는 대신, 어획물을 매수하기로 약속한다. 이자보다도 명태 매매로 이득을 취하려는 일종의 고리대 금융업이었다.

1910년대 말, 10만 원 이상의 재산을 소유한 자본주는 북청군 다섯 명, 이원군 두 명, 단천·홍원군 각 한 명, 그 외 소자본주를 더하면 200여 명이었다. 이처럼 어업자금의 융자 관계는 명태어업 발달에 암적 존재였으나 마땅한 해결책이 없었다. 불법 착취는 명태뿐 아니라 모든 어업에 만연해 있었기 때문이다.[50] 민간에서는 당연히 자본주보다는 물주라는 말을 썼다. 식민지하 착취적 자본제 관계가 어민의 삶을 옭아맸던 것이다.

홍원군의 물주(1963)　　　　　　　　　　　　　　어민 구술

겨울철 어부들은 완전히 물주에게 고용되어 물고기를 잡아주고 급료를 받는다. 그들은 겨울에 복신, 복돌개(개가죽) 바지저고리를 입고 그 위에 누더기 덧저고리를 입으며 수건을 썼다. 조선 말기 물주는 어로공 13명(배 임자 한 명, 사공 한 명, 허리도리 두 명, 건지군 세 명, 덕니군 세 명, 보망군 세 명)을 고용하고 배 한 척을 가지고 있었다.

독선과 짝가림, 각체식배

함경남도 홍원군의 1963년 조사 사례에서 독선, 짝가림, 각체식배 등의 어선 운영 방식이 확인된다. 첫째, 독선은 물주가 일체 비용을 부담한다. 선원에게 노력 기간 동안 정액 노력 보수 형태로 선용을 지불하지만 파송 후에 다시 가감 금액을 정산한다. 고기를 많이 잡았을 때는 상금을 더 주며, 못 잡을 때는 가급을 단다. 상금은 물주의 인심에 따라 달랐다. 인심 없는 물주는 무작정 손해가 났다고 가급을 씌운다. 물주가 주는 선용에도 이자가 붙었다. 정월에 선용을 주었다면 고기

일본인이 그린 북어 운반꾼과 뒤에 보이는 명태잡이 어선, 대일본수산회보 232호, 1901. 11. 30

를 잡기 시작하는 1개월을 앞두고까지 이자를 받는다. 결국 결산 후에 그 이자를 물주에게 따로 물어야 하며 가끔을 지게 된다. 독선 경영은 수백 년 전부터 내려온 전통이다. 독선은 명태망선과 명태수조망(들망)에 적용됐다.

둘째, 짝가림은 물주가 모든 비용을 부담하고 순이익을 둘로 나누어 물주와 선원 간에 분배하는 형태다. 짝가림이 선원에게 유리하다. 그런데도 물주가 이 형태를 취하는 것은 그해의 어획량이 적을 것 같다고 짐작되는 경우와 물주가 경험 없이 처음 어업을 시작하는 경우였다. 원산 지방에서는 짝가림을 했고, 함경남도 홍원 지방에는 없었다.

셋째, 각체식배는 각자 비용을 같이 부담하고 공동 분배하는 형태. 이 업자들은 돈이 없어서 전주에게 돈을 빌리게 되므로 전주의 착취를 받는다. 주로 영세 어민이 이용했다. 이득을 똑같이 분배하는데 삯품팔이보다는 나았다. 그러나 돈을 빌리기가 어려웠다. 신용이 없어 잘 빌려주지 않아서 돈을 대부 받으려면 종살이를 하다시피 해야 했다.

홍원의 그루빠(그룹) 관행(1963) 　　　　어민 구술

15일 전에 큰 배 두 척, 작은 배 두 척을 준비하며 23명이 작업한다. 선용을 받는 사람들은 입동을 앞두고 15일 전부터 선주에게 가서 노동을 했는데, 이때 '보망그루빠', '건지그루빠', '덕니그루빠'로 나뉘었다.

보망 그룹: 두세 명이 터진 그물을 깁거나 살을 붙여 달며 떼를 준비한다. 선주 집에서 침식하며 작업을 했는데 이 사람들도 선용을 받았다. 선용은 70냥으로 비교적 많았는데 기술 노동자였기 때문이다.

건지 그룹: 그물을 배에서 내려 가랑마 혹은 가랑대에 걸어 말린 다음에 보망패에 넘겼다. 서너 명이 일하는데, 기능이 필요하다. 다

음 날 배에 다시 내가는 작업을 했다.

덕니 그룹: 서너 명이 명태 하륙을 하는데, 등으로 져다가 덕에 건다. 선용은 건지군보다 적었다. 농촌의 농민이 농사짓는 짬에 와서 물고기나 얻어먹자고 이 일을 했다.

어느 배나 책임자(배 임자) 한 명, 선장(사공) 한 명, 허리도리 두 명, 그물을 섬겨주는 사람 두 명, 그물을 이어주는 사람 두 명, 바람을 가려주어 그물을 잇기 쉽게 해주는 사람 두 명이 탔다. 특별히 고정되지는 않았지만 돌을 들어주고 그물을 가려주는 사람도 두 명 있었다. 배 임자는 경영주의 직접 임명을 받고 배의 운영 관리를 책임지는데, 경험이 풍부한 사람이었다. 사궁(사공)은 기술적 문제를 처리했는데, 배 임자에게 자신의 경험을 가르쳐주기도 했다.

배 임자와 사공에게는 특별히 윗도리(덕도리)를 주었다. 윗도리는 경영주의 그물에 배 임자와 사공의 그물을 같이 거는 방식으로, 경영주가 자신의 돈벌이를 위해 배 임자와 사공에게 던지는 미끼라고 할 수 있다. 바람이 강하면 그물을 당기기 어려운 경우가 있는데, 이때 배 임자와 사공은 직접 이해관계가 있기 때문에 위험과 곤란을 무릅쓰고 그물을 당기게 된다. 자신들의 그물을 당기려면 부득불 경영주의 그물을 당기지 않으면 안 되는 것이다. 그렇게 잡은 고기는 그날그날 각자가 처리하게 되어 있다. 그 때문에 배 임자와 사공은 경영주에게서 현금으로 받는 깃 외에 또 다른 수입원이 생기는 셈이었다. 또한 작업이 끝나면 배 임자와 사공에게 대체로 선용 외에 상금을 더 주게 되어 있었다.

짓나눔

함경도 마양도 출신으로 월남한 청호동 어민의 관행은 북한 해역의 1960년대 조사 자료 기록과 조금 다르다. 앞의 조사는 1960년대에 한 것이고 구술 내용은 일제강점기의 관행이라면, 2000년의 청호동 조사는 대체로 1950년대 이후 1980년대까지의 관행이다.

먼저 명태 세기와 셈 가름에 두름과 바리가 쓰인다. 한 두름은 20마리이고, 한 바리는 100두름이므로 2000마리다. 문헌 자료에 일반적으로 등장하는 쾌(20마리) 대신에 두름을 쓴 것이 특이하다. 두름은 짚으로 엮지 않았는데, 농사를 짓지 않는 청호동은 짚이 그리 흔하지 않았기 때문이다.

청호동의 연승배 관행
어민 구술

쪽게라고 있어요. 낚싯바늘을 벗겨내는 것이지요. 참나무나 소나무로 만들었는데 손잡이 길이는 10센티미터로 손에 딱 쥘 수 있는 크기예요. 끝에 고기를 집을 수 있게끔 굽은 갈고리가 하나 박혀 있지요. 잡힌 고기는 선창에 집어넣지 않고 걸장에 그냥 쌓아놓지요.

쪽게로 바늘을 벗기면 옆에서 20마리씩 꿰어서 한쪽에다 둡니다. 옛날에는 칡 줄기로 잘라서 꿰었는데, 열 마리를 하나로 묶는 조기와는 달리 20마리를 한 줄에 엮지요. (…) 옛날에는 명태가 많이 들어오니까 많이 잡았죠. 두어 바리면 4000마리를 잡았죠. 배를 끌고 나가면 많이 잡으면 세 바리까지 잡으니까 6000마리까지 잡는다는 말입니다. 더 잡는 배도 있고. 배가 가라앉을 정도는 아니고 그만큼 많이 잡으면 '짓'이 많이 들어오니까 좋지요. '열 짓'을 기준으로, 선주 3.5짓·선장 2.5짓·기관장 1.5짓·낚시사공 1.5짓·평선원 1짓 등 몫을 나눕니다.

앞의 것이 '낚싯배 짓나눔'이라면 청호동의 '그물배 짓나눔' 관행은 조금 다르다. 그물배에서는 선주에게 2짓을 주고, 8짓은 선원이 갖는다. 이때 8짓을 선원 수대로 나눠서 몫을 공평히 분배하는 것이 아니다. 각자 그물을 다섯 닥이나 여섯 닥씩 갖고 선주의 배만 빌려 타는 것이기 때문에 각자의 그물에서 2짓씩을 선주에게 배 이용 값으로 주고 나머지 8짓씩을 각자가 챙기는 조금 복잡한 계산법이다. 즉 '자기 그물에 걸린 것은 자기가 갖는', 개인이 영업하는 시스템이다.

적어도 1960년대부터는 청호동에서도 수협 유통이 시작됐다. 수협에서 입찰을 붙이면 상인이 사가지고 덕장(더걸이)

으로 가는 사람은 덕장으로 가고, 냉동하는 사람은 냉동 창고로 갔다. 명태를 입찰할 때는 배를 따지 않고 생것으로 판다. 덕장으로 실려 가면 거기서 배를 따서 창자는 창자대로, 알은 알대로 나눈다. 알은 주인이 갖고 창자는 배 따는 사람들이 수고비로 갖고 갔으며, 수고비 대신에 받은 내장으로 창난젓을 담가서 팔았다.

고성의 거진항에서도 짓 표현을 쓴다. 청호동에서는 선주 3.5짓·선장 2.5짓·기관장 1.5짓·낚시사공 1.5짓·평선원 1짓인데, 거진항에서는 선주 3짓·선장 1.5짓·사공 1.3짓·선원 4짓이다. 총 계산이 1000만 원이라면 우선 제반 경비 300만 원을 떨어내고 700만 원을 가지고 나누는 것이다. 경비에는 기름, 어망대, 매끼대(미끼 값) 등이 포함된다. 어민들은 지역마다 다소 차이가 나고 복잡한 관행이 있는 계산법에 관하여 "뱃사람들 계산은 유학을 나와도 모릅니다. 우리 아들 데려다 놓고 '야, 이거 좀 해봐라' 하믄 '몰라'"라고 말한다.

환동해의

3

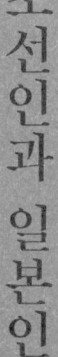

조선인과 일본인

모두 남쪽 원산으로 실어 보내는데, 원산은 사방에서 장사꾼이 모여드는 곳이다. 배에 실은 것은 동해를 거쳐서, 말에 실은 것은 철령을 넘어 밤낮으로 이어져 팔도에서 유통된다. 우리나라 팔도에서 많이 유통되는 것은 오직 이 물고기가 청어와 더불어 으뜸이 되기 때문이다. 이 물고기는 달고 부드럽고 독이 없어서 속을 따듯하게 하고 기운을 돋우는 데 효험이 있어서 사람들이 이를 더욱 중하게 여긴다. 일반적으로 부르기를 그 알은 명란이라 하고, 말린 것은 북고어(北薧魚)라고 하는데, 본초제가(本草諸家)에는 기록되지 아니했다.

_서유구,《임원십육지》〈전어지〉

일본인의 명태잡이와 명태자

일본인의 눈길을 사로잡은 명태

통어시대의 개막과 함께 일본인의 명태잡이도 시작됐다. 통어시대는 역사적으로 1876년 개항 이후 국권피탈 때까지 약 30년에 걸쳐 한국(조선) 연안에 일본 어선이 계절적으로 출어하던 시기를 통칭하는 표현이다. 관례적으로 통어라는 용어를 쓰지만, 내용적으로는 무단 어업을 하는 밀어(密漁)가 횡행하고 약탈 어법이 구현되던 때였다. 통어시대는 3단계로 나누어 설명할 수 있다. 제1단계는 개국 이후 청일전쟁까지, 제2단계는 청일전쟁 이후 러일전쟁까지, 제3단계는 러일전쟁 이후 국권피탈까지다. 중국과 러시아를 전쟁으로 꺾은 이후 일본은 거침없이 제해권을 장악했으며, 한반도 해역에 대한 어업권 침탈의 강도를 높여갔다. 일본은 한국의 전 어장에서 합법 조업을 가장하여 어업 수탈을 목적으로 자유 통어를 하게 됨으로써 매년 한국 어장에 드나드는 통어 어선 수가 급증했다. 메이지시대에 최대 연간 5500척이 출어할 정도로 많은 어선이 조선으로 들어왔다.[1] 통어는 사실상 침탈이었다.

통어시대 초기에 일본인은 명태에 별 관심이 없었다. 그들의 바다인 홋카이도와 도호쿠(東北) 해역에서도 명태가 나지만, 이를 먹지 않았다. 《한국수산지》 1권에는 한국인, 일본인, 청국인의 선호 어종이 열거된다. 명태는 세 나라 중 한국인만이 선호하는 어종이었음을 알 수 있다. 서해에서 조업하던 청국인은 명태의 존재를 몰랐으며, 일본인은 명태를 선호하지 않았다. 수산물 어획과 판매·수요도 장기적으로 누적된 미감과 그 선호도에 종속되기 때문이다.

한국인: 명태, 조기, 새우, 멸치, 청어, 대구 등
일본인: 도미, 멸치, 삼치, 조기, 해삼, 전복 등
청국인: 갈치, 준치, 달강어, 조기, 새우 등[2]

한국 어장의 어업 실태를 본격적으로 조사하고 돌아간 후 1905년에 펴낸 《한국수산업조사보고》는 한국과 일본의 어종에 대한 기호의 차이를 다음과 같이 보고했다. 통감부가 설치되던 시기에 발간된 이 보고서는 향후 한국 어장에서 조업하는 일본인에게 하나의 지침으로 작동하게 된다.

> 붕장어, 갯장어, 서대 등은 그들에게는 일고의 가치도 없다. 그러나 갈치, 명태, 조기 등은 방인이 하등시하는 것임에도 한국에서 수요가 가장 많고, 기타 민어, 가오리, 볼락, 청어, 대구 등은 그들이 가장 환영하는 것으로 다대한 어획이 있을 경우에도 결코 그 가격이 폭락하는 일이 없다.[3]

이처럼 명태가 한반도에서 전국적으로 유통되고 상업적 가치가 높다는 사실을 간파하자 일본 어민도 명태어업에 나서게 된다. 특히 명태자(明太子, 명란)가 일본 음식 문화에 깊게 자리 잡으면서 명태의 가치를 뒤늦게 감지한다. 그런데 일본인의 태도가 적극적으로 바뀐 계기는 갑작스러운 일은 아니고 일찍이 1883년의 '조일통상장정' 체결 시점에서부터 서서히 예견된 것이다. 제41조에 일본국 어선의 '조선국 전라·경상·강원·함경 4도' 어업 허가를 공식적으로 명시한 것이다. 이제 명태의 주 어장인 함경도와 강원도 바다가 열렸다. 1886년에는 조일통상장정의 미비점 보완, 즉 일본 측의 이해를 반영하여 통상장정의 수정을 관철해 경기도 어장까지 개방되기에 이른다.

조선 명태에 이른 관심을 보인 지역은 도호쿠 지방의 니가타현(新潟縣)이었다. 니가타현에서도 명태가 잡혔기 때문에 이 어종에 관한 정보를 지니고 있었다. 일찍이 1888년 부산영사관과 원산영사관에서 함경도 북어 어획 상황을 보고했으며, 일본에서 조선으로 직수출할 것을 논했다. 문서 제7호는 함경도산 북어의 생산 현황 조사 건을, 문서 제30·49·67호는 니가타현에서 시제(試製) 중인 북어의 한국 회송에 관한 건을 조회하고 있다.[4] 대조선 북어 수출을 타진했던 것으로 보인다.

1891년 재조선수산조합의 사원은 〈조선해어업개황(朝鮮海漁業槪況)〉이라는 보고서를 올렸다. 원산에 와 있던 어선에 대해 '일본인이 함경도 덕원부, 안변부 연안에서 조업하는데, 승선원이 3~5인인 선박'이라는 내용이다. 규슈의 영세 어민이 동해 북부까지 올라온 것이다. 일본인이 원산 10리 이내에서 명태를 잡고 있었음이 확인된다. 또한 "아국의 홋카이도에서 잡히는 스케토다라(スケトウダラ)와 동종으로 니가타현 사도가시마(佐渡島)와 에치고(越後)에서 많이 난다"라고 했다.[5] 일본으로서는 동해에서 많이 나고 전국으로 유통되는 명태

에 관심을 가질 수밖에 없었을 것이다.

1891년 일본에서 건너온 통어자가 수조망(手繰網)을 이용하여 마량도어장에서 성과를 거두었다.[6] 수조망은 제작비가 적게 들어서 그 수가 급증해 일시에 성황을 이루었다. 어족자원이 풍부한 상황에서 연승 위주의 조선인에게는 제한 보급되어 있던 그물 조업이었기에 성과가 좋았다. 1892년 6월에는 함경도·강원도에서 나가사키 잠수부들이 해삼 채취업에 뛰어든다. 1894년 기준으로 함경도와 강원도에 들어간 선원 수는 대폭 늘었으나 여전히 잠수기 중심이었다.[7] 1895년 기록에는 장전, 신포, 차호 등을 유력 항구로 꼽았다. 명태는 함경도 명천 연해의 특산으로 조선인은 명태 혹은 북어라 칭한다고 했다. 조선인은 자망으로 명태를 잡았다며, 함경·강원의 주요 수산물은 해삼과 북어라고 했다.[8]

세키자와 아케키요(關澤明清) 일행이 1892년 1월 도쿄를 출발하여 조선을 시찰하고 이듬해 3월 도쿄로 돌아온 후, 시찰한 조선의 수산·어업 상황 등을 책으로 엮었다. 세키자와는《조선통어사정(朝鮮通漁事情)》을 일본 어민의 조선 연안어업 장려 및 안내를 위한 기본서로 활용하고자 했다. 갑오농민전쟁(1894) 전후는 일본 어선의 한반도 진출이 본격화되던 시점이다. 그런데 거리상으로 가까운 도호쿠 지방이 아니라 나가사키현, 야마구치현의 영세 어민이 넘어온다. 《조선통어사정》에서는 다음과 같이 명태에 대한 관심을 표명한다.

> 에치고, 사도가시마 등에 스케토다라라는 대구의 일종인 작은 물고기가 있다. 함경도 특산물로서 한인이 어획하여 건조한 것을 명태어라고 하고 해마다 원산항에서 수출하는 가액이 30만~40만 엔이다. 어쨌든 본방인은 아직 이것을 잡는 사람이 없다.

1899년 명태 전진기지 신포를 근거지로 홋카이도 어민이 출어한다. 선박은 홋카이도 보효의회(報效義會)[9] 소속의 점수(占守)와 보효 두 모선(부속선 10척, 승무원 54인)이다. 원산에 거주하던 삼영강보(森永剛輔)와 가가와현의 제강정조(諸岡精造)도 명태어업의 선각자였다. 삼영·제강은 수조망, 보효의회는 자망·타망·연승으로 시험했는데, 성과를 거두었다.[10] 어디까지나 시험 조업이었다.

조선 명태에 관해 집약적으로 조사한 시점은 1901년이다. 이 보고를 보효의회 회원이 했다. 보고서에 조선 명태어 어장도가 그려져 있는데, 함경북도 명천부터 함경남도 원산 이북까지를 중심어장으로 파악했다. 《한일통어규칙》을 계기로 함경도 어장을 본격적으로 탐사한 것이다. 부산에서 원산으로 건너와 총영사관의 협조를 받았는데, 당시 이미 오가던 우편선을 활용했다. 우편선은 원산과 부산 그리고 일본을 연결했다.[11]

조사는 원산을 거점으로 이루어졌으며, 영사관 경찰도 협조했다. 말미에 상세한 명태자망 세부도를 그려 넣어 조선인이 행하던 낙후된 연승과 달리 당시의 혁신적인 자망 어획을 보여준다.[12] 한 달 뒤에 다시 보고했는데 신포항·마량도·차호항 등을 주목했다. 차호에서는 수조망의 가능성을 강조했고, 조선 어민의 바람 이용이나 어획 절기 등에 대해서도 상세하게 기술했다.[13]

1901년 야마구치현(山口縣)은 명태어업의 가능성을 전망하면서 한반도를 오가는 통어자에게 적극 권장했다. 명태의 수익성에 눈독을 들인 것이다. 그러나 소형 어선, 어기, 그물 경험 없음 등의 이유로 실패하고 말았다.[14] 한겨울 혹한의 동해 북부에서 온난한 기후의 서일본 어민이 작은 배로 오가면서 명태잡이를 하기에는 여러 가지로 부족했다.

일본 어민은 1901년 11월부터 1902년 1월까지 함경도로 출어했으나 명태잡이는 기후 등으로 쉽지 않았다. 야마구치현 어선 16척에 원산 어선 한 척, 도합 17척이 300태의 어획을 올렸다. 어구어선의 보완, 추우 날씨에 대응하는 방한구 등이 필요하다고 원산영사관은 보고했다. 이처럼 일본인은 끊임없이 명태어장에 뛰어들고자 했으나 남방에서 올라온 일본 어민에게 북방의 기후 등은 절대적 장애였다.[15]

1903년 3월 원산영사관은 원산 부근의 명태어 어황을 보고했다. 명태어 주산지는 신포·신창·차호로, 1902년 11월부터 1903년 1월까지 총 어획고 3만 태를 올렸다. 어구는 수조망, 건망, 자망이었다. 서일본 가고시마, 야마구치, 오카야마 세 현에서 출어했으며 모두 수조망을 이용했다. 조선인은 신포, 함흥, 안변, 정평, 영흥, 통천, 원산, 북청 등에서 출어했다. 신포와 통천은 수조망, 안변과 영흥은 자망을 사용했다.[16]

1904년 명태는 원산에서 군산·목포·인천·부산 등지로 팔리고 있었는데, 특이하게 일본으로도 적게나마 수출됐다. 이동 물동량에서는 인천이 가장 많고, 그다음이 목포, 부산, 군산의 순이었다. 부산을 압도한 인천의 물량 이동은 두말할 것 없이 수도권으로 가는 것이었다.[17]

1909년 도야마현(富山縣)과 야마구치현의 수산시험선이 다시 도전했으나 역시 성과가 없었다. 그 결과 1920년대 초반까지 명태어업은 과거와 마찬가지로 대부분 조선인이 장악하고 있었다. 명태 자망은 실패했어도 함경북도에 정착한 일본인의 명태 전문 정치어업소는 무려 100곳이나 있었다.[18]

선단을 이끄는 대신에 연안정치망으로 명태를 잡은 것이다.

국권피탈 직전인 1909년 7월에 조사한 바에 따르면, 당시 명태어업이 행해지던 함경도와 강원도, 경상북도에는 다음과 같이 어업 정착 이주민이 생겨났다. 개항과 동시에 원산이 가장 빨랐으며, 가장 많은 수가 이주했다. 대체로 러일전쟁 이후 일본의 합병이 가시화되자 이주가 많아졌다. 1907년에 동해쪽의 시마네현(島根縣)과 야마구치현에서 주도적으로 이주촌을 건설한 점이 눈에 띈다. 이들 중에서 일부가 명태어업에 종사했을 것이다.

국권피탈 직후인 1911년 조선총독부 수산과장은 조선해의 일본과 조선 어민 간의 관계를 논했다. 함경도는 명태어업 근거지로서 3대 어업의 수위를 차지했는데, 조선인은 독립어업에 속한다고 했다. 조선인은 불과 50일 이내의 짧은 어기에 100만 원 이상의 어획고를 올렸다. 12~13년 전 일본의 어업자들이 수조망을 사용해 명태를 잡았는데, 혹한의 계절을 견디지 못하고 어망을 조선인에게 매도한 후 귀국했다. 조선인은 그 수조망으로 많은 명태를 잡았으며 홀치망(忽致網)이라 칭했다. 1908년 함경도관찰사가 보고한 바에 따르면, 신포 방면 명태 어선 650척 대부분이 일본에서 전래된 수조망을 사용했다. 새로운 기술의 전파와 혁신은 생각 이상으로 빨랐

일본 어업자 정착 이주 상황[19]

이주처	연혁	호수	인구	공설기관	직업
함북 경흥군 웅기	러일전쟁 후 임의 이주	15	50	헌병분대, 우편소, 순사주재소	어업 및 잡업
함북 부령군 청진	개항 후 임의 이주	12	60	수산조합지부, 어시장, 기타	어업
함남 덕원군 원산	상동	21	110	상동	어업
강원도 강릉군 주문진	러일전쟁 후 임의 의주	5	29	헌병분대	어업수선제조업 겸 잡업
강원도 울진군 죽변	1907년 시마네현 경영	5	10	헌병분대, 수산조합출장소	상동
경북 영일군 포항	러일전쟁 후 임의 발전, 야마구치현, 사가현(佐賀縣) 1경영	25	120	헌병분대, 수산조합출장소, 일본인회, 우편소	상동

던 것이다.[20] 그리하여 국권피탈 이후 10여 년이 흐른 1920년대에 이르면 북어가 집결된 원산은 명실공히 동해의 상항(商港)으로 손꼽혔다.[21]

자망업에 뛰어든 일본 어민

통감부 설치를 전후하여 일제는 한반도 해역을 '풍부한 자원이 존재하는 자유로운 곳이자 이상을 실천할 수 있는 곳'으로 홍보하며 이주를 권유했다. 조선인은 어리석어 거류지 주변에서 도박하는 자가 많고 교활하며 거짓말하는 사람도 많다고 비하한다. 한마디로 '별 볼일 없는 민족'이므로 일본인이 들어가 정착하면 자유롭게 활동하며 큰 성공을 거둘 수 있을 거라고 광고했다.[22]

1910년대에 일본인은 자망, 연승 등을 이용해 강원도와 함경남도에 걸쳐서 명태를 잡았는데, 다른 어종을 잡을 때 혼획된 명태였다. 어장은 강원도에 7개소, 함경남도에 16개소가 있었다. 명태어장은 포항 이북에서 두만강 유역까지 길게 걸쳐 있었다. 중심은 함경남도였고, 함경북도와 강원도가 그다음이었다.

1910년대만 해도 명태에 대한 자료는 빈약하다. 조선인은 많이 잡았지만 일본인은 여전히 명태어업의 주류가 아니었기에 기록도 별로 없었다는 뜻이다. 그러나 1920년대로 들어서면 사정이 달라진다. 1925년 조선식산은행 조사과에서 식민통치 기본 자료로 조사하여 통계 수치를 잡은 보고서 〈조선의 명태(朝鮮の明太)〉를 보면 상세 통계치가 나온다. 1923년

기준으로 어획고가 5172만 원에 달했는데, 당시 고등어 1위, 멸치 2위, 명태 3위였다. 고등어와 멸치는 일본인이 어장을 장악한 결과이며, 3위 명태만이 조선인 우위의 어업이었다.

당시 북어 생산량은 10만 태였다. 1태는 20마리이므로 도합 200만 마리가 가공됐다. 20퍼센트 정도가 생태로 소비되고 80퍼센트가 건조됐다. 품질은 지역 차가 있었는데 1등급은 함경남도, 2등급은 함경북도, 3등급은 강원도였다. 각각의 등급도 3분됐다.[23] 20세기에 들어와 매겨진 북어의 품질 등급은 조선시대의 것을 그대로 적용했다. 19세기 《임원십육지》 〈전어지〉에서 이미 잡는 시기별 등급화가 이루어졌기 때문이다.

참고로, 1920년대의 자망어업 지출 명세서는 다음과 같다.[24] 수입 측면에서 명태 판매 대금 5850엔(명태 130태, 태당 45원), 명란 대금 225엔(명란 150동이, 동이당 150전), 합계 6075엔이다. 약 40퍼센트에 가까운 이득을 취하는 고수입 어획이다. 명태를 먹지도 않고 잡지도 않던 일본 어선이 대거 명태잡이에 뛰어든 이유다. 무엇보다 조선인 인건비가 저렴했다.

어부 고용: 800엔. 어부 10인 고용비

인부 고용: 200엔. 인부 4인 고용비

식비: 515엔. 선주도 같이 먹는 15인 식비

가임(家賃): 400엔. 5개월간 가족 지불

공과금 및 조합비: 50엔

제조비: 390엔. 명태 30태(600마리) 제조 임금(태당 3원)

잔교 사용료: 10엔

어구 수선비: 100엔

제 잡비: 장작 및 제 유지비

이자: 872엔. 상기 제 비용에서 물주에게 차입한 금액의 금리로 원금의 3할

합계: 3777엔

홋카이도 명태와 조선으로 역수출

1920년대 중반에 이르러 홋카이도와 조선 사이에 명태 거래가 시작됐다. 1926~1927년에 홋카이도 이와나이(岩內) 방면에서 명태 제조업이 시작됐다. 조선인 수산업자의 자문을 받아 가공했다. 수산품 검사관을 오타루(小樽)와 하코다테(函館)에 보내어 검사하게 하고, 이 두 항구에서 조선으로 가공품을 내보냈다. 홋카이도수산회와 군과 시의 수산회에서 관계한 사업이다. 서로 간의 경쟁은 무의미하다고 판단하여 공동판매조합을 설립하고 부산과 인천에도 공동 구매조합을 만들어

홋카이도 명태를 본격적으로 이출했다. 전통적인 명태 거래처인 부산과 인천에 거점을 마련할 정도로 한반도 수출을 모색한 것이다.

포장과 처리 방식도 제법 엄격하게 관리했다. 홋카이도 남서부의 이와나이는 전적으로 발동선을 사용했고, 그 아래쪽 에사시(江差)는 전통 배도 일부 이용했다. 1926년의 명태어업 경영 표를 보면 초점은 명란이다. 명란이 6150엔인 데 반하여 생태는 500엔, 건명태는 846엔에 불과하다. 알은 일본인이 선호하는 명태자를 만들어 내수용으로 썼으므로 총금액이 월등히 높았다. 생태와 건명태는 조선으로 보냈다. 조선인이 별로 취하지 않는 염장명태, 염장내장 가공이 이루어졌다는 점이 특이하다.[25] 원산에 와 있던 함경남도 촉탁의 보고서에 처음에는 염장명태 등을 조선으로 보냈으나 조선인의 기호에 맞지 않아 실패했다고 기록돼 있다. 한국인은 기본적으로 염장명태를 선호하지 않았기 때문이다.

하코다테의 가가상점(加賀商店) 점원이 이와나이에 출장을 가서 연구하고 가공법을 개발했다. 이와나이의 어민이 중심이 되어 명태 제조 방법을 도입했는데, 직접 조선인 전문가를 데려와서 연구했다. 그 결과 이와나이는 조선으로 내보내는 명태의 3분의 2를 차지하게 된다. 조선에는 홋카이도 명태를 전문으로 취급하는 상점과 책임자를 두었다. 원산과 인천에 설치했고, 부산에는 두 군데나 두었다. 이와나이와 에사시의 명태가 다량으로 한반도로 넘어갔다. 대체로 12월부터 1월까지가 최고 가격 60~70원, 2월에는 35~40원, 3월에는 27~28원으로 가격이 내려갔다. 동태보다 춘태가 가격 면에서 형편없었음을 뜻한다. 일본인은 홋카이도 북어를 조선산보다 싸게 팔아서 한국 시장 판로를 개척했다.[26]

홋카이도의 바람은 습도가 높아서 한반도 동해안에 부는 해풍이나 산바람과는 달랐다. 그래서 눈 덮인 적지를 찾아 나섰으며 한반도 전문가의 도움으로 비슷한 북어를 만들어냈다. 홋카이도 남서쪽 한류와 난류가 부딪치는 해역이 명태의 주산지였다. 그들의 목적은 알을 빼내어 명태자로 가공하고, 나머지는 조선에 보내는 것이었다. 명태자는 11월부터 3월 중순까지 생산됐다.[27] 오늘날 삿포로시 서쪽 바닷가의 에사시는 곤부(다시마)를 이용한 특유의 명태자 산지로 유명하다. 이와나이도 명태자로 유명하며, 공식 기록에서도 조선으로 명태를 이출했음을 자랑한다. 홋카이도의 명태 제조에 관해서는 1933년에 펴낸 정밀 보고서가 전해온다.[28]

명태자의 일본 전국화

명란젓은 조선시대부터 기호식품이었다. 19세기 《임원십육지》〈전어지〉에서는 "고기 알은 두 개의 포 안에 있는데, 꼭지가 나란히 있어 콩꼬투리가 딱 붙어 있는 것과 같다. 수시로 잡을 수 있으나 매년 섣달부터 그물을 쳐서 잡기 시작한다. 배를 갈라 알을 취하면 그 빛깔이 순수한 누른색이나, 소금에 절이면 홍적색으로 변한다"라고 했다.

일본인도 명란에 주목했다. 초기에 명란젓은 모두 단지에 넣어 일본으로 보냈는데, 1910년대 초기부터 1두(斗)짜리 술통에 넣어 주로 시모노세키로 보냈다. 거래량은 연간 5만 통, 대부분 원산의 일본 상인을 통해 수출했다. 명란젓은 조선 내에서 거의 소비되다가 1915년부터 본격적으로 수출됐다.

오사카·고베 등으로 수출됐으며, 그 밖에 중국(간도 및 북만주), 러시아령(연해주) 등으로도 수출됐다. 연해주보다는 중국 수출량이 많았다. 중국은 안둥, 펑톈, 다롄, 칭다오 등이 주 수입처였다. 수출항은 인천, 부산, 원산, 신의주였다. 일본 수출은 대부분 부산과 원산에서 선적됐다. 물품은 대부분 시모노세키에서 하륙됐고, 그다음이 오사카·고베였으며, 나머지는 도쿄·모지(門司)·하카타·나고야·쓰루가(敦賀) 등이었다.[29] 도쿄를 제외하면 전반적으로 한반도와 가까운 서일본이었다.

주로 서부 지역에서 판매됐으며, 오늘날 명태자의 주 소비처 역시 서부권역이다. 1920년대부터 조선으로 수출되는 홋카이도 명태가 지속적으로 증가했다.[30] 1927년에는 아예 홋카이도 명태로 인하여 조선 북어가 큰 타격을 입자 주식회사를 창설하는 신문 기사까지 났다.[31]

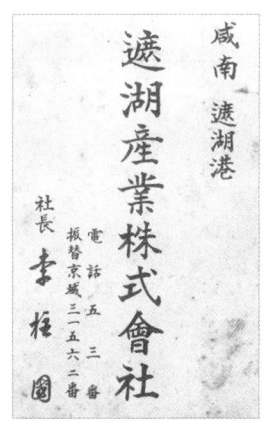

차호의 수산업자 광고, 함경남도 수산회, 1940

일본인의 명란 제조는 1915년이 되어서야 시작됐으며 1918년까지 그 규모는 미미했다. 그러나 1920년대가 되면 전체의 30퍼센트를 차지하여 제조업자의 경영이 그 나름대로 성공적임을 알 수 있다. 대체로 1920년대 후반에는 일본인에 의한 명란젓 제조가 정착했다.[32] 한국에서 일본으로 전파된 명란젓은 일본 사회에서 그들의 미각과 수요에 부응하는 방식으로 상업화됐다. 한국인의 제조법이 일본에서는 다른 방식으로 발현된 것이다. 명태를 잡거나 전혀 먹지 않던 사람들이 명란에서 새로운 맛의 세계를 발견했고, 시장의 수요에 부응하여 명대지는 일본 사회에서 중요한 수산식품으로 자리를 잡았다.

명란은 10월부터 채취하여 12월에 가장 많이 생산되며 이후로는 양이 줄어든다. 연승으로 잡은 명태에서 양질의 어란이 나온다. 그물로 어획하면 알이 파손되어 품질이 떨어진다. 소금에 절인 명란은 일본으로 가는 것과 조선인이 요구하는 것이 조금 달랐다. 당연히 일본인 제조업자는 한국인과 다른 명란 염장법을 구사했다. 한국인이 고춧가루와 소금을 이용해 담백하게 만드는 명란을 선호하는 데 반하여, 일본인은 맵지 않은 기호품으로 만들었다.

일제강점기 말 함경남도에서 명란(명태자)의 주요 산지는 차호, 퇴조, 서호, 전진, 신창 등이었다.[33] 그중에서도 차호산을 제일로 쳤다. 제조량이 1925년 기준, 연간 35만 동이(樽), 150만 근에 달했다.[34] 본디 조선인이 하던 제조업인데 일본인이 뛰어들었다. 명태어조합에서 더 나아가 명태어란제조조합이 성립됐고 명태자 제조업자가 속속 등장했다. 일제는 1940년대 들어와 앵송죽매(櫻松竹梅) 등급제를 도입하고 제품 차별성을 강조해 상품성을 높이려고 노력했다. 일본인은 자신들의 취향에 맞게 매실 등으로 다양한 맛을 첨가했다. 명란은 시모노세키의 가라토(唐戶)시장, 오사카와 고베의 중앙시장으로 위탁 출하됐다. 대체로 당대의 굴지 회사 다섯 개(新に,

三井, 三菱, 日水, 林兼)가 유통을 장악했다.[35]

일제강점기에 한반도의 수산 유통을 장악한 인물인 '조선의 수산왕' 가시이 겐타로(香椎源太郎)가 명란 유통에도 깊게 관여했다. 그는 러일전쟁 당시 부산에 들어온 일본인 자본가로, 하사마 후사타로(迫間房太郎) 및 오이케 주스케(大池忠助)와 함께 부산의 3대 거부(거두)로 불렸다. 조선총독부 총독인 데라우치 마사타케(寺內正毅)·사이토 마코토(齋藤實) 등과 긴밀한 관계를 유지하면서 사업을 확장하여 1920년대 이후로는 부산의 자본가에서 탈피하여 전국을 대표하는 자본가로 성장했다. 그의 취급 품목 안에 명란이 포함된 것은 당연한 일이었다.

오늘날 부산은 세계적으로 명태 어란 시장이 형성되는 플랫폼이다. 국제거래의 거점이 된 것은 일제강점기부터 시작된 전통이다. 세계적이라고 해야 주로 한국과 일본 간의 거래다. 그만큼 일본인에게 명태 어란이 갖는 역사문화적 의미가 크다는 뜻이다. 일본의 명태 어란 최대 시장은 부산 건너편의 후쿠오카다. 명태는 홋카이도 이북의 바다에서 어획되는 생선이지, 현해탄 생선이 아니다. 그런데도 왜 후쿠오카의 명물이 된 것일까? 이에 관한 구술 기록이 전해온다.[36]

일본 후쿠오카현 하카타에 본사를 둔 식료품 업체 후쿠야

일본인이 장악한 부산 어시장, 일제강점기

수산왕으로 군림한 가시이 겐타로,
조선수산 59호, 1933

의 대표인 가와하라 마사타카(川原正孝)는 부산에서 태어나고 자랐다. 그의 부친 가와하라 도시오(川原俊夫)는 전후 하카타로 건너와 나카스(中洲)시장에서 후쿠야를 창업하고 한국에서 먹었던 맛을 떠올리며 재현해 매장에 명란젓을 진열했다. 1949년 1월의 일이다. 처음에는 너무 매워서 일본인의 입맛에 맞지 않아 잘 팔리지 않았다. 그 후 개선을 거듭해 10년에 걸쳐 마침내 일본인의 입맛에 맞는 명란젓을 만들고 '명태자'라고 명명했다. 그런데 명태자란 명칭은 이미 일제강점기에 만들어진 호칭이었다. 그는 명란젓 제조법 특허를 내지 않고 가르침을 청하는 사람에게는 모두 알려주었기 때문에 명란젓 제조업체가 속속 생겨나게 됐다. 그러다가 1975년 신칸센 하카타 개통과 함께 일본 전역으로 명태자가 알려졌고, 하카타의 대표 식문화 상품이 되어 폭발적으로 성장했다. 일제강점기에도 당연히 조선의 명란이 현해탄을 넘었으나, 1945년 이후 새롭게 일본인에게 맞는 명란으로 거듭나면서 전국적 명태자로 상품화된 상태다.

박람회와 연구실에 초대받은 명태

제국과 식민지의 엑스포시대

일본은 메이지시대 이래로 수산물 전시를 적극적으로 개최했다. 유럽에서 수입한 엑스포를 식산흥업(殖産興業)의 계기로 삼고자 했다. 제1회 수산박람회(1883) 이후 지방 관청이나 민간 주도의 수산공진회와 품평회를 곳곳에서 개최했다. 이러한 흐름이 식민지에도 이어져서 1912년부터 조선에서도 매년 지역별 물산품평회는 물론이고 수산 관련 공진회를 개최했다. 일제강점기는 '엑스포의 시대'였다. 강점 초기에는 종합 품평회가 열리다가 1920년대로 접어들면 수산 특화 품평회가 붐을 이루며 품평회가 아니라 공진회로 명명된다. 조선총독부는 마침내 조선물산공진회(1915)를 개최했다.[37]

농수산 품평회의 효시는 '원산부외2군연합농수산품평회(元山府外2郡聯合農水産品評會)'로, 명태 집산지 원산에서 열렸다. 원산부, 안변군, 문천군 연합으로 열렸다. 원산만의 풍부한 수산자원과 더불어 원산에 뿌리 내린 일본 자본가와 식민 행정력이 행사의 원동력이었다. 강점 이전부터 원산의 일본 상점은 다시마 등 함경도 특산물의 일본 수출로 수익을 거두고 있었다. 원산은 1891년부터 통어 어선이 증가했는데, 주로 나가사키와 야마구치 등 일본 서부의 어민이었다.[38]

1899년 당시 원산에는 일본인 1500여 명이 거주했으며, 원산은 '상업이 번성하고 가옥이 웅장한 조선 북방의 미관(美觀)'으로 인식됐다.[39] 거주 일본인은 북어, 해삼 등을 다량 생산했다. 북어가 현금이 된다는 것을 알고 명태산업에 뛰어든 것이다. 강점 직후인 1914년에는 일본인 거주민이 52퍼센트로, 조선인 주민을 상회했다. 원산에는 각종 행정·군사 시설이 들어섰고 원산상공회의소, 원산무역상조합, 조선해수산조합 함경남도 지부 등이 있었다. 원산은 함흥과 더불어 전기·철도·철공·조선 등 동해 공업의 중심지였으며, 이곳에는 다양한 선박을 건조하는 조선소도 있었다. 부산에 거점을 둔 수산회사도 원산 지점을 설치했다.[40]

1911년 원산품평회에 이어서 1913년에는 강릉품평회,

1914년에는 양양읍품평회가 열렸다. 이러한 축적된 역량으로 1915년 시정 5년 기념으로 성대하게 열린 조선물산공진회가 가능했다. 조선물산공진회의 조선인 출품은 함경남도 78명 89점, 강원도 81명 93점이었는데, 전시물에 함경남도의 명태 어망이 포함됐다. 수산부 포상과 경영 사업 성적 수상에서 명태 부문의 수상자가 없는 것으로 보아 조선에서 명태어업은 일본인 입장에서는 아직은 눈에 띄는 큰 어업은 아니었다.

1920년대는 수산 특화 품평회가 일반화됐다. 1922년 7~8월에 원산수산품평회가 처음으로 열렸다. 함경남도 수산업 장려를 명목으로 원산부 외에 연안 11군이 연합하여 주최했다. 1만여 평 부지에 여러 전시관이 들어섰는데, 명태관이 눈에 띈다. 제1관에는 생태를 진열하고 제2관에는 연간 600만 원가량 생산되는 함경남도산 건명태와 인근의 어구를 진열했다. 명태관을 특설할 정도로 명태가 중시됐다.[41] 1910년대와는 전혀 다른 양상이었다.

포상자는 홍원(145명), 북청(120명), 원산(117명), 이원(93명)의 순이었다. 이들 해역이 명태잡이와 동해 북선(北鮮) 수산업의 중심지라는 사실과 무관하지 않다. 박람회가 개최된 1922년 당시 함경남도 어획고는 465만 867원, 제조고 333만 2184

원, 합계 798만 3051원으로 급성장한 상태였다. 일제강점 초기와 비교하면 어획고가 네 배, 제조고가 다섯 배 증가된 수치로 전국 3위였다.[42] 박람회에 초대받은 명태가 주목을 받는 시대가 마침내 온 것이다.

1923년 10월 부산에서 조선수산공진회가 개최됐다. 이 시기에 기선저예망(機船底曳網)은 서해보다 동해와 남부에 집중되고 있었다. 동해에서 많이 잡았다는 뜻이다. 흥미로운 것은 1915년 박람회에서는 전혀 상을 받지 못한 동해 어업이 1923년에는 주목을 받았다는 점이다. 조선 수산의 주도권을 쥔 경상남도가 1등상을 독차지했지만, 2등상은 함경도에서 다수 그 이름을 올렸다. 함경북도 경성군에서 명태어 연승, 함경남도 북청군 신포면에서 명태어 자망, 함경남도 함흥군 서호면에서 명태망 모형, 원산부에서 양소대망(兩小臺網) 모형, 함경남도 덕원군 부내면의 개량망 모형, 덕원군 적전면의 호망 모형, 덕원군 부내면의 지예망 모형, 함경남도 원산부 북촌동의 어선 모형 등이었다. 조선인과 함경도 거주 일본인이 반반씩 수상했다. 함경도의 어구어법은 명태어업 자망과 연승이 다수를 차지했는데, 명태 주산지인 북청, 함흥, 원산, 경성, 명천 등이 주요 출품지였다. 그만큼 1920년대 명태 어획량이 급성장했음을 의미한다.

수산 제조품 포상에서는 건명태, 염갈치, 염건조기 등을 출품한 조선인이 1등상을 받았다. 1925년 당시 200만 원 이상 어획고를 올린 어종은 멸치, 고등어, 조기, 명태, 청어의 순이었다.[43] 1등상에 건명태어(조선인 2인), 2등상에도 건명태어(조선인 31인과 단체로 덕흥상점·함남상점)가 올랐다. 동해에서 전통적으로 조선인의 선호품인 명태가 다수 수상한 것이다.

1920년대 이후 본격화한 기선저예망

1920년대 어선이 풍선에서 발동기선으로 전환된 일은 당시로서는 엄청난 변화였다. 어선 동력화로 이전의 통어 수준을 넘어 다수의 동력선이 조선 어장을 제집 드나들듯 했으며 어장 침탈을 가속화했다. 발동기 장착 동력선은 일정한 재력을 갖춘 어민이나 가질 수 있었고, 대부분의 조선 어민은 불가능했다. 특히 발동기선의 꽃은 큰 기선을 활용한 기선저예망이었다. 이러한 첨단적 변화를 가장 먼저 포착한 곳은 엑스포였다.

명태산업과 관련된 의미심장한 박람회가 열렸다. 1928년 개최된 조선선용발동기공진회 및 조선수산용품전람회가 그것이다. 그동안 무동력 풍선에 의지하여 가까운 바다에서 어업이 행해졌다면, 1920년대는 발동기를 부착한 기계선으로 어업 생산력이 급성장한 시대다. 미쓰비시 발동기가 주목을 받으며 박람회장을 차지했다. 무동력선에서 동력선으로 전환을 모색하던 조선 수산업계가 발동기어업의 부흥을 위해 부산에서 공진회를 개최한 것이다. 일본은 자국에서 본격적으로 생산되기 시작한 선박용 발동기를 식민지에서 판매하고 시장을 확대하고자 했다. 이는 연안어업에서 근해어업으로 전환하여 어획량을 극대화하려던 조선총독부의 이해와 일치했다.

1920년대 말 기선저예망이 본격화하면서 일본인의 명태 어획이 조선인 어획량을 압도한다. 기선저예망이나 저인망 같은 트롤 어선은 19세기 후반 미국 등지에서 개발된 산업화 어선으로 일본 나가사키를 통해서 수입, 발전했다. 명태의 본격적인 다획은 기선저예망 덕분이다. 1924년 신포 앞바다에서 가자미를 어획하던 기선저예망 어선이 명태를 우연히 같이 잡게 됐다. 이를 계기로 조선총독부 수산시험장에서는 시험선을 보내 중층 트롤어업을 시험했다. 그 결과 명태는 낮에는 중층에서, 밤에는 해저에서 생활한다는 것이 밝혀졌다.

《기선저인망 10년사》에서는 "외국 수입이 아니라 아국의 독특한 어법으로 발달했으며 가장 진보적이고 능률적인 어업"이라고 했다. 기선저예망(저인망)은 일찍이 1891년에 홋카이도 타뢰망(打瀨網)어업에 기선을 적용한 실험 결과 발명된 기술이다. 발동기를 부착한 기선에 적용됐으며 1913년 시마네현에서 진화, 발전됐다. 1918년에는 석유발동기가 부착됐고, 시마네현 어업계에 바람을 일으켰다. 기선저예망어업이 급격히 발달하자 일본 근해의 어획량이 자연스럽게 줄어들었다. 어업자 간에 마찰도 비등했다. 기선저예망업자가 어장을 황폐하게 한다는 비난이 자자했으며, 저예망업계에서는 새로운 어장을 찾아야 했다.

일본은 조선해는 물론이고 러시아령 연해주까지 촉수를 뻗쳤다. 일본 정부에서는 연안어업과의 마찰을 완화·조절하기 위하여 '기선저예망어업규칙'을 제정했다. 어업 구역을 설정하여 신규 허가를 제한 혹은 잡는 양을 통제했다. 그러나 톤수 제한은 1929년에 철폐됐다. 무선 장치, 냉장시설, 어획물 처리시설 등이 갖추어지면서 급격히 대량 어선으로 전환했기 때문이다.

그런데 저예망이 연안의 자망에 걸리는 문제가 발생하고, 저예망 때문에 자망과 연승어업이 몰락하여 분규가 발생했다. 조선에서도 충돌이 불가피했다. 이에 1926년 4월 '명태어업금지령'이 발포됐다. 저예망업자들은 1927년 1월 조건부로 원산반도 호도 이남으로 어업권을 옮겨서 타협했다. 저예망과 자망 업자 간의 분쟁은 이후에도 되풀이됐다. 연안으로 들어오는 명태를 원해에서 잡아버리는 저예망의 성능이 막강했기 때문이다.

조선총독부는 상황을 정리할 필요가 있었다. 1926년 원산의 가납죽장(加納竹藏)을 조합장으로 함경도와 강원도를 하나의 어업 지구로 하는 조선 제2구 기선저예망어업수산조합을 만들었다. 40척 규모의 조선 최대의 명태어업 수산조합이었다. 이 조합 설립 이전에는 두 도의 명태 어획량이 합계 30만~40만 원에 불과했으나, 조합 설립 이후 비약적으로 증가하여 1940년에는 명태 600여만 원, 가자미를 포함한 그 외 어획고는 총 800만 원에 이르렀다.[44]

1920년대 조선해에서 본격화한 기선어업은 1930년대 들어와 더 개량된 우수한 어선으로 진화했다. 명태는 백안단 앞 수심 50~100미터 바다의 평탄한 사니질 지대가 주요 산란장이다. 함경북도 조산만(造山灣)과 경성만 부근 또는 명천군 성진이나 강원도 수원단(水源端) 연안도 알려진 산란장이다. 명태와 해초 바다조름(우미에라ウミエラ, 海鰓, Sea-pen)의 관계가 중요하다. 산란의 중심지가 바다조름이 밀집한 지대의 서쪽에 위치하기 때문이다.[45] 따라서 명태어업의 중심지는 신포, 퇴조(退潮), 차호진 등이 될 수밖에 없었다. 특히 치호진은

1930년대에 대대적인 어항 수축과 함께 명태 저예망업의 중심지로 갑작스레 부상했다.

그런데 1929년에 경제대공황이 시작되면서 일본 경제도 미증유의 공황기에 접어들었다. 그러자 일제는 명목상 내세웠던 식산흥업을 버리고 노골적 수탈 정책으로 전환했다. 1930년대 들어 널리 확산된 기선건착망·기선저예망의 다량 어획으로 연안의 명태는 고갈되고 근해 어장도 위협받았다. 때마침 출몰한 정어리로 1930년대는 가히 정어리의 시대가 됐다. 1933년 7~8월 원산에서 다시 수산공진회가 열렸다. 1933년 연합수산공진회에서 대대적인 정어리 어획과 기름 산업을 도모했으며, 기선을 활용한 명태산업에도 관심을 돌렸다.

1933년 연합수산공진회의 사업 성적 명예상은 조선 제2구 기선저예망어업수산조합이, 정어리기름과 건명태로는 북청에서 조선인이 수상했다. 1등상은 건명태, 명태 간유, 명태 어란 등 명태 제품과 다수의 정어리 상품이 수상했다. 기선저예망업은 명태 어구로 적합하다는 시험 결과가 나온 1920년대 말부터 1930년대까지 확산됐다.[46] 1933년 수산공진회 이후에도 동해안에서는 연달아 행사가 개최됐다. 1933년 9월에는 강원도 북부 장전에서 강원도수산품평회가 열렸다. 당

동해에 등장한 발동기 어선,
일본지리풍속대계, 1930

동력 발동기 광고, 조선수산
139호

연히 정어리와 명태가 모두 중요했다.

발동기선이 확산되면서 이제 조선인이 장악하던 명태어업 총생산량에서 일본인이 다수를 차지하는 변곡점이 마련됐다. 조선인의 강력한 영향권 아래 놓여 있던 명태어업이 일본인에게 넘어가는 시점은 1920년대 후반이었다. 일본인은 여전히 어란을 선호할 뿐 생선살에는 관심이 없었기에 북어 가공은 조선인이 담당했다. 그러나 덕장의 자본력과 운송 시스템 등은 일본 상인의 손아귀에 놓였다. 분명히 할 것은 어선의 동력화도 어디까지나 일본인의 영역이었다.

동력선 도입에 따라서 어장 생산량의 변화가 1920년대부터 감지된다. 일제강점기 초반 조선 어업의 중심지는 남해안이었으나, 1927년 이후 동해안으로 이동, 확대됐다. 총 어획량의 50퍼센트를 차지하던 남해안은 1925년 이후 20퍼센트 이하로 감소했고, 그 대신 동해안이 전체 어획량의 80퍼센트를 차지했다. 정어리가 엄청 많이 잡힌 결과다. 수산업 인구의 분포도 변했다. 일제강점기 초에 동해안은 전체 수산업 인구의 약 25퍼센트, 서해안은 약 20~25퍼센트, 남해안은 약 50퍼센트로 절반 이상이 경남과 전라도에 거주했다. 그런데 동해안이 조선 내 총 어획량 50퍼센트 생산 지역으로 변모하긴 했으나 인구 증가는 아주 낮았다.[47] 이는 동해에서 본격적으로 동력선이 확장된 결과다.

　1930년대에 본격화한 무동력선에서 동력선으로의 전환은 어종과 어장의 변화를 가져왔다. 일제강점기의 3대 어업인 정어리어업, 명태어업, 고등어어업은 동해안에서 동력선이 주축이 되어 개발된 어업이다. 조선 수산업의 팽창은 전체 수산업 인구의 3~4퍼센트에 해당하는 일본인이 동력선 어업으로 만들어낸 결과였다. 일본인은 정어리, 고등어, 명태 등 몇 가지 단일 어종에 많은 자본과 노동력을 투자하여 동력선 어업 경영을 했다. 일본인은 조선인의 값싼 노동력과 풍부한 어장을 배경으로 자본주의 어업을 경영한 결과 몇 가지 어종이 조선의 수산물 생산량의 50퍼센트를 차지하는 구조를 구축하게 됐다.

　동해안에서 동력 저예망을 먼저 받아들인 곳은 일본인이 주도하는 함경남도 어업조합연합회다. 이 조합은 함흥부에 있었으며 1923년에 설립됐다. 원산, 영흥, 서호, 홍원, 북청, 신창, 차호, 이원, 단천 등이 포함되는 명태어업의 본거지였다. 1920년 이후 명태기선저예망어업이 잘 됐고, 1934년에는 정어리기선건착망어업이 잘 됐다. 일제강점기 말인 1942년에는 함경남도 총 어획고인 2800만 원의 80퍼센트 이상이 저예망과 건착망 기선어업에 의존하기에 이르렀다.

명태 주산지인 함경남도의 1940년 당시 명태 어획 방식을 보면, 주로 범선자망어업, 연승어업, 기선자망어업, 기선저예망어업, 저각망(底角網)어업, 수조망어업, 저예망어업 등 상당히 다양하다. 기본 어법은 범선을 이용한 자망어업과 연승어업이고, 과거 일본인이 한말에 도입한 수조망이 남아 있는 상태에서 기선저예망이 1920년대 이후 도입된 상황이었다. 차호, 신창, 육대, 전진, 퇴조, 서호, 원산 어업조합에 기선자망 및 기선저예망이 도입되어 있었으며, 동력 기선이 단위 어획량에서는 효율적이었다. 그런데 여전히 연승어업과 자망어업 총량이 상당량을 차지하는 것은 많은 조선인이 연승어업과 자망어업에 달라붙어 있던 상황을 반영한다. 신창어업조합의 경우 기선자망으로 200태, 범선자망으로 8809태, 연승어업으로 5085태를 어획했다. 단위 어획량은 기선이 높지만, 무동력 범선자망과 연승어업에 조선인이 집중되어 어획 총량이 높은 것이다.[48] 함경남도 연안의 주종은 소형 어선 어업이었다.[49] 한국인과 일본인의 차이가 존재했는데, 조선인은 소형 어선을 이용했고, 동력선은 대부분 일본인이 운영했다.

1930년대로 접어들면서 만주와 중국의 침략에 따른 물자 보급, 함경도를 중심으로 한 공업화 촉진 등 다양한 변화가 시작됐다. 명태어업의 동력화, 정어리 착유의 산업화 등 동해에서 벌어진 변화는 1930년대 공업화와 궤를 같이한다. 군국주의 전쟁을 위한 군사적 재편성이었으며, 독점자본의 식민지 초과 이윤 획득을 위한 착취·수탈의 수단이었다.[50] 함경도 흥남은 질소를 기반으로 한 거대 중화학공업이 발전하고 있었으며, 자연-식민지-노동과 인간-식민 본국-자본 사이에 전선이 형성된 식민지/제국의 그라운드 제로(Ground Zero)였다.[51] 함경도 전체가 이러한 영향권에 놓여 있었으므로 어업에서 발동기를 기반으로 한 동력화와 기선저예망의 대규모 명태·정어리 어획은 당연한 시대적 귀결이었다.

해방 이후인 1950년대 북한도 무동력 풍선어업에 머물렀고 기선어업은 제한적으로만 도입되는 실정이었다. 수산사업소에서 '두 척의 기선저예망어업을 시급히 도입, 발전시키겠다'고 결의할 정도로 미약한 단계였다. 남한이라고 사정이 다를 것은 없었다.[52]

우치다 게이타로의 유리 원판과 제국의 후예

일제는 러일전쟁 이후 조선에서 경제적 독점권을 장악하게 되자 한반도에서 원시자본 축적과 합법적 어업 수탈을 꾀했다. 그들은 근대적 어업법(1908)을 제정·실시하여 조선에서 어업권을 확인받을 필요가 있었다. 일제는 통어민이나 그들이 파견한 관리, 민간인 기사 등을 동원하여 조선 연안의 어장을 철저히 조사했다. 이 조사를 통해 적절한 어구어법을 강구하고 어종을 선별하여 수산물 수탈을 감행했다.

일제는 한일통상장정 이후 한반도 연안을 훑고 다니며 조사를 감행했다. 1900년 부산에 있던 조선어업협회는 전국 어장을 탐사하고 순라보고서를 제출했다. 제주도와 남해안을 집중 방문했는데, 당시 통어하던 어민은 대체로 히로시마, 야마구치, 나가사키, 오이타, 후쿠오카 등 일본 서부의 어민이었다.[53] 메이지와 다이쇼 시대를 거치면서 일본의 각 현에 어업 조사기관이 세워졌으며, 이들 기관은 개별적으로 한반도의 어장을 조사했다.

일제는 영속적인 어리(漁利)를 도모했다. 약탈어업만으로는 영구 수탈이 불가하다는 당연한 결론에 도달했다. 19세기 말에서 20세기 초반의 약탈어업을 충분히 경험한 일제는 여전히 수탈을 감행하면서도 식민 통치의 기반을 튼튼히 하기 위해 '수산 개발'을 명분으로 내세웠다. 아울러 일본 내부의 수산학이 상당한 수준에 도달해 있었던 반면, 조선의 어류에 대한 이해는 불충분했으므로 다양한 정보를 취득할 필요가 있었다.

그리하여 어로·양식·제조를 비롯하여 자원에 이르기까

함북 청진의 어구, 도리이 류조, 1912

지 광범위한 조사 사업을 시도했다. 조선총독부 초기에는 일본 연해의 여러 부현시험장(府縣試驗場)이 시험 사업을 개별적으로 수행했다. 독자 시험기관 설립의 필요성이 대두되어 1921년 10월 5일 조선총독부 수산시험장이 부산 영도에서 탄생했다. 총독부 산하에 수산시험장이 만들어져서 체계적 어류 조사가 가능해졌다.

수산시험장은 수산업 각 분야에 대한 다양한 시험 조사 사업을 효과적으로 수행할 전담 기관이 필요하다는 명목으로 설립됐다. 조선총독부 칙령 200호로 공포한 관제(官制)에는 설립 목적으로 다음의 네 가지를 규정했다. ① 수산에 관한 시험 및 조사, ② 수산에 관한 분석 및 감정, ③ 양식용 종묘 배부, ④ 수산에 관한 강습 및 강화(講話)다. 수산시험장은 조선총독부 수산 정책의 중심이었다. 영도에 수산시험장을 설치한 후 차례로 각 도에 지역별 수산시험장을 설치했다. 대체로 1920년대에 들어서면서 수산연구소의 체제가 잡혔다.[54]

1936년에는 동해의 수산 개발을 적극화한다는 의도 아래 청진에 북선지장(北鮮支場)을 따로 설치했다. 어류 연구의 과학성을 꾀한 것이다. 1930년대에 본격화한 기선저예망어업도 조사했다. 조선 동해안의 어선 조사인 〈어선조사보고〉 제1책(1924년 3월), 연해주 근해 기선저예망 어장에서 어획된 어류에 관한 조사인 〈해양조사보고〉 특집 9호(1936년 12월), 〈조선의 명태어업에 관한 팜플릿〉 2(1935년 12월) 등이 동해 및 명태와 관련된다.[55]

그러한 시점에 우치다 게이타로(內田惠太郎)가 등장한다. 1896년생으로 도쿄제국대학 농림학부 수산과를 나와서 1927년 한반도에 들어왔다. 수산시험장 양식계 책임자인 수산기사로 15년간(1927~1942) 근무하면서 한반도 구석구석을 샅샅이 훑었다. 수산시험장 설립 5년 만인 초창기에 들어와 15년 동안 중요 연구 시험 과정에 두루 참여했다. 그는 1927

년 12월 한겨울에 명태를 조사하기 위해 원산에서 시험선 오토리호(鵬丸號)에 올랐다. 1920~1930년대의 명태어업도 그의 연구에 힘입은 바 크다.

1942년에 우치다 게이타로는 연구 업적을 고스란히 조선에 둔 채 규슈제국대학 수산학과 교수가 되어 일본으로 돌아갔다. 1964년 문고본으로 출간된 《치어(稚魚)를 찾아서》[56]에서 한국에서 해온 연구 활동을 포함한 자신의 어류 생활사 연구 경험을 소상히 밝히기도 한 그는 한국 어류사 연구의 독보적 존재였다. 우치다 게이타로 그리고 그와 같이 근무했던 나카노 스스무(中野進), 그 밖의 여러 인물이 많은 유리 건판(乾板)을 남겼다. 해방 후 그 유리 건판은 고스란히 한반도에 남았다. 그 후 여러 경로를 거쳐 영월책박물관에서 소장하게 됐고, 그에 근거해 전시회도 열렸다.

우치다 게이타로의
유리 건판
소장기

2004년 가을,《유리판에 갇힌 물고기》라는 책이 출간됐는데, 주인공은 우치다 게이타로다.[57] 그가 일본으로 돌아가고 60여 년이 흐른 뒤 유리 건판이 한국 사회에 등장하기까지는 약간의 설명이 필요하다.

우치다 게이타로가《치어를 찾아서》에서 '육신의 일부'로 생각하고 '잠을 이루지 못하는 밤'을 보내면서 찢어지는 고통을 느낀다고 기록한 그 자료들은 어찌 됐을까? 조선총독부 수산시험장은 해방 이후 중앙수산시험장(1949), 국립수산진흥원(1963), 국립수산과학원(2002)으로 이어졌다. 기관은 맥을 이어갔는데, 조선총독부가 연구·실험하고 수집한 중요 수산 자료는 흩어졌다. 해방 이후 총독부의 자료 뭉치는 개인 전유물로 넘어갔다. 수산학의 거목으로 평가되는 정문기의 저술은 일본인이 남긴 연구 성과를 가공한 것이다.

해방 이후 저술에서 총독부 시절의 연구 성과를 요약·재정리하거나 표절을 뛰어넘는 도용이었다.

정문기가 세상을 떠나고 난 후 돌연 고서점가에 조선총독부 유리 건판이 커다란 자루째 출현했다. "주인은 손바닥만 한 유리 조각을 하나 보여준다. 유리 건판이었다. 거리의 불빛에 물고기 모습이 희뜻 들어왔다. 우치다 게이타로의 유리 건판은 이렇게 구하게 된 것이다." 이렇게 영월책박물관으로 원판이 넘어갔으며, 사진전시회까지 열리게 됐다.

우치다 게이타로의 《치어를 찾아서》와 정문기의 《어류박물지》(1974), 두 텍스트를 분석해보면 숱한 표절, 아니 도용이 드러난다. 이 같은 방식으로 해방 후에도 '바다의 식민지, 연구의 식민지'는 계속되고 있었다. 우치다 게이타로의 조사 보고가 없었다면, 그가 남기고 간 어류 표본과 사진이 없었다면, 해방과 전쟁으로 어려웠던 시절에 속속 출간된 《한국어보(韓國魚譜)》(1954), 《한국동물도감(어류편)》(1961), 《한국어보도(韓國魚譜圖)》(1977) 등이 그렇게 빨리 빛을 볼 수 없었을 것이다.

우치다 게이타로가 남긴 사진이 오랜 세월이 흐른 다음 '정문기 수집품'으로 둔갑하여 고서 시장에 등장했다. 자료 뭉치는 최종적으로 국립해양박물관으로 넘어갔다. 박물관에서는 《정문기 박사 수집 유리 건판 자료집》이라는 이름으로 발간했는데, 이는 2004년에 출간된 책의 '재탕'이었다. 그 책에서 아무런 정황 분석 없이 정문기를 이렇게 기술했다.

유리 건판은 일제강점기인 1927년부터 1942년까지 촬영한 것으로 조선총독부 산하 수산시험장이 우리나라 해양자원의 기초 조사 사업을 위해 시행한 사진 기록 작업의 결과물이다. (…) 당시 우치다와 같이 일했던 한국인 어류학자 정문기가 연구를 위해 유리 건판을 소장하고 있었던 것이다.[58]

해설이 황당한 것은, 우치다 게이타로는 부산의 수산시험장에 근무하며 배를 타고 현지 조사를 다니고 있었고 정문기는 경성의 조선총독부 수산과 직원으로 근무하고 있었기 때문이다. 두 사람이 현지 조사 등을 다니며 같이 연구한 것이 아니다. 근대 어류학의 시원을 연 《조선어류지》는 조선총독부 수산시험장의 미발간 보고서 및 여타 사진 자료와 함께 해방 이후 정문기에 의해 재정리되어 《한국어보》류의 탄생을 가능케 한 토대가 된다. 1차 저작권은 우치다 게이타로에게 있다. 이 모든 과정은 앞에 등장하는 수산사학자 이기복 박사의 엄정한 연구와 학문적 용기로 그 전모가 드러났다.[59]

우치다 게이타로의 일부 남은 자료는 오늘날 규슈대학 중앙도서관 우치다 문고(內田文庫)로 전해온다. 그는 대부분의 자료를 조선에 두고 귀국했음에도 《조선어류지》로 1947년 규슈대학에서 박사학위를 받았다. 1935년에 펴낸 《어류도설》,[60] 1939년 총독부에서 펴낸 《조선어류지》 등이 근간이 된다.[61] 1950년대 후반의 《물고기의 생활사(魚の生活史)》 시리즈 등 여러 업적이 공간됐다.[62]

정문기는 학술원 종신회원으로 생애를 마칠 때까지 우치다 게이타로의 자료를 자신의 것으로 전용했다. 가령 1974년에 펴낸《어류박물지》에 등장하는 명태 발생도 같은 그림도 모두 우치다 게이타로가 그린 것이다.[63] 소장학자의 많은 어업 관련 논문에도 연구 성과를 그대로 베낀 것이 적지 않다. 식민 잔재 청산은 바다에서도 미완의 숙제인 셈이다. 우치다 게이타로가 연구 조사하고 그림으로 남긴 명태의 치어와 성장 과정에 관한 도판 등이 현재 우리 눈앞에 펼쳐지고 있다.

일본에서는 여전히 오늘날까지 조선 수산 연구사를 추적하고 있다. 일제강점기 조선에서 수산업 및 해양에 관한 학지(學知)가 어떻게 만들어졌는지를 제국 전체의 학지 네트워크와의 관계를 염두에 두는 연구가 진행 중이다.[64] 1921년 설치된 조선총독부 수산시험장을 대상으로, 그 설립부터 패전 시기까지 관여한 연구자(기술자)의 경력 패턴을 제국 전체 시야에 넣은 확장성 속에서 밝힌다. 이들을 중심으로 한 시험장의 연구 프로젝트에 대해 제국 내 수산연구기관에서 구축된 정보 교환 네트워크(연락시험)에 주목하여 그 위치를 밝히고 있다.

북어의 본향,
원산의 장기 지속

세상의 모든 명태는 원산으로

일찍이 18세기 실학자 이중환도 《택리지》에서 원산의 상업적 능력을 언급했다.

> 안변 서북 덕원쯤 해상에 원산이라는 마을이 있는데, 바닷가에 사람이 모여 살면서 고기잡이로 직업을 삼는다. 바닷길로 동북을 향하여 가면 6진을 통하고 6진과 바닷가 여러 고을의 장삿배들이 다 이곳에 와 닿는다. 모든 물고기, 소금, 바다나물, 가는 베, 달래, 돈피, 인삼, 널, 재목이 그곳에서 배를 세내어 각지로 나가기 때문에 강원, 황해, 평안, 서울의 여러 상인이 모여들고 화물이 쌓여 큰 도회지를 이루며 주민들은 흔히 사고파는 것으로 직업

을 삼아 부자가 된 자가 많다.[65]

　원산 상인은 북어를 매집하여 쌓아놓고 서울로 가는 어물량을 조종하는 도매상인이었다. 북어를 판매하고 구입한 상품으로 전매 이득을 꾀했으나 때로는 이득을 더 얻기 위해 다른 지역 소비지에서 직거래하기도 했다. 원산에 집하되어 말에 싣고 육로로 서울까지 반입됐던 북어가 18세기 후반에 이르면 원산 선상이 선박에 실어 동해·남해·서해를 돌아 경강까지 유통했다.[66] 서유구는 《임원십육지》〈전어지〉에서 원산의 유통 흐름을 다음과 같이 잘 정리했다.

　모두 남쪽 원산으로 실어 보내는데, 원산은 사방에서 장사꾼이 모여드는 곳이다. 배에 실은 것은 동해를 거쳐서, 말에 실은 것은 철령을 넘어 밤낮으로 이어져 팔도에서 유통된다. 우리나라 팔도에서 많이 유통되는 것은 오직 이 물고기가 청어와 더불어 으뜸이 되기 때문이다. 이 물고기는 달고 부드럽고 독이 없어서 속을 따뜻하게 하고, 기운을 돋우는 데 효험이 있어서 사람들이 이를 더욱 중하게 여긴다. 일반적으로 부르기를 그 알은 명란이라 하고, 말린 것은 북고어(北薧魚)라고 하는데, 본초제가(本草諸家)에서는 기록되지 아니했다.

서유구의 《난호어목지》에서도 원산으로 명태가 집산된다고 적혀 있다. 함경도에서 잡히는 명태는 겨울에 어망으로 잡아 건조시켜, 집산지인 원산에 집하됐다가 배로 또는 말에 실려 각지로 운송되는데, 밤낮없이 왕래가 끊이지 않았다고 했다. 청어와 더불어 가장 많이 나는 수산물로서 전국적으로 많이 유통됐다고 했다.

동조선 원산, 원산매일신문사, 1910

19세기 말에는 원산과 경상도 사이에 상선 왕래가 보편화했다. 부산과 원산을 경유하여 블라디보스토크까지 일본 우편선이 월 두 척 정기 운행했다.[67] 원산-포항을 잇는 해상로도 일상적이었다. 북어는 포항을 거쳐서 대구로 판매됐고, 경상도 산골까지 들어갔다. 이 같은 유통은 전국 해안을 연결하는 해로의 발달로 서해 경강까지 확대됐다.

원산은 전통적으로 함경도 영역인데, 1946년 소련군정에 의해 강원도에 편입된 후 현재까지도 강원도에 속한다. 원산은 동해안 바닷길로 남하하는 길목일뿐더러 한반도 지형상

원산 앞바다 고기잡이, 일본지리풍속대계, 1930

원산 부두, 일본지리풍속대계, 1930

가운데로 움푹 들어가 있어서 해양의 거점으로 기능한 전략적 위치이므로 함경도와 강원도, 경상도를 매개하는 중간 영역이다. 조선시대에는 원산에서 강원도와 경기도를 연결하여 한양까지 잇는 육로가 존재했다. 일본의 욕망에 따라 원산-일본 항해 노선이 마련됐고, 이후 철도가 놓임으로써 중간 거점의 기능이 더욱 증폭됐다. 원산이 북어 물류의 거점으로 확고부동하게 자리 잡은 것은 이러한 지정학적 요인에 근거한다. 모든 지정학적 전략 거점이 그러하듯이 하루아침에 만들어진 것이 아니며, 오랜 역사문화적 축적 속에서 그 기능이

층층이 쌓인 것이다.

오늘날 사람들이 명태 하면 원산을 떠올리는 것도 이와 같은 장기 지속의 결과물이다. 대중성을 지니는 양문명의 시로 창작된 후대의 명태 노래도 우연히 등장한 것이 아니다. 조선 후기부터 일제강점기까지 지속되던 명태 집산지 원산이 축적한 역사 덕분에 원산 바다가 배경인 노래가 나왔다.

검푸른 바다, 바다 밑에서

줄지어 떼 지어 찬물을 호흡하고

길이나 대구리가 클 대로 컸을 때

내 사랑하는 짝들과 노상 꼬리치고 춤추며 밀려다니다가

어떤 어진 어부의 그물에 걸리어

살기 좋다는 원산 구경이나 한 후

(…)

북선 수산의 거점, 경제 루트의 신요충지

원산항은 조일수호조약으로 1880년 5월에 개항됐다. 통상적인 개항이라기보다는 러시아와 영국의 군사력에 대비하여 일본이 강제로 개항하게 한 것이다. 일본은 10만 평의 전관 거주지를 확보했으며 곧바로 영사관을 개청했다. 1880년

말에 거류민 수가 남성 210인, 여성 25인, 합계 235인에 달했다. 직인(職人)이 100인, 영사관 관련자 75인, 상관 관계자가 60인이었다. 직인은 대부분 개항 후 건축에 종사한 건설노동력이었고, 경찰관이 32인 거주하여 조선인의 공격에 대비했다. 실제로 1882년 4월에 원산 교외에서 일본인이 조선인에게 공격받는 원산사건이 발생했다.[68]

1884년 세관을 설치했고 1892년에는 소규모 방파제를 축조했다. 개항 초기 무역품은 상해의 상품인 이원(利元)이라는 면직물과 사금·약재가 중심이었다. 이들 상품은 중국에서 나가사키나 부산을 거쳐 원산으로 들어왔다. 1883년 정어리 대풍으로 원산은 더욱더 무역항으로 부각됐으나, 무역 주도권은 여전히 청인이 장악하고 있었다.

개항장이 된 이래로 통감부 설치 직전인 1904년까지 일본에서는 조선으로 이민을 권유하는 열풍이 분다. 1905년과 1910년 이후에는 당연히 물밀 듯이 이주민이 들어왔다. 1904년 이민 안내서에서 원산을 '조선국 3대 항'의 하나로 손꼽았으며, 당시 우편회사 선편이 일본과 연결되고 있었다.[69] 시가지는 네 구역으로 나뉘고 시가지 중심에 운하가 있었는데, 개항 이후 30여 년 만에 365호, 1432명의 인구를 자랑하고 영사관, 우편국, 은행, 학교, 병원, 사찰, 수비대, 공원, 사진관, 기타 상점 등이 들어서 있었다. 일본인이 집단 거류하면서 원산은 새 판도로 접어들었다.

19세기 말 원산에는 포구 객주가 58명 있었고, 화물은 고기, 해초, 수피, 포, 백목, 종이, 인삼, 우마 등이었다. 원산에는 염전이 있어 소금도 풍부했다. 원산에는 상장과 하장, 두 개의 큰 시장이 있었으며, 북어는 이들 시장에서 거래됐다.

원산 상장: 원산 상리, 1일 군중 4500명, 1일 거래 7200원
원산 하장: 원산 하리, 1일 군중 4300명, 1일 거래 6300원

원산 일본영사관의 1897년 보고에는 함경북도의 중요 수출 물산이 함흥 이북과 경성 간에는 북어, 다시마, 미역, 배, 마포, 사금 등이라고 했다. 북어는 함흥 이북에서 경성에 이르는 연해 도처에서 잡히지만, 신포와 차호의 것을 제일로 치고 서호, 신창, 이진, 독진 등의 것은 그다음으로 쳤다. 겨울부터 봄까지의 어획고는 근년에 드문 풍어여서 실로 5만 짐(馱) 이상에 달했다. 그중 4만여 짐을 해로로 원산을 거쳐 각 도에 나누어 팔고 5000여 짐은 육로로 평안도, 그 나머지는 함경도 일반의 수요에 충당하여, 지금은 겨우 서호에 160짐, 신포에 250짐, 신창에 200짐이 남아 있는데, 신창의 200짐도 이번에

창룡호(蒼龍號)가 돌아갈 때 적재하여 부산으로 향할 것이라고 했다. 1짐의 시가는 6관 400문이었다.[70]

명태어업의 자본 운용 방식은 일반적이지 않았다. 어업 자체가 위험을 수반한 일이고 선주가 소자본주이기 때문에 객주와 연을 맺고 자금을 빌려서 어획하고 위탁판매를 했다. 객주는 객상 주인의 줄임말이다. 17세기 이후 상품 종류나 거래 규모가 커지고 상인 수와 활동이 폭발적으로 늘어나게 되자 포구나 도시에서 유통과 자본을 매개한 중간상인이 득세했다. 상업 활동이 전국적으로 활발해지는 17세기 무렵 함경도에서 마침 북어 유통도 본격화됐다. 북어는 전국으로 나가기 전에 일단 집산지로 모여들었는데, 여기서 막강한 힘을 발휘하는 이들이 원산 객주였다.

지역의 작은 객주는 중앙 집산지인 원산의 큰 객주와 연결됐다. 그들 사이에서 중개인이 해산물을 매개했는데, 오늘날 중개상인이 필요한 것과 비슷했다. 철도 개통 전에 경성·평양 등지는 전적으로 말로 운반했고, 남쪽 지역은 범선으로 옮겼다. 전체 수송량의 70~80퍼센트는 바닷길을 이용해 부산으로 갔고, 부산에서 다시 전국으로 퍼졌다. 북어의 50퍼센트는 경상·전라·충청도에서 소화했다.

명태는 함경·강원도에서 잡히더라도 유통을 위해 중앙 집

객주 수 및 수산물 취급고(1919)[71]

취급 수산물	객주 수(人)	취급 수량(貫)	취급 금액(圓)
선어	조선인: 154 일본인: 102 계: 256	5,896,857	5,237,714
염건어	조선인: 926 일본인: 59 계: 985	19,617,362	15,415,578
해조류	조선인: 312 일본인: 54 계: 366	4,481,424	3,456,321
계	1607		24,109,613

산지인 원산으로 모여들었다. 원산 객주는 자금력을 이용해 산지에 출장소를 세워서 어업 자금을 빌려주고 이윤을 취했다. 전국적 수요를 판단하여 명태 물류를 유통하는 역할을 담당했다. 19세기 말의 원산 객주는 상업적 이익을 옹호하기 위해 우리나라 최초의 개항장 객주 단체인 원산상의소를 만들어낸 경험이 있다.[72] 이들이 일제강점기 이후에도 상권을 이어갔다.[73]

한편 함경도 유도(柳島)에는 양질의 소금이 생산되고 있었다.[74] 원산 일본영사관에서 보고한 자료에는 "명천에도 염전이 있어서 제염 출고가 유도에 이어 다음가고 갑산, 산수 부근의 수요에 응했으며, 장마 피해가 없을 때는 매년 6000가마를 낸다"라는 기록이 있다.[75] 유도와 명천의 소금이 풍부했음을 말해준다. 북어 유통에는 소금이 불필요했으나 대부분의 해산물 유통에는 소금이 절대적이었다.

1895년 2월 북청에서 원산으로 명태를 싣고 오던 배가 험난한 파도에 난파한 사건을 원산 주재 일본영사관에서 보고했다.[76] 철도가 연결되기 전에 인근의 명태가 배에 실려 원산으로 집결됐다는 뜻이다. 1906년의 여행 보고서에도 원산항이 명태의 본거지로 등장한다. 연간 50만~60만 태에서 최소 8만 태(160만 마리)가 어획됐다.[77] 원산은 일본인이 거주하는 '북선 수산의 거점'으로, 이후 1930년대는 일만(日滿) 경제 루트의 신요충지로 부상했다.

철도망을 통한 북어의 전국화

원산은 개항과 함께 환동해를 가로지르는 일본-원산 항로의 요충지로 떠올랐다. 국권피탈 직후인 1914년 자료에 따르면[78] 원산은 해로와 육로를 통해 오사카, 나고야,[79] 도쿄와 연결됐다. 철도가 개설되면서 원산은 철도교통의 요지로 바뀌게 된다. 1913년 경성-원산 간 경원선이 개통했기 때문이다. 일본은 한국을 강점하면서 곧바로 경원철도와 호남철도 부설을 시급한 사업의 하나로 지목했다. 일본은 러일전쟁 도발 직후 작전상 필요하다는 구실로 경원선을 군용 철도로 부설할 것을 결정하고, 이를 한국 정부에 통고했다. 강점 직후인 1910년 10월부터 1914년 8월까지 223킬로미터에 달하는 용산-의정부-철원-평강-석왕사-원산의 경원선이 완공됐다.[80] 경원선의 개통으로 수도권과 강원도, 함경도를 연결하는 최단 교통수단이 완공된 것이다.

철도는 지배와 수탈의 동맥이지만, 역으로 물산을 활발히 유통하는 계기가 된다. 경원선 개통으로 원산은 러시아와 중국으로 가는 시발점이자 경기·서울로 물산을 보낼 수 있는 절호의 기회를 잡았다. 명태 산지는 조선 북부라서 수송에 여러 어려움이 있었다. 생산지와 소비지 시세 간에 현격한 차이가 있어서 운송업자와 중개인에게 유리하고, 소비자와 어업인에게 불리했다. 경원선 개통은 생산지와 소비지의 거래 가격 차이를 줄여주어 명태어업 발전의 동력이 됐다. 각종 공업시설도 들어서면서 원산은 흥남, 청진, 성진과 함께 관북의 대표 도시로 성장했다. 송도원해수욕장과 명사십리해수욕장 등 뛰어난 관광자원도 갖추었다.

1910년대 원산을 중심으로 물산이 집하됐다. 원산역에서 전체 물량의 93퍼센트 정도가 출하됐다. 1922년의 경우 한

청진의 명태덕장, 도리이 류조, 1912

경남도 산지 역전별 명태 출하 현황은 원산 1만 954톤, 갈마 236톤, 신상(新上) 64톤, 함흥 32톤, 서호진 30톤, 청진 193톤, 주을 82톤, 경성 165톤, 나남 78톤이었다. 함경남도에서는 원산역, 함경북도에서는 청진역에서 가장 많은 양이 출하됐다.[81]

경원선 개통 이후 함흥도 주요 거점이 됐으며, 경상남도 부산 역시 기차로 실어 나른 북어의 남부 거점이 됐다. 부산행 해상 물류로 초량이 명태 물류의 거점이 된 역사는 매우 오래됐다. 반면에 경원선이 개통되면서 뱃길 운송은 급격히 쇠퇴했다. 명태 주산지인 함경남도 홍원, 북청, 이원 세 군이 북어 생산량의 60~70퍼센트를 차지했다. 명태 시장은 기존 원산이 중심을 이루는 가운데 새롭게 함흥이 떠올랐고, 남부 지역의 물류를 책임진 부산이 다시 중요해진 것이다. 기차를 통한 명태의 물류 이동은 다음과 같다. 기차를 이용하면서 정차하는 역 어디서나 물류 하역이 가능해졌다.

경기도: 경성, 용산, 수원, 평택, 인천, 문산, 개성, 토성, 서빙고, 왕십리, 청량리, 의정부, 동부천, 전곡, 연천역 등. 이 중에서 경성역 하차 물동량이 압도적 비중이며, 그다음이 수원과 개성의 순이다.

충청북도: 옥천, 이원, 영동, 황간, 청주역 등. 이 중에서 청주역과 영동역 비중이 큰데 경기도에 비하면 미미한 수준이다.

충청남도: 천안, 조치원, 부강, 대전, 논산, 강경, 예산역 등.

충남의 명태 물동량은 천안역, 대전역, 조치원역이 순인데,

흥미로운 것은 1922년 51톤에 불과하던 강경 물량이 이듬해인 1923년에는 596톤이 되어 충청남도 최고로 부상했다는 점이다. 17~18세기 이래 큰 시장이던 강경시장은 충청도·경상도·전라도의 세금이 몰려와서 뱃길로 서울로 올라가던 중간 길목이었다. 1905년 경부선 개통으로 내륙 운송이 쇠퇴하고, 1912년 군산선 개통으로 어류 집산지 기능을 상실한 조건에서 1914년 호남선 개통으로 다시 기회를 얻었다. 1911년 대전-연산 구간이 개통되고, 1914년 대전-목포 호남선 전 구간이 개통됐다. 호남선 보통역으로 영업을 시작한 강경역은 이전의 해상 물류 거점이 아니라 철도를 통한 운송 거점으로 새롭게 출발했다. 따라서 1923년 통계 수치는 명태의 충청도, 전라도 물류 거점에서 큰 변화가 생겼음을 뜻한다.[82]

원산에는 함남상회, 덕흥상점, 흥업사, 삼야상점, 용창상회, 협성상회, 함명상회, 대성상회, 철북상회, 개원상회가 있었고, 그 밖에 개인 이름으로 등록된 상점이 존재했다. 가장 큰 물동량은 함남상회와 덕흥상점이 차지했다. 주소지는 모두 원산 관할이었다.[83] 이들 상회는 전래의 객주가 변신하거나 새롭게 탄생한 근대적 상인이 운영했다. 반면에 국권피탈 이후인 1914년 자료를 보면, 일본인이 경영하는 다섯 개의 상점(龜谷, 中村, 西島, 橫山, 大塚榮四郞)과 조선수산회사 원산

지소가 있었다.[84] 1928년 자료에 따르면 함경남북도 북어 출하량에서 원산이 부동의 1위였다.

기차를 이용한 북어 수송이 가능해지면서 큰 혜택을 본 곳은 대구 같은 내륙 지역이다. 대구는 경상감영이 있던 중요한 곳이나 근대화 관점에서는 해상교통에서 소외되어 내륙에 갇힌 형국이 됐다. 그러나 대구가 경부선의 중요 거점이 되면서 동해안과 대구, 부산과 대구, 서울과 대구를 연결하는 철도 교역망이 성립됐다. 대구 출신 정치가 서상일(徐相日)은 1930년대 대구에 집산되는 북어가 연간 2000톤에 달한다고 했다.

> 대구역에서 1년 발착하는 화물 총톤수 27만 4000톤 중에서 이것을 차급으로 이용하는 상인으로서는 염류에 약 5000톤을 취급하는 강치운(姜致雲)과 북어 등에 약 2000톤을 취급하는 최상근(崔相根) 외 수인을 제하고는 또 뉘가 있다고 할 수가 없으며….[85]

북어는 12~1월 출하량이 가장 많았는데, 철도역 하륙량을 보면 연중 쉬지 않고 북어가 팔려 나갔다. 그 정도로 소비되었다는 뜻이다. 겨울에는 동태를 만들어 유통했는데, 전체 명대 물량의 20퍼센트였고, 나머지 80퍼센트는 북어였다. 냉동시설이 없었으므로 동태는 당연히 겨울에만 유통이 가능했다. 설날, 단오절, 우란분재(음력 7월 15일경에 하는 불교 행사), 추석, 중양절 등에 수요가 많았다. 명절 비중이 높은 것은 명태 소비의 목적 안에 의례가 포함되어 있음을 뜻한다. 그러나 북어는 이미 일상 음식으로 자리 잡아 연중 수요가 창출됐다.

팔려가는 함경도

어업은 함경도 다른 도시에서도 유망한 재원이었다. 함경남도 함흥은 조선시대에는 함흥부라 불렸고 관북 최대의 대도시였다. 함흥본궁이 위치한 이곳에서 이성계는 함주와 화령(영흥군)을 오가며 자랐다. 그러나 이들 지역은 오래전에 여진족의 땅이었고 그만큼 개발이 늦은 변방이었다. 함흥의 근대화는 원산과 마찬가지로 철도 개설과 함께 시작됐다. 함경도 철도망 가운데 함흥이 있고 북한의 서부와 동부는 함흥을 거쳐야만 지나다닐 수 있을 만큼 함흥은 교통의 요충지였다.

함흥에 한국인 어업 종사자는 3만 명 이내였으며, 일본 배는 매년 500척 이상이 영흥만에 와서 해산물을 잡고 가공품을 만들었다. 명태 생산액은 적을 때 1년에 780만 원 이상이었으며, 원산뿐 아니라 함흥에서도 부산으로 수송했다. 명태 어기에는 상인이 최고로 바빠지는 시기이며 함경남도 상인

부산에 하역되는 수산물

원산과 더불어 개항된 청진항. 1950년대에도 공업도시의 면모를 간직하고 있다, 1958

의 이해에 절대적이었다. 전통적으로 원산 거점에서 철도역인 함흥이 또 하나의 거점으로 추가됐다.

함경북도에서는 나진이 중요했다. 나진만은 깊은 수심을 갖추었고 앞바다에 산재한 여러 섬이 천혜의 방파제를 형성한 데다 부동항이다. 북만주로 가는 길목에 위치하여 신항만이 건설됐고 만주 연락철도의 종착역으로 결정됐다. 조선 동북단에 위치하여 두만강을 통해 간도 훈춘 및 연해주와 경계한다. 1917년까지는 함북철도가 없었다. 아직 함경선이 개통

되지 않아서 함경남도에서 함경북도에 닿으려면 원산에서 배편으로 성진과 청진에 상륙해야 했다. 1928년 원산과 종성을 잇는 함경선, 1933년에는 회령과 종성을 거쳐 최북의 개항장 웅기까지 당도하는 도문선이 개통된다.[86] 당시 함경북도의 주요 항구는 청진, 성진, 웅기 세 곳이었다. 이들 항구는 북만주의 관문으로서 조선과 수산공업의 중심지였으며, 일제 입장에서는 북방으로 향하는 군사 요지였다.

남쪽 강원도는 농산물, 임산물, 광물, 수산품이 풍부하지만 교통이 불편했다. 동해안 철도는 부산과 원산을 연결하는 동해안 종주 노선의 개통을 의미하는데, 중간에 강릉·포항·경주·울산 등을 경유한다. 경주-부산 구간의 동해남부선, 원산-양양 구간의 동해북부선이 하나로 연결되어 원산에서 부산까지 이어졌다. 강원도 장전, 고성, 거진, 양양 등지의 명태가 배편으로 원산에 집결되거나 그대로 기차에 실려서 부산에 닿았다.[87] 포항에서 기차는 대구로 연결됐고(경동선), 내륙인 대구까지 북어가 운반됐다. 북어의 남부 지역 확산에 동해안 철도가 도움이 됐다.

명태는 강원도에서는 양양, 고성에서 어획됐다. 거점 어항은 통천군 고저항, 양양군 대포항, 고성군 장전항·거진항, 강릉 주문진항, 울진군 죽변항, 삼척군 정라진항이었으며, 아야진 같은 작은 어항도 있었다. 정라진항, 대포항, 주문진항은 1927년 무렵 항구를 확장했다.[88]

팔봉 김기진(金基鎭)은 북청, 신포, 장호, 포진, 이원, 차호, 군선, 장진 등을 기차로 여행하고 기록을 남겼다. 그가 탔던 함경선 2등칸은 대부분 일본인 차지였다. 함흥, 나남, 청진, 회령 등지로 가는 육군 외에는 무역과 광산업 등에 종사하는 사람과 이권을 찾아 일확천금을 꿈꾸며 몰려드는 사람뿐이었다. 팔봉이 기차에서 엿들은 소리는 "한번 크게 붙잡아야겠는데, 그러자면 함경북도로 가야 한다"였다. 홍남의 질소 비료, 장진의 수력발전, 나흥의 철광 등이 사람들을 잡아끈 것이다. 그리하여 팔봉은 "여행을 가려거든 함경도로, 팔려가는 함경도를 직접 보아라"라고 여행기를 마쳤다.[89]

생태 · 기술 · 어민의

4

유산

바닷가에서 발을 치는 것은 실로 큰 폐단입니다. 본도 어민이 옛날에는 후릿그물을 썼는데 20년 전에 영남에서 백(白)가 성을 가진 자가 와서 사람들에게 발 치는 방법을 가르쳤습니다. 원산포구에서 시작하여 상당히 이익이 있게 되자, 덕원(德源)·문천(文川) 백성들이 저마다 휩쓸려서 발 치는 수가 나날이 늘어나 원산포구 내에 지금 190여 곳에 이릅니다. 수가 많아지다 보니 고기가 잡히는 것은 전적으로 줄어들고 발을 치는 데 드는 인력 비용은 수백 냥이 소요됩니다. 이는 모두 빚을 내는 길밖에 없습니다. 발에 따라 또 균역청에 바치는 세가 있기 때문에 일단 실패를 보게 되면 가산을 탕진해가면서 빚을 갚아야 하며, 마을에다 물리고 친족에게 물리면서 세를 바쳐야 합니다.

_함경북도 암행어사 서영보, 1790년

명태 어로 기술사 1
: 낚시바리

명태바리의 두 갈래

문명사적으로 볼 때 물고기를 잡는 데 쓰는 기구로는 크게 그물과 낚시 그리고 작살이 있다. 명태 어로 기술은 보통 그물과 낚시 두 갈래로 나뉜다. 명태만이 아니라 모든 대규모 물고기잡이는 대체로 그물과 낚시로 한다. 당연히 낚시보다는 그물 어획량이 높다. 어살 같은 정치망도 광의의 그물어법이다.

명태를 낚시로 잡는 일을 조태(釣太), 그물로 잡는 일을 망태(網太)라고 한다. 전통적으로 조(釣)로 표기된 낚시는 선사시대 이래로 인류의 기본 어법이다. 그물을 엮는 방추차가 선시 유적에서 자주 발굴되는 것으로 보아 그물 역시 인류의 기본 어법이다. 어민은 그물바리 혹은 자망바리, 낚시바리 혹은 연승바리라고 호칭했다. 함경도 나진 쌍개에서 1950년대에 조사한 자료에 따르면, 그물과 낚시를 포괄하여 명태바리(바루)라고 했다. 바리는 두 가지 뜻으로 쓰였다. 하나는 은어바리, 명태바리 식으로 고기잡이 방식을 뜻했다. 다른 하나는 다금바리, 붉바리처럼 어종 자체를 뜻하는 순수 우리말이다. 명태바리는 예부터 쓰인 고어다. 그물을 마련하려면 비용이 많이 들었기에 영세 어민은 낚시에 만족해야 했다.

그물어법이 어획량은 압도적이지만 조선인이 자망어법에 본격적으로 뛰어들기에는 큰 부담이었다. 영세한 조선인이 연승어업에 매달린 이유는 바로 그물 마련과 조업 경비의 부담 때문이었다. 자망의 경우 어선·어구 등 창업비가 큰 비중을 차지하는 데 반하여, 연승은 창업비와 경영비가 엇비슷했다. 다음은 1900년 당시 일본인과 조선인의 명태잡이 자망과 연승의 조업 경비 통계인데, 상대적으로 조선인 어부의 인건비가 상당히 저렴함을 알 수 있다.[1]

명태자망
- 창업비 총 4450원

어선 신조비 1000원(14척, 1척분)/ 어구 신조비 2400원(300개, 자

그물로 잡는 일본인과 낚시로 잡는 한국인의 대조적 풍경, 대일본수산회보 223호, 1901. 1. 30

망 1통분)/ 어부 용입비: 1000원(조선인 11인분)/ 제 잡비 50원

• 경영비(약 120일분) 총 2930원

어선 수선비 1000원/ 인부 임금 180원(망수 인부 5인분)/ 식료 270원/ 어획물 처리비 110원/ 제 잡비 300원(장작, 피복, 술과 담배 등)

명태연승

- 창업비 총 1333원

어선 신조비 400원(10척, 1척분)/ 어구 신조비 283원(연승 100바리분)/ 어부 용입비 550원(조선인 7인분)/ 제 잡비 100원

- 경영비(약 120일분) 총 1013원

어선 수선비 20원/ 어구 보조비 283원/ 인부 임금 140원(연승 인부 6인분)/ 식료 180원/ 미끼 대금 170원(오징어, 낙지, 문어 등)/ 어획물 처리비 80원(하역장, 하역비 등)/ 제 잡비 140원

다음의 두 강원도 사례를 통해 그물과 낚시 어법의 경향성을 살펴볼 수 있다. 전반적으로 연승이 주류를 이루고, 그물은 차선이다. 흥미로운 것은 명태어업이 동해에서 소멸하던 즈음에는 그물보다 연승의 소멸이 빨랐다는 점이다. 자원이 소멸하면서 낚시에 명태가 낚이지 않던 시점은 바로 명태가 소멸하던 시기였다. 연승어업이 종료될 시점에 명태어업은 사실상 마지막을 고했다.

첫째, 속초 청호동에 거주하던 함경도 월남인의 사례다. 개인 취향에 따라 그물과 낚시 어법으로 나뉜다. 그물바리를 하는 사람은 그물 소득이 더 낫다고 하고, 연승을 하는 사람은 연승 소득이 더 낫다고 했다. 초창기에는 주로 연승을 많이

했다. 연승이 먼저고 그물이 나중이다. 그물어업을 하는 사람은 사시사철 명태를 잡으면서 동시에 또 다른 고기잡이도 할 수 있으니까 그물이 이득이라고 생각하지만, 실상은 연승어업을 하는 사람이 수적으로 더 많았다. 초기에 그물 구입비가 많이 들기 때문이다. 20세기 초반의 상황이 20세기 마지막까지 이어졌다. 그물은 한번 사서 몇 년간 쓴다는 보장도 없다. 암초에라도 걸리면 하루도 못 가서 망가질 수 있으며, 탈 없이 잘 쓴다면 보통 2~3년 사용할 수 있다. 나일론이나 면사나 모두 같다. 그래서 그물보다는 연승어업이 보편적이었고, 그물은 비용 때문에 널리 확산되지 못했다는 청호동 어민의 구술이다.

둘째, 고성 아야진항과 거진항 어민의 사례다. 이곳 어민은 자망과 연승 두 가지를 썼는데, 그물과 낚시 어법은 신선도에서 차이가 있었다. 그물로 잡은 명태는 수심이 깊다 보니까 잡자마자 거의 죽고, 연승으로 잡으면 뜬 고기를 낚으므로 좀 더 신선했다. 어민이 낚시를 선호한 것은 그물 마련이라는 경비 부담도 있었지만, 동시에 명태의 신선도 측면에서 낚시가 우월하기 때문이다. 거진항에서는 그물어업이 명태 이외의 다른 고기잡이에도 활용되므로 사시사철 가능하지만, 낚시어업은 어족이 감소하기 시작한 1970년대부터 줄어서 2000년 당시에는 이미 하지 않았다. 생선의 선도에서 연승이 자망보다 우월했지만, 자원이 감소하면서 연승부터 먼저 소멸하기 시작한 것이다. 명태 씨가 마르기 시작하여 연승바리는 한 지가 오래됐다. 조사 시점인 2000년에는 이미 연승어업을 하지 않았다. 연승어업의 소멸이 동해 명태 소멸의 전조라고 할 수 있다.

그물보다 낚시가 선행

나진 초도의 신석기·청동기 선사 유적에서 방추차(紡錘車, 가락바퀴)가 발굴됐는데, 그물도 오랜 어법이긴 하지만 심해어를 잡는 데 쓰이지는 않았을 것이다. 명태잡이 어구로는 낚시가 먼저였으며, 그물이 보편화되려면 시간이 필요했다. 인류는 애초에 뼈로 낚싯바늘을 만들다가 점차 쇠로 만들기 시작했다. 신석기시대의 골각기에서 철기시대의 쇠로 이동하는 데는 수천 년의 세월이 걸렸다.[2]

《고려도경》에서 "바닷사람은 항상 썰물이 질 때에 배를 섬에 대고 고기를 잡는다. 그물을 잘 만들지 못하여 오로지 성긴 천으로 고기를 거르므로 힘은 많이 들고 성과를 거둠은 적다"라고 했다.[3] 고려시대에도 당연히 그물이 존재했으나 미약했다.

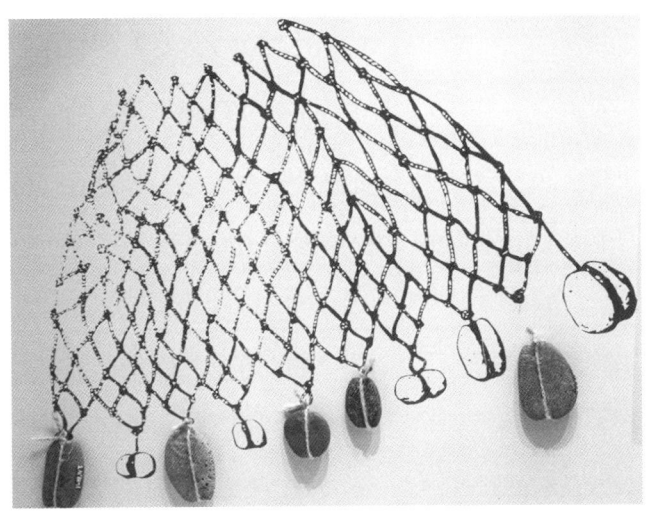

동해에서 고기를 낚던 그물과 방추차, 양양 오호리

　명태낚시는 애초에 외줄낚시였다가 연승으로 발전했을 것이다. 연승은 미끼를 여럿 매단 통칭 주낙어법이다. 1908년 《한국수산지》에서 연승은 '낙시'를 칭한다고 하여 낚시를 '낙시'로 한글 표기했다. 명태 연승은 돌을 매달아 낚싯바늘을 바닥에 가라앉혀 잡는 홍어 연승과 달리 표층으로 줄을 흘려서 잡는 뜬주낙이다. 1908년 《한국수산지》도 뜬주낙을 알려준다.

1척당 5~6인이 타고 11월 하순에 1척이 3침을 사용하고 이후에 고기가 많아지면 5침으로 늘린다. 500개가 1침이다. 1일 3회 낚시를 놓고 오후 3시경 귀항한다. 자망은 망ᄌ라 칭하고 2촌 4분 그물코로 35봉을 달고 1치마다 침자를 매단다. 닭이 울 때 시작하여 오후 3시경 귀환한다. 어기는 10월 하순부터 1월 중순까지다. (…) 주낙 중에서 뜬주낙은 유동 낚시류다. 명태 주낙은 10월경부터 익년 1월까지 어군이 유영하는 시기에 사용하므로 뜬주낙으로 낚는다.[4]

배 한 척당 1500개에서 2500개의 바늘을 놓았다. 많은 바늘이 소요됐다. 갈고리(釣)가 두꺼운 데다 조악한 철을 사용하여 성능이 좋지 않았다. 대장간에서 바늘을 다량으로 만들어 수요에 응했다. 마량도나 원산 등 어업 전진기지에는 어느 곳에나 대장간이 존재했다. 바늘은 훗날 공장제 다량 생산 제품으로 바뀌었다. 주낙은 마룻줄, 보채줄(가짓줄), 낚싯바늘, 띠, 쟁돌, 돌닻으로 구성됐다.[5]

연승줄은 마사(麻絲)를 썼다. 일부에서는 물에 잘 견디는 명주실이나 무명실(면사)을 쓰기도 했다. 그러나 면사는 가격이 비싸서 영세 어민이 쓸 수 없었다. 면사는 1930년대 이후 퍼지기 시작했다. 한국에서 면사는 1930년대부터 1960년대까지 약 30여 년간 사용됐다. 면사는 1960년대까지 장기 지속적으로 이용되다가 나일론 보급으로 상황이 급변했다. 나일론은 1935년에 처음 발명됐으나 제2차 세계대전 때 군용으로 본격화되면서 보급됐고, 남한에서는 한국전쟁 이후 보급됐다. 나일론 낚싯줄은 1960년대에 본격적으로 쓰이기 시작했다. 나일론은 가격 대비 내구성이 강했으므로 적극적으로 채택됐다. 북한에서는 1950년대에 리승기 박사가 주도하여 자체적으로 비날론을 개발함으로써 비날론 섬유질의 낚싯줄이 보급됐다.

나진과 경성, 거진과 아야진의 낚시바리 구술 역사

'역사 없는 민족'이라는 표상은 중심부에서 식민화됐던 민족에게만 새겨진 것이 아니다. 중심부에서도 '자기 속의 타자'가 여러 형태로 은폐돼 있다. 예속자 또는 피지배자의 침묵의 역사는 더욱 발굴되어야 한다.[6] 함경도 변방에서 이루어진 어민의 역사는 같은 한민족의 역사 속에서 배제되고 타자화되어 '쓰이지 않은 역사'일 뿐이다. 이 책의 1장에서 실학자들의 명태 소환을 서술했지만, 명태를 생산해낸 어민에 관한 기록은 조선 후기 몇백 년 동안 한 줄도 없다. 20세기에 식민지로 접어들면서 일본인에 의한, 그들의 필요에 의한 일부 기록이

속초 명태잡이

등장하지만, 이들 기록 역시 어민의 삶과 생업의 실상에 관해서는 스쳐 지나갈 뿐이다. 그러한 점에서 어민의 구술 채록이 중요하다.

뒤늦게나마 1950년대에 조사된 함경북도 나진으로부터 1970년대 주문진, 2000년대에 조사된 고성의 거진항과 아야진항 그리고 속초 청호동 함경도 아바이의 구술이 남아 있다. 시기는 대체로 일제강점기부터 분단 이후 1990년대까지다. 청호동 어민의 구술은 월남 이후 강원도 속초에 정착하면서 사용하던 어법과 월남 이전 함경도에서 쓰던 어법이 혼재돼 있다(구술에 섞인 다수의 토박이 언어는 생활사의 증거물로 그대로 채록하여 정리한다).

나진 어민(1951) 어민 구술

명태는 함경남도 신포, 북청, 차호 등이 기본 산지다. 옛적에는 나진에서도 기업주 고용으로 함경남도 지방으로 동지섣달 명태바루를 하러 갔으며, 그 후에야 나진에서도 잡히게 됐다. 명태바루는 낚시와 그물로 하는데 낚시는 옛적부터 사용한다. 긴 노끈에 낚시를 많이 단 것을 주낙이라 하며 연승 거는 광주리를 주낙괭이라 한다. 밤에 주낙괭이에 주낙을 걸며 낚시에 미끼도 달아 새벽에 바다에 나간다. 미끼로 청어사리, 정어리, 쇠고돌을 사용했으나 지금은 (1951) 섭, 백합을 많이 사용한다.

주낙(연승)으로 명태, 고등어, 이면서(임연수어), 가재미(가자미), 대구, 문어, 낙지 등 다양한 어종을 낚았다. 명태주낙은 ① 한 주낙괭이에 2~3동 낚시를 거는데 한 동은 50개, ② 간격은 한 칸에 세 개씩, ③ 걸떼는 2동 반에 한 개씩, ④ 떼줄은 명태 알이 있을 때와 없을 때를 가려서 놓았다. 주낙을 사용하지 않을 때는 주낙괭이에 걸어 정리한다. 주낙괭이는 직경 50~70센티미터로 참대 또는 싸리로 만든 넓은 광주리인데, 주낙을 걸어 정리하는 데 쓴다.

경성군, 어랑군 어민(1963)   어민 구술

겨울에는 고기가 밑으로 다니므로 20동 길이에 박떼는 다섯 개 정도로 한다. 마지막 박떼에서 줄을 연결하여 반대편에 맨다. 첫 줄을 걷어가지고 '나' 지점에 와서 '다' 줄을 잡아당겨 걷는다. 일출 무렵에 주낙을 놓는데 모두 10괭이를 놓으면 절반으로 갈라 저녁까지 걷어왔다. 지금은 단벌치기를 한다. 두 번 놓은 이유는 아침에 놓은 경험을 얻어서 다시 하자는 것인데, 이 방법이 능률적이다. 봄 명태 주낙은 물 위에 걸어놓기 때문에 주낙을 곡선으로 놓지 않고 직선으로 설치한다.

한 오리 낚싯줄에 여러 개의 낚시를 매달아 줄낚시를 만들었다. 줄에 대를 연결하는 경우도 있었고 그냥 손으로 줄을 잡아당기면서 조절하는 경우도 있었다. 줄은 물에 잘 견디는 명주실이나 무명실을 썼으며 대는 참대나 물푸레나무를 이용했다. 주낙은 긴 마릇줄에 여러 개 낚시를 달아 만들었는데, 마릇줄, 보채줄, 낚싯바늘, 띠, 쟁돌, 돌닻으로 구성됐다.

주문진 어민(1970)   어민 구술

주문진 명태주낙은 모릿줄과 아릿줄을 이미 나일론사로 썼지요. 부표는 나무로 만들었는데 표식기가 달린 부표를 바스켓당 한 개씩 달았습니다. 1바스켓은 219밀리이고 낚시류는 300개. 낚시 15

개마다 봉돌 한 개씩을 답니다. 미끼는 오징어를 씁니다. 모릿줄은 나일론사를 사용하지요. 낚시는 바스켓당 약 300개를 달며 선원 한 명당 약 8바스켓씩 사용합니다.

목선 10톤급 65마력 내외의 어선에 6~7명이 타고 조업합니다. 10톤 규모는 1~2톤 규모 전마선에 비하면 큰 어선이라 아무나 소유할 수 없습니다. 미끼는 양미리, 오징어, 한치 등입니다. 낚싯줄을 놓을 때는 다른 주낙과 달리 지름 1.5~2센티미터, 길이 50~60센티미터 정도 되는 가는 대나무를 한쪽만 쪼개어 홈을 낸 것을 사용하며 홈에 낚시를 가지런히 걸어줍니다. 오전 3시경 출어하여 해 뜨기 전에 투승합니다. 명태 부유층을 어군탐지기로 탐지하고 수심에 맞게끔 부표 줄을 조정하면서 해조류를 따라 일직선으로 투승합니다. 투승이 완료되면 처음 투승한 곳으로 돌아와 양승을 개시하지요. 연승바리는 명태 어족이 감소하기 시작한 1970년대부터 줄어들어 그물보다 먼저 퇴장했습니다. 난바다에서 그물로 싹쓸이를 했기에 낚시바리로는 어획이 불가했기 때문입니다.

고성 어민(2000)   어민 구술

거진항은 연승을 길이를 한 발로 계산하지 않고 '한 초락'이라 합니다. 한 초락에 낚싯바늘이 250자루 달립니다. 아야진에서는 '한 함시'로 계산합니다. 힘지도 낙수가 한 초락이 그기에 찍어지는 거예요. 개인당 몇 초락씩 가지고 다니냐면 10초락씩 가지고 다니는데, 한 배에 5~6명이 다니니까 10초락×(5~6인)=50~60초락이고 낙수의 수는 (50~60초락)×250자루=1만 2500~1만 5000자루죠.

고기가 어탐을 찍으면 300미터 나옵니다. 300미터에 어군이 찍힌다 이거래요. 그러면 3×6=18, 180발을 줘야 되는 거래요. 6을 계산해요. 그물바리는 7을 계산하고 연승바리는 6을 계산합니다. 배 밑에 그 선 자리하고 배 밑에 어탐하고의 거리가 6미터다 이 말입니다. 명태가 요렇게 서 있으면 이거를 요기다 맞추기 위해서 300미터 하믄 180미터 놔요. 그래서 고기가 어떻게 무느냐면 낙수에 이렇게 되거든요. 양쪽에 여기 물 때가 있어요. 요기 물 때는 요기 뭅니다. 요기 안 물어요. 이걸 가지고 9부라고 합니다. 여길 가지고는 완전 들어간 데 여기를 가지고는 '9부'라 그리고요, '허리'라 한 단 말이에요. 뱃사람들이 이렇게 댕기봤을 때 여기에 고기 안 물었다 이거야. 그렇다면 뗏줄이 깊었단 얘기래요. 너무 들어갔다는 얘기래요. 그렇다면 듭니다. 그 이튿날 가서는, 든다구요. 명태는 어군 두께가 보통 한 10미터 요론 식이니까 고거 맞출라고 전부 고기에 뗏줄 놔줄라고 선장들이 엄청 신경 씁니다.

아침 3시 반에 출발하면 한 40분 정도 되는 거리의 어장으로 나갑니다. 놓는 데 한 시간 반 걸리지요. 조류가 많이 가면 많이 못 놓으니까 간단히 끝나고, 또 왔다 갔다 그러면서 찾아다니면서 자리가 있으믄 또 놓고. 인근 배들끼리 '야, 여기 자리가 있으니 좀 와라', 그러면서 또 같이 놓고. 시간 반 정도 그렇게 놓고 밥을 먹고 배에서 잡니다. 해가 쑤욱 올라올 때 한 6시 반이나 7시경 되면 다 놔요. 10시 반서부터 11시경에는 다들 일나요. 일나서 인제 시작을 해요. 그때서부터 인제 주낙을 시작해가지고 오후 3시나 4시가 되면 끝나요. 끌어당길 때는 옛날에는 손으로 했는데 지금은 기계래요. 그물 댕기는 '토시'로.

명태가 올라오믄 뒤에 한 사람이 꼽째이 요렇게 된 게 있어요. '쪽게방가리'라 하는데 명태를 잡을 때 쓰니까 '명태 쪽게방가리'라 그래요. 뒤에 한 사람이 서가지고 쑥 훑어 내려갑니다. 그러면 낙수를 탁 낚아채면 명태 탁 떨어지잖아요. 옛날엔 이렇게 일일이 수작업했었습니다. 지금은 기계화로 망자 생각 안 합니다. 그냥 막 잡아댕깁니다. 기계화된 게 87년도서부터 '사람들이 머리가 좀 깨우쳐서' 망자 생각을 하지 말고 망자를 대량으로 부리면서 대량생산을 내자, 이런 식이 된 거예요.

아주머니들이 하나씩 하나씩 잡아댕기미 낙시 함지에다가 착 채워 나가는 거예요. 아야진은 그게 아니고 그냥 함지에다 맷갓을 놓습니다. 그 지역은 또 그것이 편하니까 그러는 거요. 또 우리 지역은 옛날부터 그래왔으니까 그 유래가 그대로 내려오는 거고 그렇습니다. 나수 놓는 사람은 아야진 쪽 게 편안해요. 빨리 놀 수 있어요. 함지만 돌래가믄 돼요. 우린 함지는 고정으로 한데 사람이 뿌리다가 헝커러지면 가리야 되니까. 왜 이빨이들이 성하지 못하냐면은 그 막 이빨로 짤고 빨고, 나도 아래위에 이가 다 털닙니다. 막 잡아댕기고 내댕기고 해가지고 이들이 성치 못한 겁니다.

그런데도 함지로 안 하는 이유는요?
여기대로 또 낙사공이 있단 말입니다. 낙사공이 그런 거 못하고 이런 거 하는 낙사공이란 말이에요. 요 아래 반암리는 이런 작업 안 합니다. 큰 배가 없으니까. 대진도 이런 큰 배가 없어요.

청호동의 마량도 출신 어민(2000)   어민 구술

낚시괭이라고 밋갑 찝은 거. 공동작업을 하거든. 여기서는 각자 집에서 내 몫을 집에서 다 해다가 나가지만, 그때는 공동이기 때문에 한 배에 몇십 개씩 가지고 나가서 하루에 다 풀고 또 걷어가지고 들어오고 했지요. 낚시 놓을 때는 낚시괭이에다 돌멩이를 사이사이에 몇 개씩 매다는데, 일부 던지고 또 끈 묶고 던지는 과정을 반복하지요. 지금 여기로 말하면, '선채'라고 하는 게 있어요. 그게 '우끼' 택이지. 옛날에는 우끼를 던지면서 그다음에 '땟줄'이라는 게 있어. 예를 들어서 우끼가 여기다가 하나 놓고 계속 명태낚시를 놓는다고 봐지면, 중간중간에 우끼를 띄와놔야 돼. 그래야 다시 걷어올릴 수 있는 부력을 차고 있기 때문에, 그렇잖으면 그냥 금방 고기 물고 나믄 금방 가라앉거든. 고기 무게도 있으니까. 그래서 중간중간에 우끼를 이용해서 둥둥 뜨게 해둔다. 한 30분이라든지 한 시간이라든지 이런 정도로 기다리는 거지. 이 정도면은 고기가 좀 물었을 꺼다. 지금은 우끼를 스치로폼으로 만들지만 옛날에는 텁이란 게 있어. 텁이란 게 뭘 참나무텁이지. 참나무 껍질 묶어서 쓰는 건데 그것을 둥둥 뜨게 하는 것이지요.

명태는 낚시로도 잡고 그물로도 잡았지요. 낚시는 외줄로 하는 것인데 (…) 낙수 찍는 것 밋갑 찍지 않어? 여자들이 현장에 가서 직접 배에 올라가서 많이 찍는데…. 이렇게 낚시로 잡는 거는 이렇게 이런 '방통', 그것을 '낚시깡'이라고 해요. 이 '깡'으로 해서 낚시를 가둬서 밋갑을 전부 찍어요. 이걸 싸가지고 이런 것을 몇십 개씩 가지고 나가요.

낚싯바늘을 이렇게 전부 찍어서 미리 감아놓지요. 여기서는 지금 '낚시함지'라고도 하는데 옛날에는 '낚시광이'라고 했지요. '낚시광이' 하나가 약 30미터로 짧았습니다. 옛날엔 이걸 면사로 썼지요. 바늘은 만들지 않고 사다 썼지. 선구점 열잖아. 바늘을 하나하나 걸 때마다의 간격은 기억이 잘 안 난다.

옛날에 밋갑은 저 우에서는 밋갑으로 양미리가 없고, 일정 때 이와시하는 정어리를 많이 썼다. 정어리가 많이 났으니까 정어리 생것을 변질되지 않도록 염(鹽)해서 썼지요. 여기는 양미리 쓰지만 그 당시에는 밋갑이 좋은 것을 택해서 하니까 전어도 밋갑으로 쓰고 하여튼 여러 가지로 많이 택해요. 소금에 절이는 것은 썩지 말라는 이유 외에 별다른 이유는 없었지요.

  구술 자료를 정리해보면 조업 과정은 다음과 같다. 새벽에 나가서 날 새기 전에 낚시를 놓는다. 고기가 물었다고 치면 곧 걷는다. 들어오는 시간은 고기가 많이 물렸다고 치면 늦게 들어오는데 해 지고 나서 들어온다. 일찍 들어온다는 것은 고기를 못 잡았다는 의미다. 일찍 들어오면 빈 배로 들어온다. 고기가 무는 만큼 손이 많이 가니까 힘이 들고 늦어진다. 고기잡이는 바다의 조류에 따라서 달라지니까 오늘 여기서 났다고 하면 선장들이 머리를 쓴다. 덮어놓고 나가서 아무데나 놓는 것이 아니다. 오늘 저쪽으로 간 배가 많이 잡았다고 하더라 하면 내일 우리도 저쪽으로 가보자고 한다. 낚싯배나 그물배나 다 그쪽으로 가는 것은 아니고 그물배는 그물배대로, 낚싯배는 낚싯배대로 각자 위치로 간다.

  낚싯바늘 사이의 간격은 약 1미터, 한 칸에는 바늘이 300개 달린다. 명태연승용 낚싯바늘의 구조, 부위별로 별다른 이름은 없고 다만 바늘 끝이 꺾인 부위를 '민지'라고 하며, 바늘이 전체적으로 구부러지는 지점까지의 길이는 4센티미터다. 여섯 명이 타는데 한 사람이 6~7개(함지)를 놓을 수 있으므로 좌우로 함지 40개를 놓는 셈이다. 선장-기관장-사공-낚시사공이 있다. 초반에는 차이배가 있었는데 이북에서 돛을 달고 운행하던 배를 일컫는다.

    육지로 돌아와서 고기를 털어냈다면 그물을 말리지는 않고 간추리는데, 여성이 주로 뒷일을 한다. 남자는 다녀와서 별다른 일을 하는 게 없다. 단지 보망을 함께하는 정도다. '보망바늘'로 그물실을 떠서 그물을 손질한다. 옛날에는 대나무를 썼는데 지금은 플라스틱으로 쓴다. 그런데 간혹 대나무로 쓰기도 하는데, 아무래도 대나무가 꼿꼿하고 잘 밀리니까 더 좋다. 청호동에는 대나무가 크게 없으니까 울진 등지 경상남도에서 사다가 만들어 썼다. 물자는 주로 경상남도 쪽에서 올라왔다.

명태 어로 기술사 II
: 그물바리

고정그물에서 유동그물로

조선시대에도 당연히 그물이 쓰였다. 《신증동국여지승람》〈고성군조〉에 "올을 재배하나 방적을 하지 않고 꼬아서 그물을 만들어 포업(捕業)을 업으로 삼는다"라고 했다. 마사(麻絲)로 후릿그물을 만들었을 것으로 짐작된다. 강원도는 물론이고 함경도도 후리로 멸치, 고등어, 청어, 대구 등을 잡았다. 어족자원이 풍부한 마당에 위험을 무릅쓰고 원해로 나갈 이유가 없었으며, 모래사장은 후리에 유리했다.

1437년(세종 19) 무렵 함길도와 강원도 어량(漁梁)·수량(水梁)에서는 대구어·연어·방어를, 경상도는 대구어·청어를, 전라도는 조기(石首魚)·청어를, 충청도는 청어·잡어(雜魚)를, 경기도는 잡어·밴댕이(蘇魚)를, 황해도는 잡어·청어를, 평안도는 조기·잡어 등을 잡고 있었다.[7] 아직 명태는 그물어법에 등장하지 않았다.

함경도의 어업은 1752년의 《균역사목(均役事目)》과 《균역청사목(均役廳事目)》에 실려 있는데, 다른 해역에 비해 소략하다. 어선과 곽전(藿田), 즉 미역 채취만 간략히 다룬다. 바다 생산량이 적었다는 뜻이다. 1820년 서유구는 《난호어목지》에서 함경도에서 어망을 설치하여 명태를 잡기 시작했다고 했다. "매년 납월(臘月)에 그물을 던져 잡는다"라는 내용이 있는데, 명태를 그물로 잡은 대목으로 보인다. 19세기에 이르면 어망으로 명태를 본격적으로 잡는다.[8] 조선 후기에 이르러 그물어법이 개선된 결과다. 그러나 여전히 동해의 명태어업은 그물에 비하여 낚시가 대세였다. 그물어법은 마을민이 공동으로 잡아당기는 후리가 어획을 보장해주는 유력 어법이었고 동해안 모래사장은 당기는 어법에 유리했기 때문이다. 후리는 20세기까지 동해의 전통 어법이었다. 후리망은 영흥만 일대에서 멸치잡이에 쓰였으며, 청어나 기타 어족도 포획했다.

《임원십육지》〈전어지〉에는 여러 종류의 그물이 등장하는데, 이 중 몇 가지는 동해에서도 쓰였을 것이다. 당망(搪網)은

"바다 속에 던지는 큰 그물이다. 일반적으로 사방이 1리 정도이고 때를 기다리고 있다가 여러 명이 그물을 당겨 올린다"라고 했다. 바닷물고기가 왕래하는 시후(時候)와 조로(條路)를 살펴서 잡았던 어조망은 여러 문헌에 등장한다. 어조망은 '해양에서 쓰이는 어구(海洋漁具也)'라고 분명하게 말했다. 큰 배를 타고 나가서 닻을 던져 조로에 세우고 선저에 그물을 달아매어서 물고기를 잡기 때문에 어조망이라 불렀다. 그런데 서유구는 "연해의 어부들은 그 어선을 중선이라 부르고 그물을 중선망(中船網)이라 부르는데, 무슨 뜻인지 아직 모르겠다"라고 하여 대략 서해안에서 쓰인 중선의 그물을 지칭한 것 같다. 동해안에서도 어조망이 존재했을 것이다. 그러나 어선 발달사 측면에서 볼 때는 서해안이 동해안보다 기술적 우위에 있던 것으로 보인다. 동해안보다 서해안이 인구밀도도 높고 어민 수도 많았으며 어업기술력이 앞선 상황이었다.

《임원십육지》〈청어 잡는 법(捕青魚法)〉에는 "동북해는 조석이 거의 없는 이유로 일체의 어족을 잡을 때 후리망을 사용하며, 영남으로부터 어책(魚柵) 혹은 어조망(漁條網)이 전래했다"라고 했다.[9] 같은 내용이 앞 시기인 《정조실록》에도 등장한다. 1790년(정조 14) 함경북도 암행어사 서영보(徐榮輔)의 서계에 따르면, 본도 어민이 예부터 휘리(揮罹, 문헌상에는 후리가 휘리로 나타남)를 사용하는데, 방렴의 수가 날로 증가하여 원산포 내에 금일 190여 개였다. 18세기 말에 이르러 연안 정치망인 방렴의 규모와 어획량이 컸다는 뜻이다. 20년 전, 즉 1770년경 방렴이 영남에서 함경도로 전파됐으며, 후리는 오랜 어구지만 함경도 방렴은 신식 어구였음을 말한다.

바닷가에서 발을 치는 것은 실로 큰 폐단입니다. 본도 어민이 옛날에는 후릿그물을 썼는데 20년 전에 영남에서 백(白)가 성을 가진 자가 와서 사람들에게 발 치는 방법을 가르쳤습니다. 원산포구에서 시작하여 상당히 이익이 있게 되자, 덕원(德源)·문천(文川) 백성들이 저마다 휩쓸려서 발 치는 수가 나날이 늘어나 원산포구 내에 지금 190여 곳에 이릅니다. 수가 많아지다 보니 고기가 잡히는 것은 전적으로 줄어들고 발을 치는 데 드는 인력 비용은 수백 냥이 소요됩니다. 이는 모두 빚을 내는 길밖에 없습니다. 발에 따라 또 균역청에 바치는 세가 있기 때문에 일단 실패를 보게 되면 가산을 탕진해가면서 빚을 갚아야 하며, 마을에다 물리고 친족에게 물리면서 세를 바쳐야 합니다.[10]

인건비에 수백 냥이 소요되고, 한 방렴의 설치에 연간 살우(殺牛) 두수가 수백, 수천(물론 과장된 표현)이 요구될 정도로 방렴은 대규모 어법이었다. 본디 함경도 영흥만 일대는 청어 방렴업의 본거지였는데 명태 방렴업으로 전환되고 있었다. 《한국수산지》에 따르면 1909년 설치된 방렴이 326좌였는데, 이보다 앞선 18세기 말에는 근 200좌가 설치됐다. 대규모 어업 경영을 주도하는 어업경영인이 등장하고 있었고 제한적인 범주나마 자본제적 수산업 경영의 가능성이 보이기 시작한 것이다.

방렴도 일종의 어전(漁箭)이다. 어전은 조석 차이가 크고 얕은 수심인 서해안에 대형으로 발달하고 있었고, 남해안에서는 대구어장이나 죽방렴 같은 큰 어장이 형성되어 있었다. 동해도 서남해보다는 못해도 어전이 발달했다. 남해는 동해에 비하면 상대적으로 어장 설치가 용이했다. 김려(金鑢)가 유배지 진해에서 1803년에 저술한 《우해이어보》에 나오는 '뢰(牢)'도 고정그물이다." "뢰는 고기를 가둔 감옥과 같으며, 간혹 어전이라고 한다"라고 했다. 그러던 방렴이 동해에도 익숙하게 적용, 분포되어 전통 어법 후리(휘리)를 압도하고 넓게 채용되기에 이른다.

1808년 《만기요람(萬機要覽)》에서 어전과 후리를 다룬다. "어전은 사목에 실려 있지 않으나 지금 통천(通川)에 한 곳 있는데 세금이 18냥이고, 휘리는 곳곳에 있는데 세금이 많은 것은 10냥이고 적은 것은 5냥"이라고 했다. 동해안은 해안이 단조롭지만 강구나 굴곡진 만에 어전 설치가 유리한 곳이 제법 있었다. 어전은 말장을 박아서 튼튼하게 만들지만 그물을 둘러서 고기를 몰아넣어야 한다. 마사그물을 만들어 둘렀을 것이고 어획량이 상당했다. 《비변사등록》에는 "덕원부 원산은 북관의 큰 도회로서 거민들 모두가 어리로 자생하는데, 고래로 휘리로 고기를 잡다가 병술년(丙戌, 1766)부터 방렴을 알게 되어 경자신축(庚子辛丑) 연년(1780~1781)에는 근 200좌(坐)에 이르렀다"라고 기록돼 있다.[12] 본디 경상도에서 청어잡이용으로 개발된 방렴이 함경도에 도입되어 명태잡이에서 일대 혁신을 이룬 것으로 파악된다. 그러나 효율성이 뛰어나서 일시를 풍미하던 방렴도 균역청 해세(海稅)의 과도한 징수로 크게 쇠퇴하게 된다. 조선 후기 농어업 생산력의 치명적 성장 한계였던 경제 외적 강제가 명태어장에도 가해진 것이다.

일부 덤장도 제한적으로 쓰였을 것이다. 덤장도 정치망이다. 덤장은 물고기가 많이 다니는 바다 기슭의 알맞은 곳을 차단하여 함정 모양의 통그물을 설치하고 물고기를 몰아넣어 잡는 어법이다. 팔처럼 바다 쪽으로 길게 내뻗쳐서 물고기를 통그물 쪽으로 몰아오는 역할을 하는 미래와 통그물 안으로 고기를 끌어들이는 문, 물고기의 운동장이자 주머니라고 할 수 있는 통그물, 그것을 고정하는 밧줄과 닻으로 구성된다. 고정 장소에 설치한다고 하여 정치망, 자리그물이라고도 한다. 동해에서는 셋발(지레)덤장, 고개덤장, 초롱덤장 유형이 있었다. 어부는 하루에 아침과 저녁 두 번 산대로 덤장에 걸린 물고기를 퍼내서 배에 싣고 돌아왔다.[13] 그러나 덤장은 방렴에 비하면 지극히 제한적이었다.

명태잡이의 으뜸은 자망

19세기 말에 이르러 일본인 통어자가 출현한다. 통어자의 실상은 조선 바다로 침탈해온 일본의 약탈 어민이었다. 영세 조선인은 전통 어구어법에 머물렀으나 통어자는 달랐다. 그들은 한반도 해안에 자신들의 어구어법을 속속 선보였다. 가령 일본인의 수조망(手繰網)어법은 명태잡이에서 전혀 새로운 방식이었다. 수조망은 1890년경 일본인 어업자가 마량도어장에서 적용한 결과, 제작비가 비교적 적게 들고 어획량은 크게 늘어 일시에 성황을 이루었다. 그러나 자원이 축소되면서 1917년 이래로 쇠퇴한 것으로 보고된다.

수조망 같은 선진 어로기술이 낙후된 방식을 밀어내는 것은 당연했다. 언제나 두 조건이 요구됐으니, 환경과 자본이었다. 한국 풍토에 맞는지, 나아가 새로운 어로기술을 받아들일 재력이 있는지의 문제였다. 그러나 무작정 일본의 어구어법이 이식된 것만은 아니다. 전통 어구어법의 원형을 바탕에 깔고 일본식이 침투하는 식이었다. 일본에서 도입된 수조망이 급속히 널리 받아들여진 것도 한국의 어장 환경 및 전통 어법과 상통하는 점이 있었기 때문이다.

대한제국 말의 자료를 보면 조선의 어업이 낙후한 이유를 알 수 있다. 해산물 수요가 일본처럼 긴요하지 않은 것, 도로가 정비되어 있지 않아 차량 운송이 불편하여 설령 수요가 있다 하더라도 값이 비싸기 때문에 이를 공급할 수 없다는 것, 연안 수자원이 풍부하기 때문에 졸렬한 어법으로도 지방민의 수요를 충당할 정도는 충분히 어획할 수 있기 때문에 애써 정교한 어구어법을 택할 필요가 없다는 것 등이다.[14] 사실 수족자원이 풍부하여 굳이 정교한 어구어법이 아니더라도 충분히 필요한 양을 얻을 수 있었다는 지적은 타당하다.

명태어업의 으뜸인 자망은 19세기 후반에 들어와 널리 확산됐다. 1892년 무렵 일본인 통어자에 의해 건착망(후릿그물)을 본뜬 홀치망(忽致網, 수조망)이 명태어업에 도입됐다. 1909년 무렵 일본의 대부망(大敷網)과 비슷한 거망(擧網)이 보급되어 자망이 크게 억제됐다. 연승, 자망, 거망은 각기 장점이 있어 동시대에 병존했다. 1900년경 원산 남쪽에서는 지인망과

자망, 연승이 도처에서 행해졌으며, 수조망은 차호 부근에서 최대한 이루어졌다.[15]

1908년 마량도의 경우 어구는 연승, 거망, 자망, 조망이었다. 함경북도에서는 연승 또는 거망, 함경남도에서는 4종을 공히 병용했다. 연승은 남북 간에 보통 사용했으니, 영세한 조선 어민은 전통적 연승을 지속했다. 자망 또는 수조망을 사용하는 곳은 홍원 이북동, 단천에 이르는 해안인데, 수조는 일본 어부가 사용하는 망을 적용한 것으로 '근래에 시작됐다'고 했다.[16]

1908년 《한국수산지》에 나오는 명태자망은 고정 자망류다. 아예 한글로 '명태그물'이라고 기재하여 자망이 명태잡이의 대표 어구였음을 증언한다. 함경도 연안에서만 사용한 어망으로, 한때는 명태 어구 중에서 가장 많이 사용됐다. 수조망이 들어오면서 이에 압도되어 그 수가 크게 감소했으나 대한제국 말까지 함경남도의 주요 어구였다. 《한국수산지》에 그려진 자망은 19세기 말 일본 어구어법의 영향을 받았지만, 정제된 방식으로 새롭게 개량하여 선보인 전래 명태자망이다. 어법의 발달은 환경 조건에 부합할 수밖에 없는 운명이기 때문에 개량은 필수였다.

자망은 걸그물(Gillnet)이다. 위쪽에 뜸(浮子)을 달고 아래

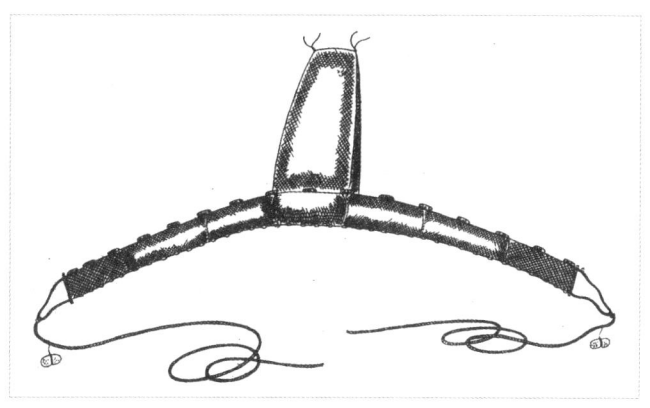

1890년대에 일본인에 의해 도입된 명태잡이 수조망, 한국수산지 1권, 1908

쪽에 발줄과 발돌(沈子-錘)을 단 장방형 그물이다. 어도(魚道)에 울타리처럼 쳐두면 지나던 물고기가 그물코에 꽂히거나 얽힌다. 어떤 종류, 어떤 크기의 물고기를 잡느냐에 따라 그물코 크기가 결정된다. 부설 방법에 따라 고정 걸그물류, 흘림 걸그물류, 두리 걸그물류, 깔 걸그물류로 분류한다. 명태자망은 해저에다 울타리처럼 길게 치는 그물이라 닻을 내려 하루에서 수일간 쳐둔다. 동해에서 청어, 대구, 넙치, 가자미, 삼치, 전어, 곱상어, 전갱이, 고등어, 정어리, 방어, 감성돔, 가오리, 게 등도 자망으로 잡는다. 명태그물은 깊은 바다에 놓기 때문에 지자망(底刺網)으로 분류된다.[17]

19세기 《임원십육지》〈전어지〉에서는 "칡을 캐서 껍질을 벗겨 꼬아서 가는 줄을 만들고, 이것을 다시 매듭을 지어서 망을 만든다"라고 했다. 19세기에는 칡이나 새끼, 삼과 함께 좀 더 정제된 견사와 면사도 사용됐다. 어망 짜는 기술도 발달했다. 조선 전기에는 정사각형 곧추마르기 형태였으나 후기에는 빗마르기 형태로 만들어졌다.[18] 그러나 여전히 어민의 대부분은 명태 연승을 취했고 그물어법은 지극히 제한적으로만 쓰였다.[19]

쉽게 재료를 구할 수 있는 갈망(葛網)은 오랜 기간 폭넓게 쓰였다. 1908년 《한국수산지》에 따르면 그물감은 모시풀 저마(苧麻)였다. 그물 재료는 칡이나 새끼 등 나무껍질류에서 더 섬세한 인피섬유인 삼으로 발전하고 있었다. 간혹 면사도 사용했으나 영세한 조선인은 면사 사용이 어려웠다. 그물코는 36코, 2촌 4분이었으며, 길이는 200척으로 편망(編網)하여 이를 100척으로 축결(縮結)했다.

일본에서는 1890년 말부터 근대적 방직업이 발전하여 면사망(綿絲網)이 대량생산됐다. 그리하여 비교적 저렴한 가격의 면사망이 보급되기 시작했다. 이것이 한국에도 수입되어 불편하고 낙후한 갈피망(葛皮網), 고승망(藁繩網), 마사망(麻絲網)을 대신해 나갔다. 면사망의 출현은 당시로서는 혁명적 변화였다.[20] 그러나 조선의 영세 어민에게는 부담스러운 가격이었고, 일본인 전용 그물로 쓰였다. 조선 어민이 연승에 전념할 수밖에 없었던 현실적 이유다.

자망어법에 대해 설명해보자. 우선 이른 아침에 어부 열두 명이 너비 12척, 길이 35척 정도의 어선을 타고 어장에 나간다. 한쪽 부표부터 투입하고 조류를 가로질러 어망을 연속적으로 투망해 나간다. 어군이 특별히 많은 것으로 보일 때는 어망을 단계적으로 쳤다. 그리하여 전체 어망을 설치하고 나면 또 하나의 부표를 달았다. 어기가 혹한기이므로 어부들은 모피로 만든 가슴받이, 정강이받이, 토시 등의 방한구를 준비했다. 가슴받이는 볏짚으로 받침을 짜고 그 외부에 쇠가죽을 입혀서 만들었다.

국권피탈 후인 1910년대에는 조선인도 연승 위주에서 그물어업을 많이 도입한다. 어구는 거망과 자망이었다. 거망은 한 번의 어기 동안 정치하는 것과 일정치 않은 것이 있다. 정치 어장은 강원도 149개소, 함경남도 65개소, 함경북도 96개소 등이었다. 어획고는 평균 400~500원이고 때로는 1000원 내외에 달했다. 정치 수는 세 개 도를 통틀어 약 600통에 달했다. 일제의 식민지로 편입되면서 일본의 모든 어업 기술이 적용된 결과나. 그만큼 이자원 수탈이 감행된 것이다 그러나 조

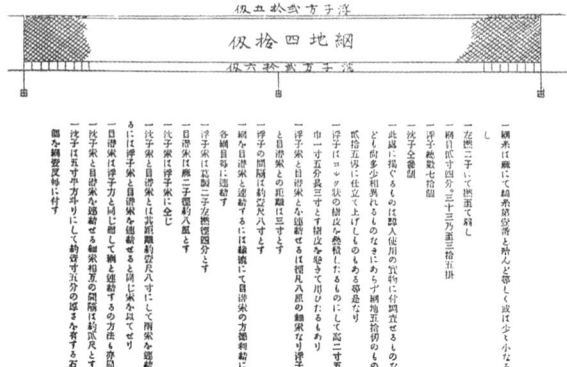

명태자망 상세도.
대일본수산회보
230호, 1901. 9. 30

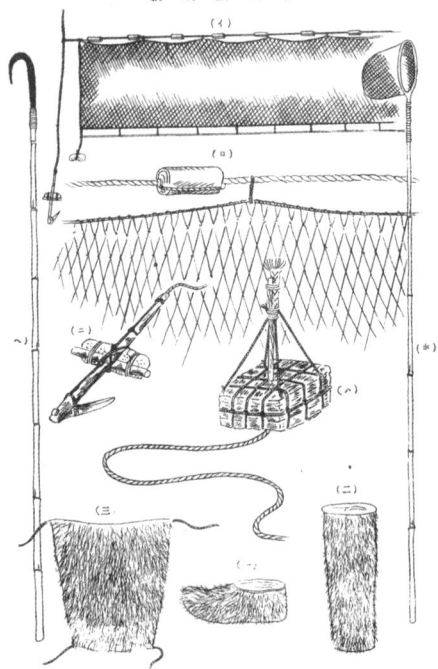

명태자망 그물과
어구. 한국수산지 1권
16도(圖), 1908

선 어민은 여전히 값이 싼 연승을 선호했다.

해방 이후 함경도 사정에 대해서는 북한 자료밖에 알 수 있는 방법이 없다. 1950년대 신포의 경우 명태자망과 주낙이 함께 쓰였다. 20세기 초반의 사정과 다를 게 없었다. 달라진 것이 있다면 '키 높이 자망'이라고 하여 위아래 폭이 깊은 자망을 물속에 넣어 수직으로 상승과 하강을 하는 명태 떼를 잡아들였다는 점이다.

포사와 면사, 떼와 스티로폼

19세기의 큰 그물은 대체로 칡줄(葛繩)을 이용한 갈망이었다. 칡은 구하기가 쉽고 가공이 쉬우며 바닷물에 견디는 힘이 강했다. 서유구는 〈전어지〉에서 갈망에 대해 이렇게 말했다.

> 요즘 사람들은 칡을 캐어 껍질을 벗겨 꼬아서 줄을 만들고, 이것을 다시 매듭을 지어서 망(網)을 만든다. 대망은 길이가 혹 수 장(數丈)이 되는 것도 있거니와, 너비도 여러 백파(百把)에 달하는 것도 있다. (…) 모두 당망(塘網)과 같은 것이다.

칡줄로 엮은 그물의 크기가 상당히 컸음을 알 수 있다. 마(麻)로 만든 그물도 쓰였다. 어조망을 마승(麻繩)으로 만든다고 했다. 생마 껍질을 잘게 쪼개어 실 가닥을 만드는데, 외줄로 꼬거나 합사하여 쌍줄로 만들었다. 이와 같이 하면 꼰 것이 아주 견고해지며, 물에 들어가면 더욱 굳세고 강해진다고 했다. 주변에 흔한 칡이나 마를 이용해 바닷물에 견디는 튼튼한 그물을 제작하는 법을 터득하고 있었다는 뜻이다.

칡그물은 비교적 오랫동안 쓰였다. 면사가 처음 등장했을 때, 면사의 장력이 마사를 사용하는 어민의 눈에는 약한 감이 있었기 때문에 호의적이지 않았다. 실제로 면사는 장력이 약했다. 따라서 칡그물의 장기 지속성은 나일론이 등장하기 전까지 비교적 오래 보장됐다.[21]

후대의 것이기는 하지만 북한의 1963년 조사 자료에도 함경도에 칡줄이 등장한다. 칡줄만이 아니라 피 껍질 같은 소재도 이용됐다. 떼를 뭇고 그물을 뜨는데, 그물은 피 껍질, 삼노, 칡 껍질, 베실(포사·삼실) 등으로도 만들었다. 피 껍질은 질긴데 비싸서 큰 기업주만 사다가 썼다. 피, 삼, 칡은 원산지가 강원도 철원·고산·용천 지방인데, 원산장에서 사왔다. 상인은 가을이 되면 어민이 칡을 요구해오겠거니 하고 농촌을 다니면서 돈을 주고 계약해두었다가 수매하여 원산장에 가져가 팔았다. 피, 삼, 칡은 원산에 가면 얼마든지 구할 수 있었다. 피를 가져다가 불려서 진을 뺀 다음 잘게 째고 실을 뽑듯 잣는

그물을 보수하는 어민. 속초문화원, 1950년대

다. 먼저 꼰 것을 옹지(옹이의 함경도 방언)에 걸고 밧줄을 꼬는데, 이때 기업주가 노동자에게 일감을 나누어주고 보수를 지불했다.

   기업주는 사람을 갑산에 파견하여 선금을 주고, 삼 삶이로 만들어진 포사를 가져다가 어부들에게 그물을 뜨게 했다. 조선 후기 문관 남구만(南九萬)의 《약천집(藥泉集)》에 따르면, 갑산은 삼수와 함께 가장 험한 산골이라 귀양지의 하나였다. 남구만은 신라가 삼국을 통일한 이후 고려의 전성기까지도 동북면은 국력이 신장되지 못했다는 것을 이유로, 그 밖에 회령·경성·무산 등지의 지명을 열거하며 북호(北胡) 대비책을 설명했다. 그의 시대에 삼수, 갑산은 첩첩이 이어진 고개와 큰 산줄기밖에 없어서 진입로가 단지 함흥, 북청, 단천 세 곳만 있었다. 함흥 길은 삼수군 9일 노정, 북청 길은 갑산부 4일 노정, 단천 길은 갑산부 5일 노정이었다.[22] 산골 사람들은 그 먼 길을 걸어서 포사를 팔아 먹고살기 위해 해안까지 내려왔다.

   소규모 어업자는 포사를 근처 장터에서 부업 삼아 삼 삶이를 한 농민에게 사거나 중국 상인에게 사서 썼다. 포사와 피망 이용은 수백 년 전부터 있었다. 홍원군 읍리 김호묵의 조부 때 들망, 망선을 했다는 이야기를 들었다고 한다. 들망은 피 껍질, 망선은 포사로 제작하다가 면사를 사용한 것은 50년 전부터다(1963년 구술이므로 일제강점기 직후부터 면사 사용). 면망은 목화 문제가 있어 그전에는 발전하지 못했다.

그물 작업은 동지섣달에 시작한다. 섣달에는 명태가 알을 낳은 뒤이므로 잘 걸리지 않는다. 그물은 바람이 부는 방향대로 놓는데, 그것은 당시의 풍습이었다. 그물 위쪽은 웃베리(벼리)로, 아래는 밑대로 연결한다. 50발을 놓으면 처음, 중심, 마지막에 떼를 달며 떼 단 곳을 표식하기 위하여 산으로 가늠한다. 가운데의 떼가 좀 작다. 닻은 바람 방향을 봐서 처음에는 한 개를 다는데 물에 떠내려가지 않게 하기 위해서다. 떼는 굴떼로 묶는다. 떼를 건질 때는 상앗대를 쓰는데 긴 장대 끝에 구멍을 뚫고 나무를 끼워 만들었다.

1910년 《한국수산지》에 따르면 뜸은 굴참나무 껍데기로 만들었다. 길이 4촌, 너비 2촌 5분의 껍데기 4~5매를 포개어 두께 2~3촌이 되게 하여 이에 대꼬챙이 못을 쳐서 만들었다. 뜸은 1척 7촌 사이에 한 개씩 달았으며, 어망 한 폭 분의 총수는 70개였다. 발돌은 무게 200돈 정도의 자연석을 어망 한 폭에 3~6개를 매달았다. 부표는 굴참나무 껍데기를 사방 3척, 두께 8촌으로 포개어 칡줄로 단단하게 묶어서 만들었다. 중앙에는 5척 정도의 막대기를 세우고 그 선단에 조릿대를 묶어 눈에 잘 띄게 했다.

그물은 엉키기 쉬우므로 물이 빠르면 팽팽하게 놓고 그렇지 않으면 천천히 놓는다. 그물을 놓은 후 하루 건너 들었으며 네댓 대 정도 여유가 있어 날마다 교체하곤 했다. 그물 보관은 건조한 곳에 장대를 세워놓고 가랑말을 세운다. 가랑말에 넣어 말리고 그다음 덕대에 넣어놓는데, 웃베리가 밑으로 가게 넣어서 빗물로 깨끗이 씻는다. 그 후 보망(그물 수리)을 하고 타리를 지어 온기가 있는 윗방에 노전을 깔고 모아놓는다. 가랑말에 걸어 잘 말린 떼, 베리, 살을 다시 물에 넣으면 그물이 빳빳이 선다. 그물 수명을 늘리고 생산성을 높이는 데 크게 도움이 된다. 덕대에 말린다는 것은 완전히 말린다는 뜻이다.

거진항 어민의 자망
어민 구술

명태는 다니다가 그물코에 걸립니다. 그물코는 2치 2푼이 보통인데, 2치나 2치 4푼도 있습니다. 2치 4푼은 명태가 컸을 때 쓰는데 별로 안 씁니다. 2치 2푼은 3~4센티미터 정도 되는데, 명태가 코에 걸리면 앞으로만 가려고 하니까 어쩔 수가 없지요. 명태는 후진을 할 줄 모르고 전진만 하려는 놈입니다. 머리가 아주 안 좋은 놈이지요. 그물은 한 닥에 5두름에서 10두름(200마리)까지도 잡힙니다. 만약 50닥을 놨다고 하면 500두름까지도 잡힙니다. 그물을 끌어올릴 때는 손으로 당기면 힘이 많이 들지만, 1·4후퇴 때 여기 오자마자

기계로 당깁니다. 기계로 감는 것을 로라라 하고 로라에 달린 손잡이를 토시라 하지요.

구술 내용을 정리해보자. 자망 시작은 비교적 오래됐다. 고등어잡이부터 시작했는데, 면사로 그물을 만들었다. 면사그물로 잡기 이전에는 대부분 주낙을 했다. 그물이 있긴 했는데, 여자가 집에서 바디를 가지고 손으로 떴다. 자망으로는 주로 새치나 고등어를 잡고 명태를 잡기도 했다. 나일론자망이 생산된 지는 얼마 되지 않았다. 1960년대 이후 나일론그물을 사용했다. 이 지방에서 명태잡이를 시작할 때는 그물이 모두 외망이었다. 연어잡이 그물인 삼마이(삼중망)를 가지고 명태를 잡기 시작했다. 적어도 대진 부근에서는 1967년까지만 해도 나일론그물이 보편화되지 않았으며, 삼중망도 명태어업에 적극 활용되지 않았다.

요즘은 그물을 길게 늘어뜨리고 스티로폼을 띄워 그 위치를 알리지만, 예전에는 굴피나무 껍데기를 여러 겹 쌓아 묶어서 부표로 이용했다. 돌멩이를 한 묶음씩 모아 추로 이용했다. 스티로폼은 1980년대부터 사용했다. 자망은 한 번 넣으면 열흘, 보름도 두기 때문에 성한 고기가 거의 없다. 연승명태(조태)와 자망명태(망태)는 입찰 가격부디 차이가 있다. 소비자에게 가면 열 배 넘는 차이가 난다. '개도 물고 다닌다던 명태'가 '금태'가 됐다. 후릿그물로 명태를 잡기 위해서는 배가 50톤, 80톤 정도로 상당한 크기여야 했다. 일본인만 후리어업을 한 것은 아니다. 재력이 되는 조선 어부도 후리어업을 했다.

함경도 아바이의 구술사

마량도 출신 청호동 어민의 그물
어민 구술

이북에서 면사를 썼지요. 그물 높이는 몇 미턴지 모르겠고 폭은 12미터가량 됩니다. 윗줄을 '웃다불', 아랫줄을 '밑다불'이라 부르며, 낚시 때와 마찬가지로 우끼를 띄우는데 그것을 '선책'이라고도 하지요. 웃다불의 선후 끝에는 '선책', '후책'이 각각 하나씩 달려 있지요. 앞에서 먼저 놓는 것이고 끝에 가서 놓는 것은 후채기. 가운데는 없지요.

수심 깊이 들어가서 그런지 갈을 하지 않더라구요. 꽁치는 흰색을 잘 안 타고 바다색이나 황토색을 잘 탑니다. 꽁치가 그런 색을 잘 물고 흰 것을 갖다 놓으면 잘 안 받더라구요. 명태는 갈물 안 들여도 들어오는데 색을 잘 안 타더라구요.

한 배에 '한 닥'(닥은 그물 하나를 세는 기준)을 한 사람이 대여섯 닥씩 가져 다녔지요. 한 배에는 열 명 정도가 타고 다녔는데 낚싯배보다는 더 큰 배였죠. 15~16톤 정도. 선장, 기관장 그리고 다 선원이죠.

열두 명이 탄다고 치면, 두 명을 제외하면 열 명이 대여섯 닥씩 들고 탄다는 얘기. 그러면 50~60닥 이상이 됩니다. 배에 실어놓고 배가 나가면서 그물을 쭉 던지는 것입니다. 한 사람이 대여섯 닥을 던지는데, 40분씩 걸립니다. 돌에다가 줄을 매놓고 있는 것을 그물에 연결하면서 바로 던집니다. 그물 놓는 사람은 둘이고 나머지 사람들은 보조해줍니다.

구술 내용을 정리해보면 다음과 같다. 그물은 옛날부터 있었다. 면사그물인데 그물공장에서 사다 썼다. 그물공장에서 선구점이 받아서 어민에게 판매했다. 이북에서 내려왔을 당시에도 면사그물을 썼고 나일론으로 바뀐 것은 약 30년쯤(1970년경) 됐다. 면사그물은 갈을 했는데, 명태그물은 갈을 하지 않고 꽁치그물에 갈을 했다. 명태는 흰 그물에도 상관하지 않으니까 굳이 갈을 할 필요가 없었다.

높이 약 3미터, 폭 약 70여 미터의 그물 윗줄에는 다마(구슬)를 일렬로 달았는데, 이제는 플라스틱으로 단다. 유리 다마가 사라진 것은 15년(1985년경) 된다. 지금도 유리 다마를 단 것이 남아 있기는 하다. 다마 간격은 1미터 조금 빠지는 간격이다. 아랫줄에는 돌을 단다. 돌은 좀 컸는데, 직경 10센티미터 넘는 돌이다. 돌은 구슬처럼 미리 다 메어두는 것이 아니라, 바다에 나가서 함지에서 그물을 풀어 던질 때마다 하나씩 매단다. 돌을 매다는 순서는 함지에서 그물이 풀리는 순서와 같다. 그래서 돌을 다는 데 시간이 꽤 걸린다.

그물은 아침에 놓는데, 새벽 4시경에 아침식사는 안 하고 바다로 나간다. 나가서는 먼저 놓은 것을 당기고 그다음에 새 그물을 놓는다. 그물을 놓고 그다음 날 그물을 본다. 그물을 본 다음에 고기가 있으면 또 거기다가 놓고 없으면 다른 위치에 놓는다. 8시까지는 참을 먹을 시간도 없이 일하다가 8시 반경에 각자 싸온 밥(군대 항고[찬합]에다 갖고 옴)을 먹고 잡은 고기로 국을 끓여서 먹고 또 그물을 놓기 시작한다. 오후 12시나 2시경에 돌아온다. 도착하면 그물을 부리고 손질한다. 점심은 배에서 먹을 때도 있고 집에서 먹을 때도 있는데, 일단은 그물을 부려놓고 밥을 먹는다. 고기를 올릴 때는 로라(롤러)로 감아서 별 힘이 들지 않으니까 밥 먹는 데 큰 문제가 없다. 그물을 당기면 달리 손질할 필요 없이 하역한 다음에 그물에서 고기를 떼어낸다. 겨울이니까 상하지는 않는다. 귀가 시간은 정해져 있지 않고 그날의 어획량에 따라 달라진다. 고기가 많이 잡힌 배에서는 일하는 속도가 느리기 때문에 늦게 돌아오고 수확이 좋지 않은 배는 상대적으로 빨리 귀가한다.

자망과 주낙을 병행한 것은 서로의 특장 때문이다. 주낙은 소자본 경영이 가능하고 명태 이동을 쫓아서 수심과 관계 없이 자유롭게 어구를 사용할 수 있는 안전한 조업 방식이다. 주낙은 무엇보다 그날 어획하는 당일바리라서 명태의 살이 벗겨지지 않아 선도가 높다. 생태는 주낙이 자망보다 훨씬 좋다. 반면에 자망은 그물을 다음 날 걷어야 하며 날씨가 안 좋아서 조업이 불가능하면 며칠 뒤에나 그물을 거두어 선도가 나쁘다. 그물바리는 생태로는 부적당하지만 물을 많이 먹은 터라 이를 말리면 북어용으로는 더욱 적합하다. 그물바리는 비싼 어구가 요구되어 일반 어가에서는 경영이 어려웠다. 정문기가 분석한 1934년의 어업 경영에서 함경도는 주낙 어선이 785척, 자망은 이의 절반 정도인 383척이었다.

경성군, 어랑군 그물　　　　　　　　　　　　　　　어민 구술

그물 재료로 칡의 속껍질(총울치), 피나무 껍질, 삼 껍질, 면사 등을 이용했다. 그중 총울치와 피나무 껍질을 많이 썼다. 칡을 그물 재료로 쓸 때는 마디로 자른 칡을 가마에 넣어 푹 삶아낸 다음에 물에 불구어(불려) 껍질을 벗겨냈다. 그 속에서 새하얀 명주실 같은 것을 뽑아내어 물레에다 물려 노끈을 뽑아내어 썼다. 《임원십육지》〈전어지〉에서는 이에 대해 칡 줄기로 새끼를 꼬아 그물 둘레를 마무리하고 떼를 달아 그물을 만드는데 갈망이라 힌디고 했다. 동해안에서는 강원도 철원, 고산, 통천의 피나무 껍질을 가져다 물에 우려 진을 뺀 다음 잘게 찢어 자새로 자아낸 노끈과 밧줄로 그물을 만들었다. 그 밖에 갑산 지방의 굵고 질긴 베실인 포사로 그물을 떴다. 자망질은 물고기가 많이 다니는 곳에 그물을 세워놓았다가 물고기가 그물코에 걸리면 따내는 방식이다. 고정자망질로는 명태, 대구, 임연수어, 청어 등을 잡았다. 동해의 물이 깊고 조석의 차이가 그리 없는 실정에 맞게 고정자망을 물 밑에 설치하기도 하고 물 위에도 설치했는데, 이것을 물밑자망과 뜰자망이라 불렀다. 물밑자망은 아래벼리를 물 밑바닥에 가라앉혀 놓으며 뜰자망은 웃벼리를 물면에 드러나게 설치한다. 동해 고정자망으로 이름 높았던 것은 명태자망, 대구자망, 청어자망, 가자미자망 등이었다.[23]

배무이와 선장의
전통 지식

소규모 무동력선과 사라진 전통 배

조선시대에는 어업의 진흥보다 선세, 어세, 염세 등을 통한 세수 확보에 더 골몰하여 수산업의 자본제적 발전을 도모할 수 없었다. 내재적 발전의 길이 막힌 어민은 사회 하층민으로서 먹고살기에 급급한 지경이었다. 어선 역시 세수 대상으로만 간주됐다. 1746년(영조 22)에 편찬된 《속대전》에서는 어선을 등급으로 나눈다. 대선은 수세 목면 세 필, 중선은 두 필, 소선은 한 필, 소소선(小小船)은 반 필이다. 조선 어민의 처지는 대부분 소선도 아니고 최하등선인 소소선이었을 가능성이 높다. 길이 9미터 이상은 대선, 3미터 내외를 소선, 2미터 내외를 소소선이라 했다. 2미터 이하의 소소선은 20세기까지도 흔히 존재하던 전마선(傳馬船) 수준의 작은 배였다. 이런 배는 큰 자망을 칠 수 없고 주로 연승낚시업을 주종으로 했다.

그러나 제한적 범주에서나마 중선이나 명태잡이 대선이 19세기 이래로 출현하게 된다. 이들 배는 선주와 고용된 어민 사이의 자본제적 관계를 형성하는 노동 방식을 취한다. 어업 기술사 측면에서는 그들 나름의 자본력을 갖춘 명태어업자들이 어선보다는 방렴 같은 정치망을 더 선호한 측면도 있다. 설치에 많은 비용이 들지만 항시적으로 그물에 들어오는 고기를 어획할 수 있는 방렴이 어선보다 더 안전하고 풍족한 어법이었기 때문이다.

당시 명태잡이 어선의 실체는 전해지지 않는다. 일제강점기 조선과학관에 소장된 조선 배 모형 중에 함경도 명태잡이 배가 있다. 중선이며, 길이 53척(약 16미터), 너비 1척 5촌(약 4.5미터)으로, 약 1.5톤 선급이다.[24] 배에는 비바람을 피할 수 있는 초막이 있다. 1.5톤이므로 작은 규모지만 조선시대 기준으로는 대선에 속한다. 이 정도 크기면 10여 명의 어민이 공동 조업을 할 수 있어 어망 투하가 가능하다.

20세기 초반에 들어서면 일본인이 어업을 주도하는 상황에서 일정한 부를 축적한 조선인 선주가 등장한다. 그들은 자망을 사용하는 대선어업을 경영했고, 명태 건조 덕장과 연결되어 비교적 큰 어업으로 발전하고 있었다. 그러나 대부분의 조선인은 열악한 어업 수준에 머물렀다. 해방 시점까지 이러한 상황이 개선될 조짐은 거의 없었고, 대다수 조선인은 작은 배로 조업하는 연승어업을 할 뿐이었다. 낙후된 사정은 해방 공간까지 그대로 이어졌다. 유의할 것은 현대의 2톤 미만과 풍력선 2톤 미만은 같은 톤수지만 승선 인원과 활용성에서 차이가 난다는 점이다. 조선 후기-일제강점기-해방 공간의 명태잡이배는 대부분 2톤 미만의 무동력선이었으며, 그 배로 많은 양의 명태를 잡아들였다.

   선박의 낙후성은 장기 지속적이었다. 동해 어선의 규모는 1950년대까지도 소규모였다. 일제강점기에 동력선이 이미 등장했으나 조선인은 제한적으로 소유했고, 해방 이후 1950년대에 들어와야 동력선 비중이 커지기 시작했다. 1959년 기준 명태 어획고의 97.4퍼센트를 차지한 강원도의 명태연승업의 경우 5~10톤 규모의 동력선이 많았다. 한국전쟁 이후 동해에서 서서히 동력선이 증가하고 어선 톤수도 증가한 것으로 보고된다. 1965년 한일기본조약 체결 이후 대일청구권 자금으로 중고 선박 발동기가 도입된 것으로 보고 있으나 이미 1950년대 중반 이후 풍선에서 동력선으로 전환되고 있었다. 그러나 척 수에서는 1960년대 중반까지도 여전히 무동력선의 비중이 높았다. 영세 어민이 다수였다는 뜻이다.

동해안 강원도의 명태어업은 험난한 조건 속에서도 서해안에 비하면 그나마 동력선 작업 비중이 높았던 것으로 보인다.[25] 다음 표의 통계에서 알 수 있듯이, 동력선은 10톤 이상의 준대형화가 됐다. 하지만 그 수가 적었다. 반면에 무동력선은 불과 2톤 이하의 작은 배가 무려 85퍼센트 이상을 차지하던 열악한 현실이었다. 또한 판매 유통 수요가 제한적인 시대 상황 속에서 낙후된 조업은 장기 지속적으로 이어졌다. 다만 어선 선세의 취약성에도 명태 자원이 풍족했을 뿐이다.

배의 형식상 전통 배는 일찍이 사라졌다. 동해에서 끝까지 살아남은 것은 떼배다. 전통 배가 대부분 사라진 조건에서 떼배는 중요한 역사 자료다. 창경바리에 쓰이는 떼배가 아직도 잔존한다. 미역 채취 같은 간편한 어업을 위한 떼배의 필요성이 여전하기 때문이다. 떼배는 나무를 엮어서 만든 일종의 뗏목이며, 제주도 떼배처럼 한국 선박사의 원시 고형이다. 떼배가 일부 삼척·울진·울릉도 등지에 남아 있으나, 과거의 것과는 많이 다르다. 물론 떼배는 명태잡이와는 전혀 상관이 없다.

다음의 구술은 20세기 전반에 생성됐던 전통 선박의 존재 양태를 말해준다. 그 전통 선박이란 개념은 전통 한선이 아니고 일제강점기에 개량되어 대략 1920년대 이후 새롭게 탄생

1964년과 1965년의 어선 세력 비교

구분	1964년		1965년	
	동력	무동력	동력	무동력
척 수	6,463.00	42,253.00	7,572.00	43,480.00
톤수	86,514.29	80,908.70	119,515.43	83,648.89
마력 수	189,702.00	-	260,700.70	-
척당 평균 톤수	13.38	1.91	15.78	1.92
척수 비율(%)	13.20	86.80	14.83	85.17

출처: 수산청, 1966

함경도 명태잡이배 모형, 선의 조선, 1930년대

한 어선일 것이다. 다음의 구술은 선박의 지역적 다양성을 말해준다.

주문진 소돌의 배 명칭   어민 구술

뒤에서 선장이 하는 노는 한놀이고, 옆에 있는 노는 옆놀이라 하죠. 맨 앞은 한창놀이라고. 한창놀이나 옆놀이나 다 참나무 가지고 만들지요. 그 위치가 다르니까 그 위치를 갈키는 거죠. 제일 중요한 거는 사공이 하는 그거. 다 서서 노를 젓는데, 사공이 젓는 거는 방향을 좌측으로 가면 또 좌측으로 가게 하고 우측으로 가면 우측으로 가게 하고. 깅까 방향을 잡는 거죠. 큰 배들도 키 한가지죠. 이 배에도 바람 불고 하면 풍 달고 할 찍에는 키를 꽂아야지요.

    강원도 주민 및 한국전쟁 이후 정착한 월남 어민의 구술은 이북에서 전해진 차이배나 과거 전통 어선의 부위별 명칭이 잔재함을 알려준다. 배와 연관된 명칭에 일본어가 섞여 있는 것은 일본 기술의 영향을 받은 데서 비롯한다. 가령 가이싱구 같은 말은 분명 일본어다. 다음의 구술에서 강원도 토속 배의 명칭이 드러나며, 그다음 구술은 함경도 영향을 받은 차이배를 설명한다.

주문진 소돌의 명태잡이배

어민 구술

명태바리배는 1톤 미만 됩니다. 특별한 이름 없이 기양 목선이라 했죠. 앞은 잇물, 뒤는 도모, 돛대가 앞에 하나 있고 뒤에 있고. 뒤에 께 크죠. 앞 돛대는 작은 돛대, 뒤의 것은 작은 양호돛대.

고기는 대개 앞에다 넣죠?

아니, 이게 칸수가 많습니다. 정확한 칸수는 기억을 못 하겠는데⋯. 맨 뒤에는 사람이 잘 수도 있는 방짱이라 이런데, 총 여섯 칸 정도 되고. 큰 돛대 앞에 세 개, 뒤에 세 개 있고 그래 될 겁니다. 방짱까지 침실까지 세 칸, 총 여섯 칸이죠. 방짱 외에는 다 고기 쟁기는 거죠. 개인 할 적에는 막 그 자기 칸 다 찾아가지고 다 넣고. 새벽에 나가지고, 풍선이기 때문에 바람이 좀 있고 이럴 찍엔 빨리 들어오지만도 바람이 없고 이럴 쩍에는 노 저어서 들어오기 때문에 늦어지거든요. 여섯 사람이 다 그 낚시를, 그 고기를 잡아가지고 준비를 다 해가지고 들어오자면 시간이 너무 늦어지거든. 모자라거든. 겨울철이기 때문에. 그래서 여섯 명으로 딱 티오를 만들어놓 기죠.

돛대는 밑이 넓지요. 큰 차이 없습니다. 중심으로 세로로 뻗은 나무는 낙엽송. 활대는 대나무. 활대는 배가 클 때고, 작은 배하고 개수가 틀리죠. 그것도 뭐 본 지 하도 오래돼가지고. 천은 광목. 광목에다 검은 황토 있지요? 황토에다 물돌여 놓으면 비가 맞아도 수

명이 상하는 게 덜하죠. 황토가 빨겋잖아요. 그때만 해도 배 놓는 사람을 목수라 이래거든요. 목수가 이제 한곳에 살지 않고 주문진이나 저 양양 쪽에 있으면서 전문적으로 배를 놓는 사람이거든요. 그 사람을 데려다가 놓죠. 배를 마을에서 이런 불(모래벌)에서 만들어가지고 한 척에 얼마씩 주문해가지고 만들죠.

신포 마량도의 차이배
어민 구술

고데구리라고 해서 저인망선으로 끌어서 잡았지요. 일정 때부터 기계배가 들어왔지요. 상당히 빨랐지요. 솔직한 얘기로 그 당시 발전하기로는 북에서부터 발전했지요. 피란민들이 나와서 일주일만 있으면 다시 수복한다는 각오하에서 나왔던 것이지요. 당시에도 풍선은 있었는데, 돛단배, 차이배도 있었지요. 황포돛배가 바로 차이배지요. 피란 나올 때 그런 배를 타고 나왔는데 아주 크지요. 톤수로 한 10톤. 목선이 10톤이면 굉장히 컸지요. 선원들 예닐곱 명 정도가 타고 다니지요. 선장 다음에 고물사공, 선장을 보조해서 다니는 사람이지요. 사공, 화장, 일반 선원은 배선원(뱃동서라는 말은 안 씀). 배 구조는 앞이 뾰족하고 뒤가 뭉뚝한 전형적 풍선이지요. 돛대는 둘 있었는데 뒤의 것이 길었고, 앞은 이물대, 뒤는 고울대, 선수는 이물, 선미는 고물이라 불렀지요.

배 옆으로 모아지는 곳은 가이싱구라 하는데, 뭐라 불렀는지 기억이 안 납니다. 고기는 앞에다 놓는데 어창이지요. 선원은 뒤쪽에 타는데 선실이지요. 칸은 만들어놓기에 따라 달랐지요. 맨 뒤 고물에는 치와 같은 따리가 달려 있지요. 노는 한쪽에 세 개씩 여섯 개는 되어야 했고, 따리에는 손잡이인 창손이 박혀 있지요. 고물사공이 따리를 조절하지요. 옛날에는 기계배보다 이런 배가 많았지요. 마량섬에 기계배가 나타난 것은 오래전부터지만 어업은 주로 차이배로 작업했지요.

풍선이니까 바람으로 이동해야 하니까 돛을 달게 되면 바람이 오면 바람을 받아야 된단 말이야, 바람을 안아야 된다는 말이지. 돛은 참대를 써서 활대를 만들지. 아래가 더 넓고 위가 좁지요. 아디라는 게 있는데, 바람을 안게 되면, 바람을 많이 끌어당겨야 속력을 많이 받는데 아디라고 줄이 있는데, 그것으로 펼쳐지는 부분을 조절하지요. 바람이 강해지면 감당을 못 하니까 위의 것을 내려서 묶지요. 고울대와 이물대 역할은 같은데, 배가 크니까 하나 가지고 못 견디니까 두 개를 세운 것이지요.

속초 청호동의 배
어민 구술

보통 4톤짜리 배를 많이 부리지만 간혹 10톤 되는 배도 있었지요. 배의 부분 명칭은 앞부분부터 잇물, 선창, 방장, 뒷도모 순인데, 이북에서나 여기서나 다 도보라고 하더라구요. 앞은 앞도모가 아니라 그저 잇물이지요. 선원들은 방장에 있는데 작은 선실이 있지요. 선장실에 선장 있고 기관장실에 기관장 있고 방장에는 선원들 들어갈 정도는 되지요. 옛날에 6~7명 타고 갈려면 한 10톤. 옛날로서는 큰 배였고 보통 4~5톤짜리. 옛날에 명태 잡던 배를 부르던 이름은 없었지요. 그때 당시에는 여기는 다 명태잡이배들이니까 별다른 이름이 없었지요. 지금은 어망배, 자망배들이 많지만 그때만 해도 딱 명태낚시하는 배하고 그물로 땡기는 명태배밖에 없었지요.

함경도에는 운반선 중다우배도 있었다(홍원, 1963년 조사 자료). 중다우배는 겨울에 쓰던 망선인데, 8~10명이 물고기를 나누기로 하고 이용한다. 배를 세내어 삯을 받고 물고기를 싣는다. 배 깃 한 깃을 놓고 참가 인원에게 등분하여 준다. 여기에는 명태망선에서 일하던 노동자가 참가한다. 노동력이 많고 적음에 관계없이 똑같이 나누었다. 똑같이 나눈 것은 과거부터 한동네에서 함께 일해온 인심이 그러하기 때문이다.

배 값은 동이당 얼마 식으로 현금으로 환산했다. 하륙 대상지에서 잘 팔리는지의 여부에 따라 차이가 있었다. 중다우배에 옮겨 실으면 모리배에서 한 사람이 옮겨 탄다. 대신에 중다우배에서 모리배로 한 명이 건너간다. 노력 보충 형식이다. 모리배와 중다우배의 관계는 종속 관계다. 중다우배는 많기 때문이다. 그 때문에 중다우배는 모리배에게 잘 보여야 다음에도 싣게 된다. 모리배에 건너간 사람은 죽어라 일하지만 중다우배에 건너간 사람은 하면 하고 말면 마는 식으로 일한다. 중다우배는 선가만 가지고는 수지가 안 맞는다. 잘만 하면 모리배에서 이득을 얻는다. 잘만 되면 선가가 낫다. 한참 싣다가 남은 것이 있으면 경영주가 인심을 쓴다. 모리배에 물고기를 실을 때에는 산대로 막 퍼서 실으나 하륙할 때는 양손에 한 개씩 쥐어 던지면서 개수를 센다. 육지에 도착해서는 객주에게 넘겨주고 문서를 받아가지고 경영주에게 전하면 그만이다.

어군 탐색과 기상 예측의 전통 지식

목측으로 고기 떼 발견하기, 바람 피하여 가기, 파도 방향을 보고 물길 잡기, 항로 등이 주목된다. 암초가 많은 지역에서 선장의 중요한 역할은 암초 피하기다. 기계배로 멀리 나가기 전에는 육지가 보이는 가까운 연근해어업이 주종이기 때문에 특별한 항로 지식이 요구되지 않았다. 산과 산 혹은 항구의 특정 건물 등을 표적으로 출어와 입항을 거듭했다. 가령 강원도 고성 거진읍의 경우 산정의 서낭당을 표적으로 가늠을 보아 들어왔다. 방향, 위치를 명확하게 기억하며 수백 개의 그물을 놓지만 헛갈리지 않고 비로 찾아온다. 이것을 '산아귀를 잡는다(산어귀 방향을 잘 잡는다는 뜻)'고 한다.

홍원군 어군 탐사(1963)　　　　　　　　　　어민 구술

- 고기를 잘 잡는 배를 만나서 방위를 서로 이야기할 때 '연길산이 수룽모 될 것이다, 석수봉이 두 점 내기다'라고 한다. 배가 가면 산이 옮기는 것 같다고 한다.
- 배의 거동을 본다. 고기를 못 잡으면 다른 배를 찬찬히 살펴보고 많이 잡은 것을 알리면 그곳을 찾아간다. 노련한 사람들이 배를 탔으므로 물결 이는 것을 보고 풍랑을 판단했다.
- 어제 고기를 잡은 것보다는 오늘 잡은 수를 보고 물고기 회유량을 판단한다. 여러 배에서 잡은 것을 본 다음 선을 그려보고 안다. 이렇게 회유 수층을 알고 주낙, 들망을 놓는다.
- 갈매기 거동을 보고 어군을 탐사한다.[26]

　　어군 보는 사람을 살주라 하는데 망을 봐서 고기 떼를 육안으로 알아차린다. 살주제도는 오래됐다. 살주는 선사시대에도 존재했을 것이다. 능한 살주는 15리 앞의 떼를 알아보며 어종도 판단한다. 동해에서는 고등어, 명태, 은어(도루묵)를 알아본다. 살주는 사공보다 높이 평가됐으며 노력 보수도 많이 받았다. 살주는 오랜 어로 경험이 있는 사람이 하는데, 어려서

청호동의 목선, 속초문화원, 1950년대

부터 총기가 뛰어나 같은 배를 타는 사람 중에서도 특출했다. 살주에게는 그 나름의 전승 기술이 존재했다. 사공이나 기타 어로 경험이 있는 사람들의 특별한 관심과 사랑을 받아 짬짬이 기술을 전수받는다. 동료들이 잠잘 때도 그를 불러다가 물

빛과 멀리 움직이는 것을 보고 스스로 판단하게 하면서 살주를 양성했다.

홍원군 어군 탐색과 살주(1963)   어민 구술

- 그물에 걸리는 물고기를 보고 안다. 그물 끝에 죽은 고기, 다른 끝에 산 고기가 걸린 것을 보면 죽은 고기 쪽에서 산 고기 달린 그물 쪽으로 물고기가 회유한다고 짐작한다.
- 갈매기 떼를 보고 안다.
- 배에 덕대와 종대를 매어놓고 그 위에 올라간다.
- 육지에 여러 명의 살주가 있는데, 먼저 삿갓을 들면 어군의 발견자로 인정되어 어로권을 가진다.

  명태는 '뜬고기'가 아니라 '밑물고기'이기 때문에 고기잡이도 이에 따라 발달했다. 어군이 성어기를 이룰 때는 대체로 수심 40~200미터 구간을 중심으로 탐색해야 하는데, 연안 수온이 높으면 깊은 곳으로 나가서 탐색하고 수온이 적당하면 연안에서부터 수심이 깊은 곳까지 광범위한 구역을 탐색해야 한다. 산란을 마치고 어군이 깊은 바다로 나갈 때는 수심 100미터 이상 되는 심해의 중층을 회유하면서 퇴각한다. 선장은 명태의 이런 속성을 잘 알아야 한다.[27] 또한 명태는 낮과 밤에 따라 수직 이동한다. 밤에는 바닥에 붙어 돌아다니다가 낮에는 중층에 뜨게 마련인데, 그물이 좀 가벼우면 뜨는 힘이 강해지는 관계로 뜨는 명태를 잡을 수 있다.

명태잡이배 선장의 중요 역할은 낚시나 그물을 어느 깊이로 드리울지 결정하는 것이다. 명태가 노는 적절한 수심을 노련하게 잡아내야 속칭 대박이 터지기 때문이다. 같은 어장에서도 이 배는 만선인데, 저 배는 텅 비는 수가 있다. 어느 정도로 낚시와 그물을 드리우는가 하는 선장의 노련한 감각은 오랜 경험이 빚어낸 민속 지식(Folk-Knowledge)이다.

선장이 찬물의 분포를 짐작할 수 있는 주요 수단은 줄을 풀어보는 것이다. 돌 무게에 따라 줄이 풀리는 깊이가 달라지는데, 몇 군데 줄을 다른 깊이로 풀어보아 명태가 많이 물리는 위치를 짐작한다. 이러한 경험에 의해 선장은 낚시를 몇 발 던진다. 결국 돌(추) 무게로 선장의 실력이 판정 난다. 어민은 한결같이 말한다. "과거에는 납추도 없고 어군탐지기도 없었기 때문에 선장의 머리에 의해 그날의 어획량이 결정됐다." 선장은 고단수의 경험적 지식 체계를 갖추고 있는지라 만만찮은 대접을 받았다. 그 같은 민속 지식으로 잡던 시절이 끝나고 첨단 어군탐지기가 등장했음은 어족 고갈의 신호음이기도 하다. 어군탐지기가 등장하면서 어부의 체험적 지식은

배에서 명태를 선별하는 어부, 1930년대

자망에 걸려 나오는 명태. 일본지리풍속대계, 1930

뒷전으로 밀렸으며, 잘나가던 선장은 실업자로 전락했다.

거진에는 낚시사공이란 존재가 있었다. 낚시사공은 떼사공과 뱃사공으로 나뉜다. 떼사공은 줄사공으로서 적당한 깊이까지 줄을 풀어주기도 하고 부기를 띄워주기도 하는 사람이다. 뱃사공은 '알기'[28]를 하는 사람인데, 타 지역과 달리 3면을 보는 것이 아니라 2면을 본다. 또한 선장에 따라서도 그 표시가 다른데, 그 나름의 노하우가 있다. 아야진의 경우 낚시사공은 연승이 사라지면서 맥이 끊겼다. 낚시사공에게는 짓을 더 주었다. 명태가 소멸하기 전까지도 연승 밋갑(미끼)을 냉동 창고에 넣어두고 간간이 찍어보고 하는 사람이 있었다.

거진항 낙사공
어민 구술

요 낙수로 고기를 잡고 못 잡는 데는 낙사공 손에 달렸지요. 바로 낙수를 놓는 사람이 낙사공이고, 선장은 어느 위치에 가서 배를 딱 세워요. 여기는 북방한계선이 있기 때문에 배들이 총총합니다. 여기는 외길입니다. 속초나 주문진이나 남쪽 배들은 '마(남쪽 방향)'로도 갈 수 있고 북으로도 갈 수 있지만, 거진은 갈 데 없습니다. 마 쪽으로는 속초 배나 아야진 배들이 올래 밀고 갈 데라고는 이쪽배끼 없는 거예요. 항상 거진은 단일로래요. 단일로로 가서 천상 불들 켜가지고 나가니까. 여기서 새벽 3시 빈에 나갑니다. 나가서 40분서 한 시간썩. 하여튼 40~50척, 70~80척이 짜악 서요. 서가지곤 누가 먼저 낙시 놓나 딱 봐요. 그럼 딱 누가 먼저 선창을 딱 질러요. 그럼 촉촉촉촉~ 낙수를 놔 나가요. 나가다 보믄 경계선이 거의 가오고, 그러잖으믄 조류가 북으로 흐르면은 미리 낍니다. 한 3마일 여유를 놔두고. 33분선이니까 30분선에 가서 낙시를 끼는 거예요. 낙수가 마이 남아 있잖아요. 또 내려와요. 까꾸로 또 놓습니다. 낙수 놓을 자리를 '통구리'라 그러는데, 그 통구리를 찾아서 너함지 놓고, 또 뒤고 또 딴 데 찾아가서 서너 함지 놓고 또 뒤고. 타임을 다 적어놓습니다. 적어놓고서 한 대여섯 군데 놨잖아요. 그럼 고 부근에 난 배들끼리 서로 연결을 하잖아요. "야, 그 희한하다야. 니하고 나하고 어떻기 밤에 난 기야…." 그게 인제 세 번째 난 건데, 땡기기는 세 번째 땡겨야 되는데, 이게 붙었다 이거야. 바쁘게 됐다. 그러믄 세 번째 땡길 걸 먼저 가서 땡기는 수도 있고. 서로 편의를 제공해야 되니까. 또 이거 연락을 안 하고 지 혼자 댕기는 놈은 죽습니다. 나가기 전엔 형님인데, 돌아올 땐 야 이놈으 새끼야. 이렇게 나오니까. 혼자 댕길 수가 없는 거예요. 기달려줘야 되는 거예요. 그렇게 해서 유댈 갖고서 참. 옛날에는 개새끼야, 소새끼야, 도둑질해 먹고…. 아, 옛날엔 심했어요.

어장은 고기 잡은 곳을 기억해두는 장치라고 할 수 있다.

어장은 조수 관계로 이동하며 어종별로 어장이 다르다.

홍원군의 어장(1966)　　　　　　　　　　　　　　　어민 구술

(어장은) 온길봉이(뒷산), 학두봉대안(앞산), 발이봉이 등이다. 물고기가 들어오는 곳은 한곬이다. 자망은 깊은 데서 하고 수조망은 얕은 데서 한다. 수조망, 자망의 어장이 각각 다르다. 어장 위치를 문의할 때 양심적으로 대준다. '검댕대기에서 잡았다'는 식으로 말해준다.

'군사는 깃발을 보고 알고 뱃사람은 구름발을 보고 안다'는 말이 있다. 그만큼 천후 관측이 중요하다. 그래서 동해에서는 다음과 같은 천후들이 전통 지식으로 전승됐다.

- 동풍은 악질이다. 아래 구름발이 대가리를 쳐들면 독 짓는 것을 본 동풍이 분다.
- 구름이 실오리처럼 갈기칠 때 서풍이 분다.
- 큰 파도가 올 때 큰 구름이 있다.
- 은하수에 먹구름이 건너지르면 이틀 못 가서 날씨가 나빠진다.

야간 방위 판정 방법도 있었다. 초저녁에 어떤 확정된 멀기(예로 맛바람)를 기억해두고 그것을 기준하여 밤중에 이는 바람과 비교하여 방위를 판정한다. 패철은 해방 후에나 이용했다. 배 타기와 항해에 관한 전통 지식도 존재했나. 주로 원거리 항해에 해당된다. 항해 경

함경도의 명태잡이 목선. 자망업으로 10여 명이 탔다.

험이 풍부한 아야진 어부로부터 동해에서 남해를 거쳐 서해까지 출어하던 경험을 듣는다.

대화퇴 항해 경험
어민 구술

고기 많이 나는 데를 다 정보 듣고 가지요. 선장들이 잘하더라구요. 댕기본 선장들이 섬 사이로 빠져나가는데 보니까, 야 겁나더라구요, 양짝 샛가를 빠져나가는데…. 냉동선 덕수호 기관사로 갔는데,

기관장은 근무 다 끝나고 내 근무 시간인데, 나는 그것도 모르고 앞에 나가서 놀았단 말이야. 달빛이 훤한데. 야~ 선장이 내다보고 미친 새끼라고 말이야, 옆을 보라는 얘기야. 깜짝 놀랬어. 옆에 요런 바위 새간을 빠져나가는데, 야~ 참, 진짜! 목포에서 딱 올라오는데 그런 일이 있었어요.

항해술은 어떻게 배운 건가요?

그러니까 이 사람들은 옛날 그 댕겼던 항해길이니까 그거를 머리에 기억해두더라구요. 가늠이나 가남이란 얘기는 몰랐는데, 여기서 내려갈 때 선주들이 그러더라구요. 절대로 기름 마이 들어도 상관없으니까 공해로 돌아서 들어가야 한다고. 제주도로 해서 돌아들어가야 된다구요. 선장들 욕심은 빠른 길이 있으니까. 또 지리를 아니까 빠른 길을 택하는 거고. 군산, 목포로 떠나는데, 야~ 진짜 아찔하더라구요. 거기서 어느 정도 생활했던 사람들이죠. 바다에서. 그러니까 찾아가지, 안 그러면 못 찾아가요. 서해는 여가 많고 해서…. 2박 3일 동안 제주도 가는데요, 잠 한숨도 안 자고요 제주도까지 간 놈이에요. 제주도 갈 때는 부산 앞에 다대포로 해서 갔지요.

대화퇴는 지금도 다니는 길이 따로 있지요. 그전에는 한 60시간씩 나가는데, 지금은 한 30시간이면 자지 않고 가요. 60시간 나가서는 조업을 마땅 찰 때까지 있어야죠. 그 당시에 냉동선 없으니까 달 지기 전에 나가가지고 달 뜨믄 들어오는 거, 한 한 달 정도. 고기가 많이 나면 잇빠이 쟁기고 고기가 안 나믄 한 달 있어도 양을 못 채우고 오죠. 지금은 마이 가까워졌죠. 여기서 가면 빠른데 울릉도 거쳐서 가면 한참 걸리죠. 지금은 한 시간 갈 것을 세 시간 걸려서 가는 택이죠. 지금도 GPS 있어도 울릉도 거쳐서 가죠. 가는 길이 있어요. 울릉도 안 가본 지가 1985년 10월 6일 오후에 배 다 깨먹고 거지 돼가지고 난 뒤로는 한 번도 안 가봤어요. 해일 와가지고. 10월 6일이죠. 잊어먹지도 않습니다. 죽었으믄 편했지. 배 타믄서 죽을 고비도 많이 넘겼습니다. 대화퇴도 겨울에 가가지고. 정신이 하나도 없어요. 다 나가삐고. 기계는 돌아가니까 돌아왔죠. 파도에 죽을 고비 많이 넘겼습니다.

명태의

5

근대 서사

명태(明太) 창난젓에 고추무거리에 막칼질한 무이를
비벼 익힌 것을
이 투박한 북관(北關)을 한없이 끼밀고 있노라면
쓸쓸하니 무릎은 꿇어진다

시큼한 배척한 퀴퀴한 이 내음새 속에
나는 가느슥히 여진(女眞)의 살내음새를 맡는다

얼근한 비릿한 구릿한 이 맛 속에선
까마득히 신라(新羅) 백성의 향수(鄕愁)도 맛본다
_ 백석, 〈북관(北關) 함주시초(咸州詩抄) 1〉

휴전선을 넘어온 북어

삼팔선 민족 거래의 우선 품목

삼팔선이 그어져 분단은 됐지만 남북 교역은 이어졌다. 갑자기 선이 그어진 상태라 평소에 남북이 서로 필요로 했던 물자 교역은 중단되지 않았다. 한국전쟁 이전에는 군사적 통제도 거의 없었기 때문에 분단 초기 삼팔선은 남북 거래에 문제가 되지 않았다. 교역은 소규모 보부상 사무역(私貿易) 형태였고, 법적으로는 밀무역이었다. 남북은 서로의 필요에 따라 밀무역으로 자원을 교환하고자 했다. 이를 남북밀무역(南北密貿易) 또는 삼팔무역, 삼팔밀무역 등이라고 했다.

삼팔선 월경 교역은 1946년 1월 16일 미소공동위원회 예비회담을 통하여 미소 양측이 남북의 산업 복구, 교통·통신

조직 통일, 필수품의 교류 조달 등에 합의함에 따라 공식적으로 가능했다. 미군정은 부족한 쌀을 보내달라는 북한의 요청은 들어주지 않았지만 민간인의 필수품 반입은 어느 정도 묵인했다. 따라서 밀무역이란 밀수와 달랐다. 그러나 남북의 밀월은 오래가지 않았다.

소설 삼팔선, 염상섭, 금룡도서주식회사, 1948

미군정은 1946년 12월 15일 남북의 물자 교류 문제를 다룬 '조선 연안교역의 감독에 관한 통첩'을 발표했다. 동해안 주문진, 서해안 용호동, 남해안 여수의 세 항구를 남북 교역 항구로 공식 지정하고 교역 방식도 해안 간 무역(Coast-Wise Trade)을 택했다. 따라서 세 항구를 제외한 삼팔선 월경 무역은 '밀무역'으로 규정될 수밖에 없었다.[1] 그래도 밀무역으로 물자가 오갔으며 북어도 포함됐다. 전국적으로 북어 수요가 여전히 존재하는 상황이라 강원도 생산량만으로는 수요를 충족할 수 없었다. 강원도의 명태 어획량은 함경도에 비하면 보조적이었다.

밀무역으로 물자만 오간 것이 아니라, 남북 쌍방 정보의 교환 기회로도 활용되어 공식적으로 교역을 담당하는 상인은 첩자나 이중첩자로 활약하는 경우도 많았다.[2] 따라서 삼팔선은 분단 상황에서도 교량 역할을 했고, 사람과 문화가 교류되는 소통의 길로 자리매김하고 있었다. 대북 반출품은 생고무, 광목, 양철, 면사, 작업화, 전구 등이었다. 대남 반입품은 비료, 카바이드, 시멘트, 가성소다 그리고 북어가 주 품목이었다. 북어가 단연 중요했다. 교역 중단 상태에서도 비밀리에 북어를 등짐에 지고 삼팔선을 오르내리는 장사꾼이 있었다. 심지어 북어 짐 속에 북한 화폐를 남한으로 밀반출하는 사건까지 벌어졌다.[3] 이러한 중간 매개자 역할을 하는 다수의 상인이 존재했다.

북한은 내부적으로 사적 상업과 상인에 대한 통제를 강화했다. 사적 상거래 통제 정책의 궁극적 목적은 '인민을 착취하는 상인을 소탕하는 것'이었다. 사적 상거래의 대안으로 등장한 것이 소비자협동사회 상거래였다. 당국의 상업 정책에 대한 상인의 반발은 둘 사이를 긴장 관계로 몰아갔다. 사적 상업에 대한 억압 정책에도 상인은 위축되지 않았다. 그들은 생계를 위한 탈출구를 모색하며 국가의 상업 정책을 교란했다. 상인의 다양한 불법 행위는 유출을 통한 사적 상업의 성장을

촉진했다. 그 덕분에 분단에도 삼팔선을 통한 대량 밀무역은 지속됐다.[4]

명태 제조품은 일제강점기 말에서 해방 이후에도 지속적으로 수출됐다. 북어와 명란이 수출 주 종목이었는데, 1940년대에 접어들면 만주 수출이 중점적으로 논의된다. 가령 1940년 6월에 만주 신징(新京)특별시에서 견본시(見本市)가 열려서 수산품이 전시된다.[5] 수출 명칭이 붙었지만 결국은 만주사변 이후 중국 전역으로 확장된 전선으로 보내는 수산물 이동이었다. 조선총독부 식산국 수산과장인 정문기는 〈외화 잡아들이는 북어가 등장〉이란 기사에서 "3만 4000근 시가 600여만 원이 처음으로 홍콩에 수출된다"라고 했다.[6]

이러한 북어 수출은 이후 해방 공간에서도 계속 이어져 1948년에도 수출 기사가 확인된다. 1948년도 수출 물량은 분명 북한에서 밀무역으로 내려온 북어를 해외에 되판 경우다. 다량의 북어가 내려왔다는 뜻이다.

큰 이윤이 남는 남북 북어 교역

《자유신문》에 발표된 1945년 12월 물가를 보면[7] 북어 가격이 대단히 저렴함을 알 수 있다. 고등어가 15원인데 명태는 한 쾌(20마리)에 18원이다. 쌀 한 되가 70원이므로 명태 20마리가 그 4분의 1 가격이다. 그런데 1947년 1월 21일 현재 생필품 가격이 급격히 오르고 있다. 조선은행 조사에 따르면 서울의 생활필수품 가격이 천정부지로 올라가고 있었고 북어도 230원(20마리)에 거래됐다. 서울의 전반적 물가 상승이 주요인이었지만, 급작스러운 분단으로 북어 가격이 상승할 수밖에 없는 상황이었다. 그런데 1948년 이후에는 북어가 값비싼 금태(金太)가 되어간다. 남북밀무역이 1948년 무렵 사양길로 접어들었기 때문이다.

1948년 남한의 단독선거가 끝난 지 일주일도 안 된 5월 14일, 남북한 간의 유대 관계가 단절됐다. 즉 분단은 됐어도 근 3년여 동안 압록강 종합수력발전소에서 정상적으로 남한으로 송전하던 전기가 끊겨버린 것이다. 1945년 이래 북한에서 공급해온 전력 미지급금의 납부 방식을 둘러싼 갈등이었다. 금액 지불 방식에서 미군정은 소련 당국자와 협상하고자 했고, 소련은 북한 관리와 남한 관리의 직접 협상을 요구했다. 양측의 시비야 어떻든 최종 결과는 냉전의 전형적인 교착 상태로 귀착됐다. 난국은 타개되지 못했고, 결국 5월 14일 전력 송전이 중지됐다. 전기 단절은 남북 경제산업 교류의 공식 단절을 의미하는 것이었다.[8]

그런데도 산팔선을 통한 비공식 밀무역은 여전히 이어졌

다. 밀무역이기에 공식 통계는 없지만, 1945~1947년보다는 양이 줄어들었을지라도 상당량의 북어가 끊임없이 남한으로 내려왔다. 남쪽의 경성고무공장 고무신이 북쪽으로 가고, 북쪽의 명태가 남쪽으로 와서 우리 제사상에 명태가 놓이고 북엇국에 대한 우리의 입맛을 잃지 않게 했다. 상거래라는 장삿속은 삼팔선이건 무엇이건 뚫고 마는 인간의 원초적 본능이기 때문이다. 일본군 장교 출신으로 해방 이후 국군으로 복무한 김석원의 북어 사건이 단적인 사례다.

1949년 10월 한국군 1사단이 북한산 북어를 밀무역해서 이익을 챙긴 북어 사건이 터졌다. 한국군이 조직적으로 북한산 북어 밀무역에 나서서 많은 이득을 챙겼을 정도로 북어 거래는 이윤이 남는 무역이었다. 1사단장 김석원은 이 사건으로 국방부 총참모장 채병덕과 대립하다가 예편했다. 1949년 10월 군부대의 북어 거래라면 한국전쟁 불과 8개월 전의 일이다. 그러므로 북어 밀반입은 여전히 지속되다가 한국전쟁을 계기로 완전히 단절된 것으로 보는 것이 맞다.

인천에서 남북 북어 거래를 하던 건어물상을 만난 적이 있다. 해방 이전부터 건어물을 취급하던 분들인데, '북어 하나만 가지고도 충분히 먹고살았다'고 증언했다. 해방 공간에서 밀무역 북어 거래만으로 생계유지가 가능할 만큼 북어 거래량이 절대적이었고 이윤이 남았다는 뜻이다.

아바이의 디아스포라와 함경도 어법의 이식

1950년 한국전쟁을 기점으로 남북 교역이 종료되고, 동시에 함경도에서 대거 어민이 월남해 강원도 명태어업의 '아바이 전성시대'가 시작된다. 주로 휴전선에서 가까운 속초, 양양, 고성 등지에 함경도민이 거주했다. '눈보라가 휘날리는 바람 찬 흥남부두에서 1·4 이후 나 홀로' 나온 무수한 아바이가 속초시 청호동에도 자리를 틀었다. 아바이마을로 더 잘 알려진 함경도촌이다.

5만여 명이 배를 타거나 육로로 내려왔다. 속초는 본디 자그마한 읍이었다. 주민은 어업보다 농업에 종사했다. 1930년대 정어리 떼가 청초호로 몰려들어 배들이 새까맣게 닻을 내렸을 때도 정작 속초에는 배가 별로 없었다. 청초호는 일제에 의해 내항으로 개발됐을 뿐이었다.

마량도 출신 아바이들이 처음 청초호는 도착해보니 마을 자체가 없었고 사람도 살지 않았다. 아바이마을 실향민 1세대는 빨리 고향에 돌아가는 것이 목적이었기 때문에 북한에서 가까운 청호동에 정착했다. '여기가 발전성이 있다거나 그린 생각이 없었고, 북진하게 되면 빨리 따라서 돌아가겠다'는

청호동 골목길, 2004

생각으로 청호동에 잠시 머물렀다.

 함경도에서 선단을 이끌고 내려온 이들이 청초호에 배를 댔다. 석호 모래톱에 불과한 청호동을 선택한 동기는 정부 소유 해빈(海濱)이라 무단 정착이 용이했기 때문이다. 미군부대 철조망 주변에 널린 레이션 박스를 주워오고, 구겨진 드럼통을 펴서 집을 지었다. 주변의 온갖 것을 주워 모아 청호동을 만들어 나갔다. 남해안 여수, 거제 등으로 피란 갔던 이들, 경상도 후포, 구룡포, 강원도 양양, 대포 등에서도 몰려들었다. 나중에는 이른바 반공포로도 청호동을 찾아들었다.[9]

청호동 주민은 함경남도 주민이 93퍼센트를 차지하는데, 그중 70퍼센트가 어업에 종사했다. 육로로 내려온 이들은 학사평(지금의 공설운동장 쪽)에 해방촌을 꾸렸으며 농업에 종사했는데 차차 흩어져서 도시 속으로 녹아들었다. 어업에 종사하던 청호동 사람은 강인한 단결력을 과시하며 지금껏 버티는 중이다. 정평마을, 앵고치마을, 이원마을, 영흥마을, 단천마을, 홍원마을, 신창마을, 신포마을 등 청호동의 집단 취락명은 실향민이 월남해서도 정체성을 갖고 살아왔음을 웅변한다. 함경도 단천과 신포 마을이 헤게모니를 쥐고 살았다. 속초에는 지금도 함남도민회, 원산시민회, 함흥시민회, 북청군민회 등 많은 월남 조직이 있어 '디아스포라 도시'의 면모를 보인다.

청호동 사람이 피란 올 때 가족을 모두 동반한 경우는 17퍼센트, 가족 일부만 내려온 경우는 45퍼센트, 나머지는 혈혈단신이다. 같은 이북 출신과 결혼한 경우가 67퍼센트, 강원도 출신이 30퍼센트다. 반면에 실향 2세대의 배우자는 같은 이북 출신이 불과 20퍼센트로 낮아지고 강원도 출신이 40퍼센트로 높아진다. 실향민 1세대는 가급적 자신의 고향 사람 또는 이북 출신을 배우자로서 선호하지만 2세대부터는 선호 여부와 상관없이 우선 수적 제한으로 묶어졌다. 3세대로 접어들면서 더 이상 이런 통계 수치 자체가 무의미해졌다. 청호동에서도 많은 젊은이가 객지로 나갔다. 그러나 아직도 청호동을 지키는 노인은 남아 있다.

속초 월남인은 과거 직업과 계층에 상관없이 어업에 종사했다. 1955년 당시에 청호동 전체 인구의 90퍼센트가 어업 종사자였는데, 대부분 무동력 소형 어선으로 고기를 잡았다. 영세 어업이라 생산성도 낮았고 저장시설도 낙후되어 가난할 수밖에 없었다. 차츰 계층 분화가 일어나서 선주, 선박 제조업자, 덕장 소유자 등이 생겨났다. 1980년대를 넘어서면 소형 어선이 아닌 20톤 이상 기계선 소유자, 부유한 명태덕장 소유자도 나타났다.[10]

모래톱 끝에 형성된 신포마을을 눈여겨볼 필요가 있다. 신포는 북한 최대의 수산사업소가 있는 어업 전진기지이며, 일제강점기에 함경도 어업의 최대 거점이었다. 신포 사람은 동해안에서 가장 뛰어난 어민이었으니, 이들의 저력이 모여 강원도 유수의 어항 속초를 만드는 힘이 됐는지도 모를 일이다.

다음은 신포 바로 앞 마량도 출신인 박임학(2000년 당시 79세)의 증언이다.

> 북청군 신포읍 마량도가 고향이지요. 지금 경수로 만드는 곳까지 포함해 신포시가 됐어요. 신포 앞 섬, 거기가 내 고향 마량도지요. 신포 읍내에서 마량까지 수로로 10리밖에 안 돼요. 연락선이 있었는데, 하루에 세 번씩 다녔지요. 마량도는 열두 개 마을로 되어 있었습니다. 소방서, 주재소 그리고 국민학교도 있고, 300여 호가 살았지요. 평지 대신 산이 많았고….

신포에서 마량도는 바로 코앞이다. 열두 개 마을이 형성될 정도의 크기다. 밑으로는 함흥이 있고, 함흥만 아래에 원산이 있어 바닷물고기에게는 천혜의 산란장이다. 신포 사람은 청호동에 정착한 이래 한시도 배를 떠나지 않았다. 함경도 명태잡이 기술이 이곳에 고스란히 전파됐다. 피란민을 통한 어업 기술 전파다. 당연히 아바이의 말씨와 음식도 함께 옮겨왔다.

속초에는 두 상징적 표징이 전해진다. 하나는 바다가 보이는 길거리에 세워진 수복기념탑이다. 1954년 5월 10일에 건립했다가 1983년 강풍으로 파손된 모자상(母子像)을 다시 세웠다. 어머니가 어린아이를 데리고 북쪽을 응시하는 이 주각

상은 언제든지 되돌아가야 할 고향을 염원한다. 지팡이를 쥔 함경도 할배의 청동상도 북을 향해 서 있다. 또 다른 상징은 고성군 초성면 성천리에 조성된 망향동산이다. 비석에 각인된 〈함흥송(咸興頌)〉에 구구절절 고향을 그리워하는 마음을 풀어놓았다. 단순 묘원이 아니라 고향 그 자체다. 속초시와 고성군 관내에 함경남도 도민회가 운영하는 망향동산이 무려 20여 개소다. 함흥, 원산, 흥남, 단천, 북청(신포·신창·속후), 만춘, 이원, 함주, 정평, 영흥, 고원, 문천, 신흥, 장진, 갑산, 삼수, 풍산, 혜산진, 안변 등이다.

바다에서 만들어진 간첩

한일기본조약에 따라 중고 발동기가 일본에서 한국으로 들어왔다. 어선은 점차 동력화되어 5~10톤의 동력선이 대부분을 차지했다. 그러나 여전히 비동력선도 다수 존재했다. 그런데도 1964년 어획고가 1만 8587톤(M/T)이었다. 여전히 명태 자원은 풍부했다. 그물은 1955년 이후 면사와 나일론을 혼용하기 시작했다. 어선의 대형화와 동력화에 따른 어획 능률의 향상이 시작됐다. 산업화가 시작되던 시점이다.[11]

동력화에 힘입어 속초나 양양, 고성의 어민은 대거 북한 수역까지 북상했다. 명태잡이 어민 대다수가 해금강 위의 낙타

거진항, 2005

봉까지 작업하러 올라갔다. 1968년 대형 사고[12]가 터지기 전까지는 낙타봉을 넘어가는 것이 일상이었다. 북쪽에서도 눈 감아줬으며, 먹을 것도 서로 나누어주었다고 한다. 또한 5·16 군사쿠데타 후 얼마 되지 않은 1962년경 북한 어선이 거진까지 내려왔을 정도로 당시만 해도 서로의 어업 경계가 확고하지 않았다.

내가 동해안경비사령부 산하 88여단에서 군 생활을 하던 1976~1978년, 그 사령부는 거진의 반암리에 위치했다. 화진포에서도 근무한 덕분에 거진 북방 화진포 입구의 초도리 주민을 자주 만났다. 주민의 절반 이상이 전과자였다. 본의 아니게 북한을 다녀온 죄였다. 사령부에서는 유사시 동원 훈련 체제를 집행하고 있었는데, 참으로 무시무시한 계획안에 전쟁이 벌어지면 초도리 주민을 '대부분 몰살한다'는 엽기적 내용이 들어 있었다. 그만큼 남북을 통한 명태잡이 어민의 절박한 삶의 조건이 분단 상황에 결박되어 있었다는 뜻이다. 어언 반백 년 전의 일이다.

마량도 출신 청호동 사람들   어민 구술

청호동 사람도 거진 이북의 대진 쪽, 초도리로 가서 명태를 잡았다. 지금의 통일전망대보다 훨씬 더 이북까지 나가서 조업했다. 휴전선 이북까지도 가서 조업을 했다는 말이다. 1960년대 초반까지는 명태잡이 본산인 원산까지 가서도 많이들 조업했었다.

원산 앞바다까지 명태잡이를 하러 올라갔다는 구술은 중요한 의미를 지닌다. 이 지점에서 간첩 사건은 충분히 예견됐다. 바람이 불거나 안개가 끼어 시야가 불분명할 때 본의 아니게 월북하는 배가 많았다. 명태를 쫓아서 북상하다가 경계를 넘기도 했고, 북한 선박에 나포되는 일도 있었다. 고향을 찾아 북으로 넘어간 사람도 일부 있었을 것이다. 명태잡이로 어쩌다가 월북하게 된 사람이 교육을 받고 와서 입을 딱 닫는 경우도 많았다.

동서해 어선이 북한 해역을 왕래하는 사례가 빈발하자 국방부 요청에 따라 1964년 6월 29일 농림부가 어로저지선(漁撈沮止線)을 북위 38°35′45″로 처음 설정했다. 몇 번의 개정을 거쳐서 1994년 1월부터는 어로한계선을 어로허용선으로 이

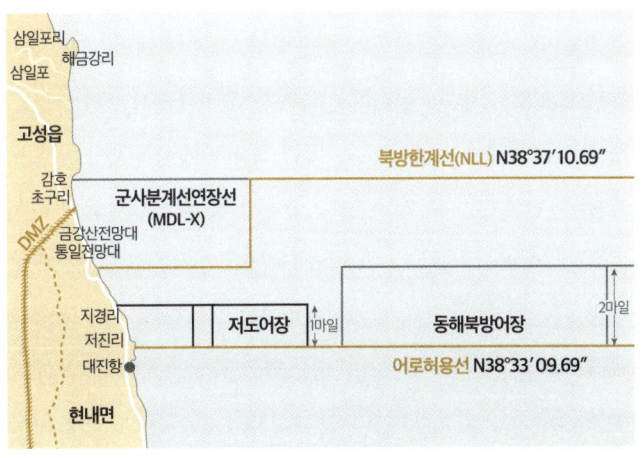

어로허용선

름을 바꾸고, 동해의 어로수역을 38°33′에서 38°34′으로 확대했다(현재는 38°33′, 그림 참조). 명태는 북쪽에서 많이 잡히기 때문에 어민들은 접적어장(接敵漁場)까지 북상했다.

접적어장은 말 그대로 적과 인접한 지역의 어장이라는 뜻이다. 어로한계선 인근에 위치한 바다다. 고성 저도(楮島)어장이 여기에 해당한다. 북방한계선(NLL)과 불과 1킬로미터 떨어진 동해안 최북단에 위치한 저도어장은 해금강과 인접하는데, 이곳에서는 금강산 봉우리도 보인다. 명태를 비롯해 가자미, 문어, 멍게, 해삼, 대게, 미역 등이 많이 나는 천혜의 어장이다. 하지만 저도어장을 품고 있는 대진 사람은 어장을 바라만 봐야 한다. 4월부터 10월까지만 저도어장을 개방하고 그 외의 시기에는 통제하기 때문이다. 해경의 통제하에 대진항과 초도항의 등록된 어선만 입어가 가능하다.[13]

대진항에서는 남쪽으로 흐르는 물을 날물, 북쪽으로 흐르는 물을 썰물이라 한다. 갑자기 조류가 반대 방향으로 변해서 자망이 뒤집혀버릴 수도 있다. 명태어업은 물이 남으로 흐를 때만 했는데, 조류의 흐름에 따라 순간 월북하는 경우가 허다했다. 명태는 이북 쪽에서 많이 잡혔기 때문에 아야진의 배도 전부 거진 이북으로 올라가서 작업했다. 조업 과정에서 이북으로 넘어가는 경우가 너무도 흔했다. 명태를 조금이라도 더 잡으려는 어민의 욕망이 자연스레 이북 경계선을 넘게 한 것이다.

고성 저도어장
어민 구술

(대진항 남쪽의) 거진이란 데는 명태가 북적북적 나가지고 옛날 같으면 사람들이 못 걸어 다녔습니다. 한번 나갔다 그러면 엄청나게 잡아가지고 들어오죠. 배 한 척에 그전에 최고 25바리씩. 한 바리가 100두름 아닙니까. 한 두름에 20마리니까 5만 마리. 이건 자망바리 기준입니다. 연승은 평균 5바리니까 1만 마리. 옛날엔 그렇게 벌었던 거죠. 어야튼 1980년대까지는 이렇게 했어요. 1985년도부터 휴전선 (대진항의) 저도어장을 열어놓았지요. 저도어장에서 엄청나게 명태가 잡혔는데, 그러다가 자칫 경계를 넘어가서 많은 사람들이 간첩으로 내몰렸답니다.

통일부의 공식 발표에 따르면, 납북자 중 어선을 통한 납북자가 3729명으로 전체의 89퍼센트다. 3263명은 북한이 송환했고, 아홉 명은 직접 탈출하여 귀환했다. 현재까지 북한 억류 어부는 457명으로 추정된다. 대부분 조업하다가 기관 고장이나 실수로 인하여 북방한계선을 넘었거나 공해에서 조업 중 북측 경비정에 의해 나포된 경우다. 북측은 북방한계선을 넘었다는 이유로 이들이 자진 월북했다거나 간첩 행위자라고 주장하면서 송환을 지연하거나 아예 송환하지 않았다.

강제 납북도 많았다. 가령 1967년 11월 3일 오전 9시경 동해 어로저지선 근해에서 명태잡이배 200여 척이 작업 중이었는데, 북한 함정 두 척과 쾌속정 일곱 척이 나타나 40분 동안 총포 난사 끝에 어선 10척과 어부 60명을 납치했다. 대남 긴장 조성 목적 외에도 납북 어부에 대한 공작의 필요성이 있었기 때문이다. 실제로 납북 어부를 이용한 간첩 사건이 수없이 많았다.

그러나 남한 당국에 의해 '만들어진 간첩'도 많았다. 수많은 납북 귀환 어부가 훗날 재판에서 무죄 선고를 받았다. 하지만 그들은 50년 이상을 '빨갱이' 또는 간첩 딱지를 달고 억울한 삶을 살아왔다.[14] 이들 국가 폭력의 피해자 다수가 동해에서 명태를 잡던 어민이다.

북어와 황태의
탄생

전설의 더덕북어

20세기 초반의 《한국수산지》에서는 1쾌에 20마리를 엮었다고 했다. 1타는 100쾌이므로 2000마리다. 원산에서 부산, 인천 등지로 내보내는 대규모 상거래는 1타 단위로 계산했다. 가령 10타를 보내면 2만 마리, 100타는 20만 마리다. 서해에서 조기 1동을 1000마리로 세는 것과 비교된다. 이만한 총량이 거래될 정도면 어획량이 상당했다는 것이고, 수요 역시 엄청났다는 증거다. 1930년경만 해도 명태의 연간 어획고가 2억 1000만 마리였다. 당시 인구가 2200만 명이므로 1인당 연평균 명태 열 마리를 먹은 셈이다.[15] 대부분은 생태 아닌 북어로 소비됐다. 냉장시설이 미흡한 시대라 겨울에 동태로 운반

냇가에서 명태 배를 갈라 씻고 있다. 일본지리풍속대계, 1930년대

되는 일부를 제외하면 북어 가공품이었다.

북어가 탄생하기까지는 그 자체로 복잡한 공정이 필요하다. 명태는 동해의 깊은 물에서 나와 덕장에 걸리기까지 기나긴 여정을 거친다. 배가 당도하면 하륙 전담 노동자가 별도로 기다렸다. 어선이 뭍에 닿으려면 잔교(棧橋)를 설치해야 하는 경우도 있었다. 물 먹은 명태는 무거웠다. 명태를 덕장으로 옮기면 배를 가르는 할복에 들어간다. 할복은 여성이 했는데, 어촌뿐 아니라 인근의 농촌 여성도 일당을 받고 참여했다. 알과 내장은 젓갈을 담기 위해 따로 챙겼다. 아가미도 버리지 않고 모았다가 내장과 함께 아가미창난젓을 담갔다. 할복한 명태는 담수에 담가 하룻밤을 두는데, 소금기를 제대로 빼야 상급 북어가 된다.

물속에서 하룻밤 지난 명태는 결빙→기화→건조 과정을 거친다. 동결 건조 과정이다. 냉동과 해동이 교차되는 가운데 햇볕과 바람으로 건조되면서 푸석푸석한 북어로 변신한다. 밤의 냉기로 근육세포 사이의 수분이 동결되고 낮의 햇볕으로 얼음이 녹으면서 건조된다. 세포 사이의 얼음이 빠져나가 기화되는 바람에 공간이 생겨나고 살이 부슬부슬해져서 말린 더덕과 같이 된다. 이를 더덕북어라 한다. 더덕북어는 최고 우량품으로, 명태 보풀을 만드는 데 적격이다.

더덕북어는 노란색이어서 때깔도 좋았다. 황태는 동결 건조한 것의 빛깔이 노랗기 때문에 불리는 명칭이다. 더덕북어는 신포산이 일품이었다. 신포의 겨울 기후가 명태를 동결→기화→건조하는 데 이상적이었으며, 어획 시기도 안성맞춤이었다. 더덕북어가 많이 생산되는 시기는 12~2월이다. 다른 지방에서는 더덕북어를 만드는 기후 조건이 맞지 않았

청진 부둣가의 생선 작업. 1949

다. 유난히 추운 해에 얼려서 말린 것이 더 맛이 난다. 춥게 얼려 말려야 속이 노랗고 달다. 얼지 않게 말린 것은 색깔이 거무스레해질뿐더러 뻣뻣하기만 하고 두들기면 쉽게 부서진다. 삼팔선 이남에서는 어획 시기의 기후 관계로 더덕북어를 만들지 못했다. 북어 살이 단단하고 체색이 검은 회색이어야 제대로 된 제품을 만든다.

1925년 조선식산은행에서 상품 등급을 매긴 자료를 보면, 북어 등급은 함경남도 어획 건조품을 최고로 치며, 그것도 전진(前津)과 신창 방면에서 12월부터 1월에 잡은 것이 1등급

중에서도 1등품이다. 어장과 어기에 따라 품질이 다름을 알 수 있다.

예전 교과서에는 〈신포의 명태어〉라는 글이 실려 있었다.[16] 명태의 본고장 신포에서는 집과 집 사이의 빈터에 높은 명태덕을 만들어놓고 이곳에 명태를 걸어서 말렸다. 명태덕은 명태를 말리기 위해 나무에 막대를 걸쳐서 만든 시렁을 가리켰다. 한창때가 되면 신포는 명태에 묻혀버린다. 신포에서는 1년 생활비를 3개월간 벌어들인다고 하니 얼마만큼 많은 명태가 잡히는지 그것만으로도 짐작이 간다. 순풍일 때는 항구로 돌아가는 동안 그물에서 명태를 끄집어내어 열 마리씩 칡줄로 묶어두지만, 그럴 여유가 없으면 잔교에 도착해서 그 작업을 한다.

명태의 수를 헤아린 후 명태가 어부의 손을 떠나면 명태를 운반하는 자, 그물을 운반하는 자, 명태의 배를 갈라 창자를 꺼내고 간이나 알을 발라내는 자, 명태를 씻어서 명태덕에 거는 자, 그물을 말리는 자, 명태 간에서 기름을 짜내는 자 등 각자 일을 나눠 맡았다. 어선이 돌아오는 때가 아침이든 한밤중이든 명태덕에 걸기까지는 절대로 작업을 중지하는 일이 없다. 영하 20도의 추위 속에서도 아랑곳없는 이 작업이야말로 실로 용감한 것이다. 조선에서는 1년 내내 밥상에 오르는 명

북어의 등급[17]

등급	세부 등급
1등급 (함경남도)	1등품: 전진, 신창 방면에서 음력 12월 중순부터 1월에 어획한 것으로, 형태가 크고 육질이 조밀하며 광택이 나고 형태가 정연한 자망 어획품 2등품: 신포, 전진, 신창 및 그 부근을 제외한 함경남도 연해에서 음력 12월 중순부터 1월 하순까지 어획 제조한 자망 및 연승 어획품 3등품: 함경남도에서 초기와 끝물에 잡은 상품
2등급 (함경북도)	1등품: 청진 이남 함경북도 연안에서 음력 11월 중순부터 2월 하순까지 어획한 상품 2등품: 청진 이남에서 음력 3월경 어획 및 부령군 방면에서 3월 중순 어획 제조한 상품 3등품: 청진 이남 및 기타 지역에서 음력 4~5월경 어획 제조한 상품
3등급 (강원도)	1등품: 음력 12월 하순부터 1월 하순에 강원도에서 어획 제조한 상품 2등품: 음력 11월 상순부터 12월 중순까지 강원도에서 어획 제조한 상품 3등품: 강원도에서 앞의 어기 이외에 어획 제조한 상품

태가 이 마량도 앞바다에 모여드는 명태 무리의 몇 분의 1 또는 몇십 분의 1에 지나지 않았다.

함경도 바닷가에서 북어를 만들던 전통 방식이 다행히 기록으로 남아 있다(홍원군 1963년 조사). 오늘날 강원도식과는 다른데, 함경도식이 북어 만들기의 원시 모델이라고 할 수 있겠다. 함경도에서도 속 따내기는 촌 여성의 몫이었다. 이들은 곡식 낟알을 가지고 와서 명태의 알, 애(간), 내장인 밸 및 고지와 물물교환을 했다. 애는 덕주에게 바치고 밸과 고지는 품삯으로 가져갔다.

땅을 둥글게 판 다음 매징(땅 구덩이에 묻는 행위)을 하고 노전(짚 등으로 엮은 거적 같은 것)을 깐 후 물을 길어다 붓는다. 이때 명태를 씻는 우구리를 사용한다. 민물에 씻어내기가 중요하다. 한 사람이 밑에서 덕장으로 올려주고 한 사람은 위에서 받아 덕대에 건다. 처음에는 밑대에 걸다가 물이 빠지면 중간대에 올려서 다시 물을 빼고 그 후 상대(제일 윗대)로 올린다. 다 마르면 내려서 건태를 만든다. 명태는 그늘에 말려야 한다. 그렇기 때문에 밑대에서 말리다가 10여 일 만에 중간대로 올린다. 그때 방향을 젖혀 반대로 걸며, 10여 일 만에 다시 상대로 올린다. 상대에는 걸지 않고 펼쳐놓는다. 건태는 팔(八) 자로 된 곳에 싸리로 20마리씩 꿰어놓는데, 바로 팔기 위해서다. 8월 추석에 팔자고 하면 두룽바임을 하는데 아래에 솔잎을 깔고 볏짚 낟가리 모양으로 쌓으며 그 위에 노전을 해 덮는다. 여름에 바람이 불 때 통풍을 한다.

막강한 자본을 휘두른 덕주

명태 동건법(凍乾法)은 고래로 우리나라만의 독특한 제조법이다. 동건은 어업자 자신이 행하지 않고 전문 제조업자에게 위탁하는 특징이 있다. 어업과 제조업이 명태어업에서는 분리되어 있었다. 명태어업에 종사하는 영세업자가 건조시설을 갖출 자본력이 없었던 것이 제조업이 분리된 주요인이다. 제조를 위탁받아 제조업을 경영하는 자를 덕주라고 했다. 덕주는 단순히 덕장을 경영하는 건조업자가 아니라, 자본 경영을 하는 유통업자이기도 했다.

건조의 관건은 바람과 물이다. 세척할 때 양질의 민물로 씻어내야 상품이 나온다. 건조 과정에서 번거롭고 귀찮은 부분은 명태 할복이었다. 해방 이후 함경도에서 했던 명태 할복에 대해 알려주는 1950년대 북한 자료가 있다. 명태가 워낙 많이 잡히는 함경도에서는 아예 명태할복기 같은 수공업 기계까지 발명됐다.[18] 첫 부분은 명태 식도를 잘라내는 틀이다. 여기에 명태를 넣으면 둥그런 칼날이 돌아가면서 식도를 잘라준다. 이때 몇 개의 바늘이 달린 작은 철판이 양쪽에서 죄어들면서 대가리를 잡아준다. 이 틀이 컨베이어를 타고 앞으로 밀려 나가면 그 위에 장치해놓은 날카로운 칼날이 배를 쨴다. 그다음에 프로펠러 식으로 내장을 걷어내는 틀이 움직인다.

물고기를 할복하는 여인들. 속초, 1950년대

그리고 물을 뿜는 장치가 명태 배 속을 씻어낸다. 시험 결과 1분 동안 40마리를 처리할 수 있었다. 숙련된 할복공에 비해 여섯 배나 능률이 높았다.

덕장에서 건조할 때는 무엇보다 통풍이 중요하다. 위탁 건조이므로 일단 완성된 건조품을 인근 야적장에 보관하여 출하를 기다리는데, 이때도 통풍이 중요하다. 통풍이 잘 되지 않아 부패할 수 있기 때문이다. 민물로 소금기를 씻어내는 일도 중요한데, 그 후 말릴 때는 반드시 그늘에서 한다. 후대에 남한에서 하게 되는, 그냥 햇볕에 말리는 방식과는 조금 다르다.

모든 구술 자료는 저장에 통풍이 중요함을 강조한다. 백두대간에서 내려오는 산바람과 동해의 바닷바람으로 명태가 건조되는 과정은 함경도나 오늘날의 강원도나 비슷하다.

덕은 소나무 말장을 베어서 가건물을 짓듯이 높이 세운다. 오죽하면 1904년에 덕장을 본 일본인이 "멀리서 이를 바라보면 고림(枯林)과 같다"라고 했을까.[19] 1912년에 도리이 류조 조사단이 찍은 청진 지방의 사진(국립중앙박물관 유리 원판)을 보면, 해안을 따라서 덕장이 일렬로 늘어선 광경을 보게 된다. 바닷가이기 때문에 바닥에서 3미터 높이에 아랫단을 설치한다. 파도에 휩쓸리지 않도록 하려는 목적이다. 보통 2단이나 3단으로 설치한다. 2단(중간단)은 1.5~2미터로 설치하고, 3단도 간격이 같다. 명태 입을 꿰어서 거는데, 바람이 잘 통해야 제대로 된 북어가 완성된다.[20]

1920년대 기준으로 덕주는 1태당 3원 내지 3원 50전의 수고료를 챙겼다. 부산물인 명란은 가외소득이었다. 덕 설치비, 배를 가르고 내장을 꺼내어 씻어내는 세척비, 덕에 올리는 인건비, 야적장 경영비 등 총비용 570엔 대비 1100엔의 이득이 발생했다. 약 두 배의 이득이었다.

일제강점기 말에 이르면 냉건 명태의 가격을 통제하게 되며, 제조허가제도 실시한다. '함경남도 건명태어 제조 취체규

청진의 명태덕장. 도리이 류조, 1912

칙(咸鏡南道 乾明太魚 製造 取締規則)'을 만들어 영리를 목적으로 건조되는 건명태어 제조는 도지사의 허가를 받도록 했다. 덕장의 위치, 시설, 면적, 허가 기간 등을 법적으로 규제하여 통제했다.[21] 일제의 수산 정책 통제 범주 안에 명태 건조를 포함해서 건명태업을 장악하고자 한 것이다.

해안 덕장에서 산골 덕장으로

백두대간을 사이에 두고 영동에 명태가 있다면, 영서에는 황태(黃太)가 있다. 눈이 내려서 교통이 두절됐다는 방송이 나올 무렵이면 황태의 황금빛 치장이 짙어간다. 2월의 끝, 3월이 시작될 무렵이면 보통 봄을 시샘하는 폭설이 내린다. 대관령 인근 하늘 아래 첫 동네인 평창군 횡계마을은 눈에 갇혀 봄을 맞는다.

한국전쟁 이후 함경도 아바이들이 횡계마을로 찾아들었다. 소나무 말뚝을 엮어서 덕장을 세웠고, 속초와 주문진에서 할복된 명태가 낡은 트럭에 실려와 인근 송천 개울가에 부려지면 명태를 하루쯤 얼음물에 담가 수도승처럼 정화 의식을 거친 후 3단 높이의 높다란 덕장에 내걸었다. 입이 꿰인 동태는 이렇게 변신을 준비했다.

마량도 출신 청호동 주민 어민 구술

잡아온 고기가 선창에 도착하면 고기는 덕걸이(덕장)라고, 여기서는 진부령 그쪽으로 갑니다. 가공할 때는 내장을 떼서 내장은 내장대로, 알은 알대로 팝니다. 이북에서도 바로 씻어서 덕걸이에 올려

눈 속에서 하는 덕장 작업. 식품사학자 이성우, 1960년대

놓지요. 걸어두면 한 달도 좋고 여러 달도 좋고 대중없지요. 얼었다 녹았다를 반복해야 맛이 난다고 그렇게 합니다. 이북에 있을 때는 명란젓을 담급니다. 남으로 넘어왔을 때 보니까 여기서도 명란젓을 담그고 있었어요. 명란젓이다, 창란젓이다, 아가미젓이다 하는

것을 여기 사람도 다 만들고 있었지요.

　　이북에서는 덕걸이, 강원도에서는 덕장이라고 한다. 덕걸이는 바로 바닷가에 있었는데, 진부령 쪽으로 간 것은 1970년대쯤 되어서다. 한국전쟁이 끝나고 1954년부터 시작됐다는 주장도 있으나 집단 형성은 1970년대가 맞다. 그전에는 바로 바닷가 덕장에서 해결했다. 명태가 차츰 줄어들어 원양태가 들어오면서 덕장이 산골로 옮겨졌다. 진부령 사람들은 덕장만 빌려주고 상인은 따로 있었다. 한 두름 말리는 데 얼마, 이런 식으로 계산했다.

아야진의 덕장　　　　　　　　　　　　　　　　　　어민 구술

돈 번 사람은 다 덕장 해서 벌었죠. 진부 이전에는 전부 동네에서 덕장 했었죠. 1968년도 해일 바람에 싹 쓸려가 버렸어요. 해일로 덕장이 전부 사라지고 소규모로 하던 사람도 70년 중반을 지나면서 전부 없어졌지요. 70년대 이전에는 이 앞에서도 명태가 많이 나잖아요? 그래서 그걸 경매해서 바로 사다가 여기서 자기 덕에다 말렸던 거죠.

주낙배가 많았을 때 생태가 들어오면 덕장에 올라갔다가 건어가 특품으로 나왔지만, 지금은 북양태가 들어와서 맛을 내지 못합니

다. 원래 황태는 얼었다 녹기를 적당히 하여 그 빛깔이 노르스름해야 하는데, 요즘 것은 그렇지 못합니다.

마침내 황태가 탄생한다. 해방 이후 단단한 북어와 구별하기 위해 황태란 단어가 생겨났다. 황태와 북어는 출신 배경이 다르다. 북어 자원이 소멸하면서 대세가 된 원양태가 황태의 바탕이 됐다. 본래의 명태는 동해에서 사라졌어도 그 연원을 찾아나서는 '기억 투쟁'은 지속되고 있다. '시인 백석의 후예'인 많은 문인이 명태의 추억을 노래했다. 일찍이 한국전쟁 때인 1952년에 부산에서 양명문이 작사하고 변훈이 작곡한 가곡 〈명태〉가 등장한 이래로 명태는 늘 '술안주처럼' 일상에 등장했다. 흥미로운 것은 그간 출간된 많은 시집이나 동화집 등에서 명태보다는 북어가 더 많이 등장한다는 점이다. 주변에 흔한 북어에서 어떤 동질성·일상성 같은 것을 공유하는 것 같다. 이강백의 희곡 〈북어 대가리〉는 성실한 창고지기의 삶을 북어에 빗대어 끝내 말라 비틀어져가는 소외된 인간을 그려냈다. 정호승 시인의 〈북한산 명태〉는 북에 두고 온 덕장의 추억을 그려냈다. 시인은 분명 대관령 인근 하늘 아래 첫 동네인 평창군 횡계마을을 찾아간 듯하다. "원산덕장 찬바람 속에 매달려 있었느냐/ 하늘 향해 겨우내 입을 딱 벌리고/ 두 눈 부릅뜬 채 기다리고 있었느냐/ 북으로 간 아버지를 기다리던 어머니는/ 온몸에 물기 하나 남기지 않고/ 대관령 눈보라에 황태가 되어 북녘 하늘 바라보다/ 온몸이 뜯기나니…"라고 노래했다. 또한 많은 화가와 조각가, 사진가가 북어를 그리고, 깎아 만들고, 사진으로 서사를 만들어내는 중이다. 심지어 '액막이 명태'가 문화 상품으로 등장하여 사라져간 물고기의 역사를 환기하는 중이다.

대관령 횡계와 진부령 용대리의 황태

'거래지'에서 흘러내린 물이 마을 앞을 가로지른다 해서 '엇개'로 불리던 횡계는 산간에 둘러싸인 너른 저지대다. 옛 장터인 '장선말'에 덕장이 들어서서 '덕장모퉁이'라는 지명도 얻었다. 덕장 사정은 예전과 다르다. 아바이 1세대가 거의 세상을 떠났고, 이제는 주문진의 업자들이 땅을 임대해 겨울 한철 덕장을 꾸린다. 12월부터 3월까지 약 4개월 동안 덕장 구경을 할 수 있다. 4월부터는 말목을 뜯어내 보관한 다음 그 땅에서 밭농사가 시작된다. 겨울이 오면 경작지에 말목을 세웠다가 봄이면 뜯어낸다. 이렇게 횡계의 사계는 덕장과 경작지 사이를 순환한다.

횡계에서 오래된 삼신덕장을 운영하는 평안도 출신의 유

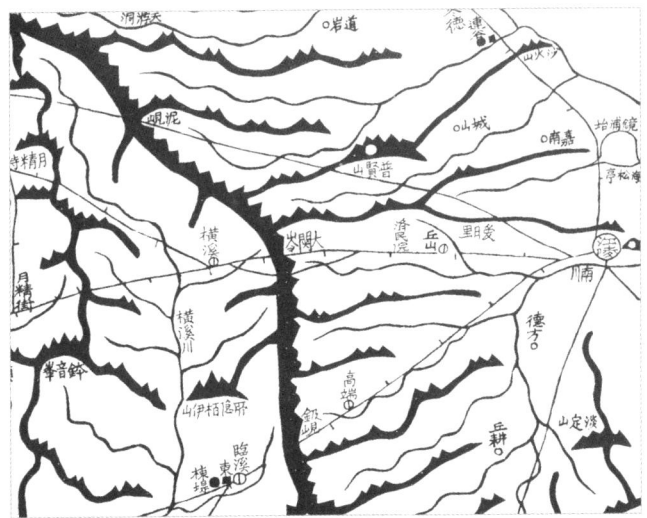

관동과 관서를 연결하는 고갯길은 바람도 넘나든다. 황태 산지인 대관령 횡계가 보인다. 대동여지도 부분도

성준(2000년 당시 83세)과 유영선(40세) 부자는 황태 지킴이다. 원주민으로 횡계덕장의 전통을 지켜왔다. 원주민이라 하지만 월남하여 흘러들어왔다. 날품팔이로 전전하다 함경도 아바이들이 진을 친 이곳 산골까지 발길이 닿았다. 손에 돈이 들어오면 모두 땅을 샀다. 평당 30원에 사들인 땅이 거금으로 변했다. 유성준-유영선 부자는 모텔과 콘도가 올라가는 금싸라기 땅에서 곁눈질하지 않고 오로지 황태만 키워낼 뿐이다. 횡

계는 영서에 속하면서도 동해가 지척이다. 함경도 아바이들이 덕장의 최적지를 찾다가 황태 명당으로 이곳을 점찍은 것이다. 유성준이 입촌할 당시만 해도 마을에는 20여 가구밖에 없었으며, 냇가를 따라 10여 채의 덕장이 있을 뿐이었다.[22]

같은 황태라도 명칭은 제각각이다. 추워서 하얗게 질려 버린 백태(白太)는 겉이 허옇게 변해 상품 가치는 떨어지지만 창고에 넣어두면 스스로 발효하여 상품 구실을 한다. 문제는 일명 먹태, 찐태로 불리는 흑태(黑太)다. 날씨가 따뜻해 얼지 않은 채 마르면 딱딱한 북어가 된다. 횡계 사람은 굳이 황태와 북어를 구분한다. 바닷가 세찬 해풍에 그대로 말린 놈을 바닥태, 즉 북어라 하며, 영서의 냇물에 씻어 차가운 서북풍에 말린 놈을 황태라고 한다.

바람을 못 이겨 덕에서 떨어지면 낙태(落太), 몸통에 흠집이 있거나 일부가 잘려 나가면 파태(破太), 애초부터 머리를 잘라내고 몸통만 말린 것은 무두태(無頭太)다. 크기에 따라서도 이름이 다르다. 큰 놈부터 왕태, 대태, 중태, 소태로 서열화되며, 앵태는 작은 놈(20센티미터 정도)이다. 몸집에 따라 가격도 다르다.

더 이상 동해의 명태를 덕장에 내거는 일은 없다. 지방태는 사라지고 베링해의 원양태가 지배적이다. 유성준은 "원양태가 횡계에 등장한 지도 벌써 40여 년(1970년 초니까) 됐다"라고 귀띔한다. 덕장 한 칸에 평균 2500마리가 걸리므로, 20마리를 1급(한 축)으로 치면 한 칸에서 120급 정도가 건조된다. 개도 돈을 물고 다녔다는 얘기는 전설이 된 지 오래다.

대관령이 횡계마을에 덕장을 선사했다면, 진부령은 인제군 용대리마을에 또 다른 덕장을 선사했다. 말하자면 대관령과 진부령이라는, 영동과 영서를 가르는 대표적 고갯길이 남한 덕장의 최적지로 부각됐다. 백두대간을 넘는 고개는 단순한 도로가 아니다. 사람과 물산이 오가고, 문화가 오가던 동맥이었다. 강릉에서 지척인 횡계가 영동고속도로 권역으로 주문진 등의 명태를 소화한 곳이라면, 용대리는 대체로 속초나 고성 같은 강원 북부의 명태를 담당했다.

일제강점기에도 진부령을 관통하는 도로가 있었다. 비포장도로가 인제와 간성, 즉 영동과 영서를 이었다. 목탄차가 힘들게 넘어가던 고개였다. 속초와 인제를 연결하는 지금의 미시령은 1970년대에 군사상 작전도로로 뚫렸다. 도부꾼이 내설악 쪽의 소로를 이용해 동해의 건어물과 소금을 지고 넘어와 곡식으로 바꿔갔다. 해산물과 농산물의 물물교환이 소박하게 이뤄졌다.

진부령과 미시령이 코앞 길목에 자리한 용대리가 오늘날

횡계덕장

과 같이 황태덕장으로 명성을 날리게 된 것은 1980년대의 일이다. 전두환 전 대통령이 백담사로 귀양을 오면서 인제가 뜨기 시작했다. 땅 투기가 빚어질 즈음 덩달아 황태덕장도 부상했다. 함경도 아바이들이 주축이 된 대관령덕장과 달리 뒤늦게 1980년대에 대여섯 가구가 시작한 진부령덕장은 간성과 인제 사람이 주축이 됐다. 1990년 무렵부터 덕장이 불어나기 시작해 지금은 30여 개 덕장에서 연간 100만 마리 이상이 생산된다. 연간 7억 5000만 원 상당의 소득을 올리며, 1999년부터 시작된 축제에 10만~15만 명의 인파가 몰려든다. 영동에 명태축제가 있다면 영서에는 황태축제가 있는 셈이다.

엄청난 바람이 '영 너머'에서 고개를 타고 내려온다. 현지인은 영 너머란 말을 자주 쓴다. 바람은 물론이고 물산과 사람과 문화 교류를 모두 "영 너머로 오간다"라고 표현한다. 40여 일간 영 너머 바람을 견디다 보면 황태 속살이 부풀어 솜처럼 부드러워진다. 전국 황태의 7할이 용대리에서 생산된다. 양평에서 홍천을 거쳐 진부령이나 미시령을 넘고자 하는 이들은 용대리 길가의 무수한 황태 식당과 덕장을 거쳐야 한다.

황태의 본적지는 두말할 것 없이 평창 횡계다. 반면에 황태를 새롭게 알린 곳은 인제의 용대리다. 하나는 대관령, 다른 하나는 진부령에 위치해 '영 너머'로 오가는 바람을 이용하면서 바다동네와 산동네의 인정과 물산까지도 맞교환하는 중이다.

북방 미각의
장기 지속성

환동해 식해 루트

'동해안 바닷길'이야말로 환동해 문명의 핵심 루트였으며, 이는 고구려, 발해, 고려, 조선으로 이어지는 장기 지속적 '문명의 하이웨이'였다. 고구려와 발해 같은 큰 나라 말고 함경도와 강원도에 걸쳐 있던 옥저와 동예, 여진족 같은 부족의 역사도 환동해 문명사에 선명하게 각인되어 있다.[23]

옥저(기원전 3세기~285)의 영토는 영흥 이북부터 두만강 유역까지다. 동옥저는 큰 바다에 접했고, 북쪽으로 읍루와 부여, 남쪽으로 예맥과 잇닿았다. 동서가 좁고 남북으로 길었다. 토지는 비옥하며, 산을 등지고 바다를 향해 있어 오곡이 자라기에 적합했다. 고구려에 복속된 이후 담비가죽, 생선, 소금, 해

발해의 흔적, 도문서 용정 가는 길의 마패마을. 동해에 걸쳐 살던 발해인도 식해를 먹었을 것이다.

초류를 공물로 바쳤다. 옥저는 고구려와 같이 부여족의 한 갈래였으나, 풍속이 달랐고 민며느리제가 있었다.²⁴

예(濊) 또는 동예(東濊)는 기원전 82년부터 기원후 4세기까지 원산 부근에서 강원도 강릉시, 경상북도 영덕군에 이르기까지 동해안에 넓게 퍼져 있었다. 토지가 비옥하고 해산물이 풍부하여 농경, 어로 등 경제생활이 윤택했다. 특산물로 단궁이라는 활과 과하마, 반어피(물범가죽)가 유명했다. 연안에

서식하는 물범 사냥이 널리 이루어졌음을 알 수 있다.

아시아 권역을 하나로 묶는 식문명은 어장(魚醬)과 식해(食醢)다.[25] 그중에서도 동아시아 환동해 문명권을 공통으로 엮는 하나가 있으니, 바로 식해다. 단순한 식해에 사실은 동해 문명권의 한 상징성이 깃들어 있다. 식해는 한국의 동해안과 일본의 서해안에 걸쳐 있으므로 환동해권 문화라 할 수 있다. 식해는 본디 우리나라 특유의 명칭이다. 해는 '젓→해'이니 '생선+소금'이고, 이 해에다 밥(食)을 섞어서 결합해 식해라 한 것이다. 17세기 말의 《주방문(酒方文)》과 1680년의 《요록(要錄)》에 '생선+곡물+소금'의 전형적인 식해가 나타난다.[26] 그런데 문헌에 뒤늦게 등장할 뿐, 식해는 이미 선사시대부터 존재한 것으로 봐야 한다.

식해는 고기식해와 생선식해 두 종류가 있다. 생선식해 중에서 가자미식해가 가장 오래된 것으로 비정된다. 동해의 가자미와 북관의 좁쌀을 이용한 저장식품이다. 지방마다 특유의 식해가 있는데, 함경도에는 명태에 조밥을 넣은 명태식해, 도루묵에 멥쌀(혹은 조밥)을 넣은 도루묵식해, 가자미에 좁쌀을 넣은 가자미식해가 있고, 강원도에는 북어에 쌀을 넣은 북어식해, 말린 명란과 조밥을 섞은 명란식해, 정어리에 밥을 섞은 정어리식해가 있으며, 경상도에는 밥을 되게 지어 말린 명태를 섞은 말린생선식해, 갈치 혹은 조기를 말려서 되게 지은 밥과 섞은 진주식해, 말린 명태나 말린 오징어를 되게 지은 밥과 섞은 밀양식해 등이 있다.

  대체로 식해는 함경도, 강원도, 경상도 등 한반도 동쪽에 분포하는데, 서해안 쪽 황해도에도 대합 살과 멥쌀을 섞어 만드는 연안식해가 있다. 그런데 '유희춘일기(柳希春日記)'라고도 불리는《미암일기초(眉岩日記草)》에는 경북 상주식해, 강원도 영해의 생복식해, 전남 무안의 숭어식해, 서울식해 등이 기록되어 있다. 오희문(吳希文)의《쇄미록(瑣尾錄)》에는 충남 부여의 임천식해, 전북 익산 함열의 백어(白魚)식해가 열거되어 있다. 생각 이상으로 식해 분포가 넓었다는 증거다. 그러나 식해의 주류는 역시 동해안으로 보는 것이 맞다. 백석 시인은 가자미식해에 대해 산문〈가재미·나귀〉에서 이렇게 썼다.

동해 가까운 거리로 와서 나는 가재미와 가장 친하다. 광어, 문어, 고등어, 평메, 횃대… 생선이 많지만 모두 한두 끼에 나를 물리게 하고 만다. 그저 한없이 착하고 정다운 가재미만이 흰밥과 빨간 고추장과 함께 가난하고 쓸쓸한 내 상에 한 끼도 빠지지 않고 오른다.[27]

역시 백석 시인의 시 〈북관(北關) 함주시초(咸州詩抄) 1〉을 읽어보자.

명태(明太) 창난젓에 고추무거리에 막칼질한 무이를 비벼 익힌 것을
이 투박한 북관(北關)을 한없이 끼밀고 있노라면
쓸쓸하니 무릎은 꿇어진다

시큼한 배척한 퀴퀴한 이 내음새 속에
나는 가느슥히 여진(女眞)의 살내음새를 맡는다

얼근한 비릿한 구릿한 이 맛 속에선
까마득히 신라(新羅) 백성의 향수(鄕愁)도 맛본다

백석은 또한 〈선우사(膳友辭)〉에서 "흰밥과 가재미와 나는/ 우리들은 그 무슨 이야기라도 다 할 것 같다/ 우리들은 서로 미덥고 정답고 그리고 서로 좋구나"라고 노래했다. 우리나라는 가자미가 많이 잡혀서 첩역(鰈域)으로 불렀다. 특히 함경도 앞바다에서 많이 잡혔다. 가자미는 비묵어, 가이, 첩어, 회지어라고도 불렸는데,《북관지(北關志)》에는 비목어라 쓰여

참가자미. 우치다 게이타로, 유리원판

있다.[28]

다양한 가자미 (홍원군, 1966)   어민 구술

가재미에는 많은 종류가 있다. 참가재미, 용가재미, 이가재미, 넙, 청거리, 오기, 쏩스리, 송가재미, 싸라가재미, 물가재미, 왼부리, 독가재미, 간뒤 등이 있다. 과거에 가재미가 없었다면 영세 어민은 굶어죽었다. 사철 잡았는데 가난한 사람들은 거기에 목숨을 걸었다. 영세 어민은 그 때문에 살았다.

가재미가 많다 보니 가재미식해가 일찍부터 발달했다. 명태식해 훨씬 이전에 만들어졌을 것이다. 가재미식해는 소금에 절인 가재미 살과 무 그리고 조밥, 길금가루, 고춧가루, 파, 마늘 등을 섞어서 삭혀 만들었다. 조밥은 함경도의 오랜 전통이다. 흰쌀밥은 밥알이 풀어져서 볼품이 없지만 조밥은 알이 작고 단단하여 모양새가 좋다. 물 좋은 노랑가재미를 얼간으로 절여 보자기에 싸서 큰 돌로 눌러놓은 다음 먹기 좋은 크기로 토막 친다. 메조밥을 되직하게 지어 온갖 양념을 곁들여서 항아리에 생선과 함께 켜켜로 놓고 꼭 눌러 삭힌다. 따뜻한 곳에서 3~4일, 보통 일주일이면 익어 물이 올라온다. 조밥이 다 삭으면 무를 굵게 채 썰어 소금에 약간 절여 물기를 짜고 마늘·고춧가루·통깨를 넣어 버무린 것과 가재미를 섞어서 꼭꼭 눌러 담는다.

동해안에서는 가자미만이 아니라 명태, 은어(도루묵, 도루메기), 낙지, 문어 등도 같은 방법으로 식해를 만들었다. 가자미식해의 으뜸은 북청 지방의 것이다. 은어식해도 북방의 음식이다. 동해 중부 이북에서 11월 하순부터 12월 상순 산란기에 많이 잡혔는데, 이때 명태도 은어를 잡아먹으려고 회유했다. 은어는 토막 쳐서 얼간하여 익어갈 때 채 친 무와 함께 밥에 고춧가루를 많이 넣고 양념하여 버무려서 식해를 만들었다.[29]

명태식해는 후대에 생겼다. 연해에서 줍듯이 잡아올 수도 있는 가자미와 달리 명태는 먼바다로 나가야 한다. 가자미식해와 거의 같은 방식으로 명태식해를 만든다. 명태식해는 한국전쟁 당시 월남인의 대규모 이동을 따라서 부산까지 내려갔다. 물론 가자미식해도 동행했다. 환동해 식해 루트가 그것이다.

단천 출신으로 속초 아바이마을에서 작은 가게 단천식당을 운영하는 윤복자(2000년 조사 당시 63세)는 함경도 음식 중 해산물로 유명한 것으로 명란젓, 창난젓, 아가미젓, 꽁치젓, 전갱이(메가리)젓, 오징어젓 등의 젓갈류를 꼽았다. 가장 함경도적인 것으로는 가자미식해를 내세웠다. 생선을 소금에 절이면 염장어가 되고, 발효하면 식해 또는 어장(魚醬)이 된다.

이런 음식은 전 세계에 분포한다. 생선식해는 이른바 감주식혜와는 다르지만, 발효 원리는 같다. 곡식과 생선을 섞어 발효한 것이 식해다. 곡식과 생선을 버무려 발효하여 저장해 먹는 것은 선사시대 이래의 식생활이므로 가자미식해는 한반도에 흔치 않게 남아 있는, 그 자체가 바로 무형문화유산인 '살아 있는 화석'이다.

"왜 식해를 만들 때 수많은 생선 중에서 가자미를 쓰느냐?"라는 질문에 '뼉다구가 날래 물르기(빨리 삭기)' 때문이란다. 그러고는 "가재미식해는 뼈가 물러야지 좋으니까"라고 사족을 단다. 재미있는 것은 조밥 대신에 쌀밥을 쓴다는 점이다. "경상도 사람들이 조밥을 넣지, 여기서는 그리 안 해요." 이런 습속은 다른 곳도 같아 강릉시 사천면 진리 등 여타 강릉시 일대에서도 흰 쌀밥을 이용해 식해를 만든다. 조로 만드는 것과 비교해 맛이 어떠냐고 묻자, "조밥보다 쌀밥이 더 맛있어요. 예전에는 값도 쌀이 비쌌지요. 삼척 넘어가고 경상도 가니까 다 조밥 넣데요. 그러나 이 인근은 모두 쌀밥으로 해요"라고 답한다. 우리가 아는 '조밥 넣은 가자미식해'와 조금 다르다.

식해의 기본은 가자미식해이고 기타 명태식해나 은어식해는 후대에 개발된 것이다. 함경북도 길주 출신으로 함흥 영

생여고를 나온 소설가 임옥인은 가자미, 동태, 은어 등 함경도 식해를 다음과 같이 명료하게 정리했다.

함경도 식해의 자료를 열거해보면 가자미, 무채, 새앙(생강), 마늘, 고춧가루, 소금, 조밥 혹은 쌀밥과 조밥을 반씩 섞는다. 가자미만 쓰이는 것이 아니다. 도루묵과 북어(凍太)로도 식해를 담근다. 가자미는 참가자미다. 대가리도 자르지 않고 창자만 버리고 씻어 가로 썰어 소금에 절인다. 고기가 꼬들꼬들할 때 밥과 버무려 단지에 넣어둔다. 며칠이 지나 고기와 밥이 삭을 만하면 다시 꺼내어 무채를 섞어 양념을 한다. 물론 가루소금으로 간을 맞춘다. 이런 다음에 미지근한 곳에다 항아리째 덮어두었다가 고기와 무가 삭아 맛이 들면 먹게 된다. 도루묵과 북어 식해도 비슷한 방식으로 담근다. 이렇게 생선을 절여서 담그는 식해가 함경도의 특이하고 요긴한 반찬인 것만은 틀림없다.

명태 먹는 방법에 관하여

명태를 맛있게 먹는 방법은 크게 세 가지다. 하나는 생태요리, 다른 하나는 북어요리, 마지막 하나는 창난젓이나 명란젓 같은 젓갈요리다. 19세기에 서유구는 《임원십육지》〈전어지〉에서 명태 가공법과 시기별 장단점을 이렇게 써놓았다.

고기 알은 두 개의 포 안에 있는데, 꼭지가 나란히 있어 콩꼬투리가 딱 붙어 있는 것 같다. 사철 잡을 수가 있으나, 섣달부터 그물을 쳐서 잡기 시작한다. 배를 갈라서 알을 취하면 그 빛깔이 순수한 누른색이지만 소금에 절이면 홍적색으로 변한다. 고깃살은 머리와 꼬리가 붙은 채로 햇볕에 말려 담상(淡鱶, 건어물)을 만드는데, 정월에 만든 놈은 고깃살이 푸석푸석해서 상품이 되고, 2~3월 것은 차품, 4월 이후 것은 고깃살이 빳빳해서 하품이 된다.

명태는 지방이 적어서 맛있다고 할 수는 없지만 담백하고 어기가 동절이라는 것, 말리기가 쉽고 썩지 않으며, 멀리 수송할 수 있고, 각종 요리를 만들 수 있다는 장점을 갖고 있다. 18~19세기 수산물 생산이 확대되면서 수산물가공업도 발전했는데, 그 시기 건조물의 대표 격은 북어, 말린 청어(비웃), 대구포, 굴비 등이었다.

명태는 흔하디흔한 것으로, '개도 물고 다니는 물고기'였다. 동해의 고급 어종은 방어, 도미, 농어, 연어, 문어 등이었고 명태, 고등어, 청어, 꽁치 등은 양이 많기 때문에 중질이라 했다. '기나긴 겨울밤에 북어를 두드려서 먹기도 했다'고 하여 간식거리로 먹을 정도로 흔했다.

명태는 버릴 게 하나도 없는 생선이다. 생태는 물론 냉동,

건조, 염장해서도 먹는다. 맑은 탕, 고명지짐이, 매운탕, 무왁찌개, 알탕, 애탕, 아가미깍두기, 전, 완자 등 요리법이 헤아릴 수 없을 정도로 많다. 껍질까지 먹는다. 북어로는 찜이나 구이도 한다. 아가미식해도 별미다. 무엇보다 생태김치는 시원한 맛이 일품이다. 배추김치에 일반 소를 넣는 것은 중부 지방과 같으나 생태 살과 생오징어채를 넣는 것이 별나다.[30] 생태요리에는 다음과 같은 것이 있다.[31]

- 명탯국(생탯국): 대가리와 꼬리를 자르고 토막 낸 다음 맑은 탕으로 끓여낸다. 맛이 시원하다. 애(간)와 고지(이리)를 따로 떼어 내어 애양념장을 만들어 먹게 한 것이 특징이다.
- 명태완자국: 명태 살을 다져 달걀 흰자위와 섞어서 완자를 빚어 맑은 국물에 넣고 끓인다.
- 명태찜: 내장을 제거하고 속에다 고기, 채소, 두부 등을 조미하여 채우고 양념을 얹어서 찐다. 소금간도 좋고 간장과 파, 마늘 등 양념을 얹어서 찌기도 한다.[32]
- 명태조림: 명태 토막을 양념장 물에 넣어 간간하고 달큼한 맛이 나도록 졸여서 만드는데, 밑에 무를 깐다.
- 명태두부지지개: 명태와 두부를 넣고 고추장으로 간하여 국물을 바특하게 끓인 얼근한 음식이다.

- 명태순대: 내장을 긁어내고 나물과 곡물 등을 다져 소를 넣고 장을 쳐서 쪄낸다. 명태순대는 쌀을 넣어 만드는 것보다 명태 내장과 살을 넣어 만든 것이 더 맛있다. 명태 대가리를 가지고도 순대를 만든다. 독특한 함경도 요리인데, 강원도 북부에서도 먹었다.
- 명태회: 물 좋은 명태 살을 식초에 재워서 꼬들꼬들하게 만들어 갖은 양념을 한다. 새큼하고 달며 매운맛이 특징이다.
- 명태데친회: 명태 살을 저며서 농마가루(전분)를 살짝 묻혀 끓는 물에 데쳐 만든다.
- 명태튀기: 명태를 통째로 혹은 토막을 내거나 살만 편으로 떠서 익혀낸다. 농마가루나 밀가루를 묻혀서 튀길 수도 있고 그냥 튀기기도 한다. 명태튀김은 초간장을 곁들여 먹는다.
- 명태완자튀기: 명태 살을 보드랍게 다져 달걀, 밀가루, 갖은 양념 등을 한데 두고 풀기 나게 섞어 동글동글하게 완자를 빚어서 기름에 튀겨낸 음식이다.
- 명태김치: 동태 포와 쪽파, 무채를 섞어 만든 김칫소로 만든다. 또는 김장독 아래에 명태를 깔고 그 위에 통배추김치를 얹어서 발효시키기도 한다.

《북간도》의 작가 안수길은 함흥에서 태어나 흥남 서호리

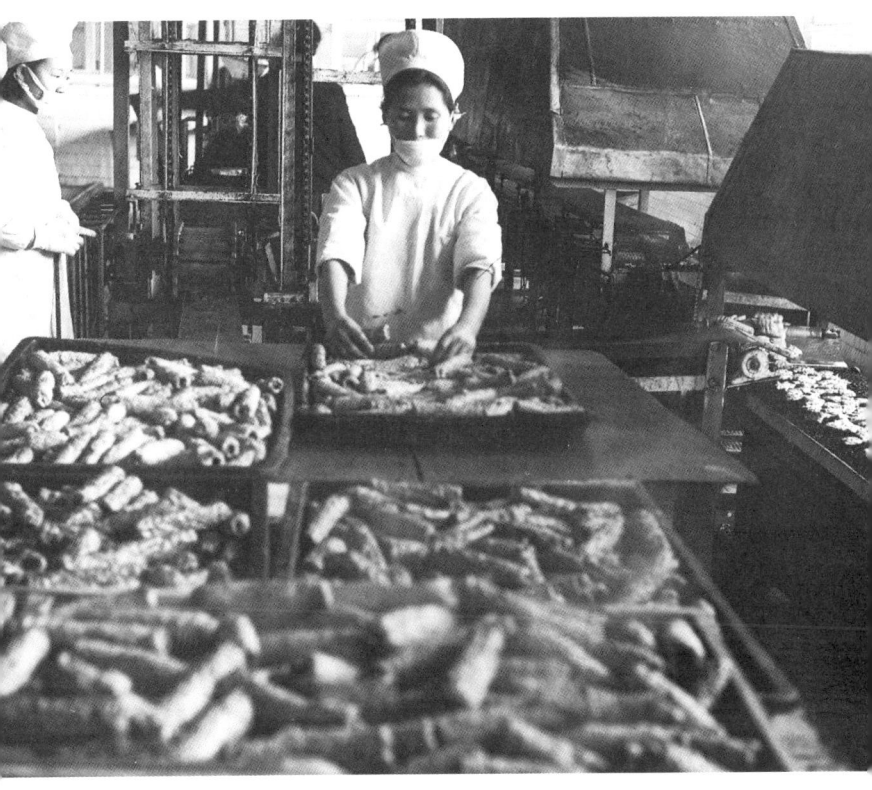

통조림으로 만들어지는 명태순대, 함남 신포어류통조림공장, 1979

에서 성장했다. 서호리 역시 명태의 주산지였다. 안수길은 1970년에 단편 〈동태찌개의 맛〉을 남겼다.

국이며 찌개며, 겨울 제철이 되면 명태는 얼기 전의 싱싱한 생태로서 그 지방의 식탁을 즐벗하게 하는 반찬 재료로 사랑을 받게 마련이었다. 같은 명태요리도 그 조리 방법에 따라 맛이 가지각색이다. 국만 하더라도 내장을 모조리 들어낸 것을 끓이게 되면 담담한 맛이 드러난다. 내장을 함께 쓰는 경우도 알과 고지(이리)와 창자를 넣어 끓이는 것과 애(간)를 난도질해서 섞어 국을 만드는 조리 방법에 따라 맛이 달라지는 것이었다. 찌개도 마찬가지다. 알찌개, 고지찌개, 대가리만을 재료로 하는 진한 된장찌개, 젓물로 끓이는 것… 명란젓, 창난젓…. 명란젓도 딴딴한 알로 담그는 것과 물알(딴딴하지 않고 물기가 있는 것)로 만드는 것이 맛이 다르다. 맛은 오히려 물알젓에 더 있는 것이었다. 그 밖에 구운 명태, 북어의 경우 그것을 쪄 먹는 맛, 실처럼 갈기갈기 찢어 만든 자반 맛.

고성군 아야진의 명태요리
어민 구술

국 끓여 먹고 또 말려서 북엇국 끓이고 뭐. 찜 있고, 조림 있고. 여기는 명태가 소고기 대신이라, 그래서 제삿날에 탕 쓰잖아요. 탕 써도 명태로 탕 끓여서 제사 지내는 사람 있습니다. 명태가 다양하게 들어가요. 명태가 이름이 사십세 가지래요. 명태·황태·생태·노가리·동태·춘태·북어·건태…. 이런 식으로 해가지고 사십세 가지가 나오

더래요.

배 위에서도 명태요리 해서 먹어요?

그냥 소금물에. 육지에서는 배 떼어가지고 깨끗하게 씻잖아요? 바다에서는 그냥 빼게고 열(쓸개)만 삐내고 그냥 소금만 넣고 끓여요. 그래야 맛도 좋고 나중에 고춧가루 조금 넣고, 명탯국을 최대 맛있게 드실라믄은 명태 애를 같이 삶잖아요. 고거를 건져가지고 고춧가루 넣고 파 썰어놓고 잘 갠다고. 다시 말해서 명태장을 만드는 거예요. 국에다가 그 장을 만들어서 먹으면 그것만큼 일품이 없어요. 국에는 소금만 넣고 애장을 만들어서 양념을 해서 먹으면, 그거 먹으면 '뻑 가요'. 명태 끓여서 소쿠리 같은 데다가 명태를 건져낸다고. 건져서 소금 뿌려서 그냥 먹으면 제일 맛있다고. 쓸개 빼내고 내장째 끓여서 소금만 뿌려서 기양. 물이 딱 지니까 천국 가는 맛이죠. 뱃사람들이 뭐라 지칭하는 이름은 없고. 그냥 뱃사람들이 맛있게 해먹던 방법이죠. 그게 최고 요리죠. 아무데서나 못 먹어요. 옛날부터, 할아버지들서부터, 오래전부터 그렇게 해 먹었으니까 알죠.

명태회도 그렇게 맛있다면서요?

바로 잡으면 여기까지 목이 다 시원해요. 곰치도 회가 그렇게 좋습니다. 도치회도 그렇게 좋고. 명태회 못 자셔봤죠? 이 세 가지는 다

맛있는 거래요. 잡아서 바로 회로 뜨지 않으면, 독이 있다거나 그러지는 않는데, 명태는 독은 없어요. 명태는 덜 말려도 상관없고 뜻뜻해도 상관없고 덜 삶아도 상관없고. 그런데 왜 명태회를 죽은 걸 안 먹냐면 살이 물러지니까 그래서 안 먹는다고 그랬는지는 몰라도, 명태는 상관없어요. 다만 맛이 싱싱한 게 좋죠. 명태는 뱃전에 올라오면 금방 죽어요. 그래도 겨울엔 추우니까 괜찮습니다. 지금 명태는, 그런데 11월, 12월, 1월달 나는 명태는 괜찮아요. 겨울에는 추우니까 괜찮아요. 꼬독꼬독하니까요.

일본인은 명태의 어란만 취하고 살은 어묵을 만드는 데 썼다. 그런데 북한에서도 1960년대부터 어묵을 제조하고 있었다. 신포물고기통조림공장에서 명태 살을 반죽하여 기름에 튀기는 연제품(어묵)을 생산했는데, 정작 어묵이라는 말은 쓰지 않았다.[33]

북어의 요긴한 쓰임새는 주방 필수품 같은 것이다. 짝짝 찢어서 술안주로, 혹은 반찬이나 찜과 탕, 구이로 쓰였다. 술안주로, 반찬거리로 먹는 황태구이의 오묘한 맛을 생각해보자. 황태를 부드럽게 불려서 간장 양념장에 재워두었다가 굽거나, 아니면 고추장 양념으로 매운맛을 낸다. 노릇노릇 구워지는 빛깔은 그 자체로 입맛을 끌어당긴다. 또한 북어로도 식해

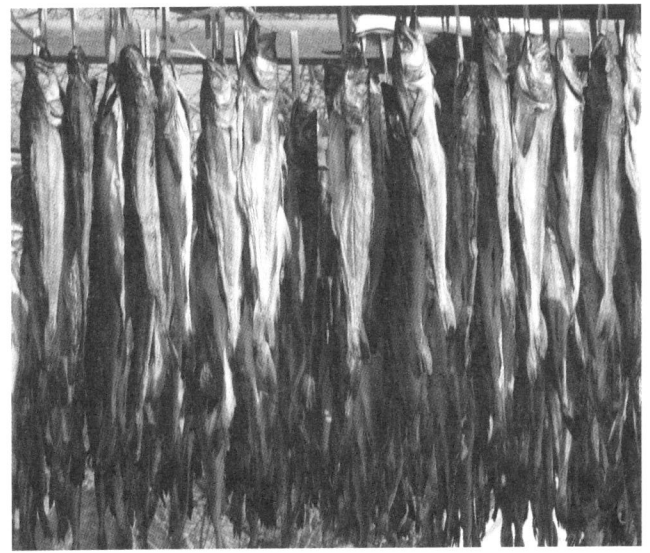

북어, 용대리, 2005

를 만들었다.

- 북엇국: 최고 미덕은 해장국이다. 얼고 녹는 환난의 과정을 겪은 물고기만이 얻을 수 있는 베풂의 징표다. 북어 대가리와 뼈, 대파와 양파 등을 준비하여 세 시간쯤 끓인다.
- 북어포: 큰 흰살생선 살만을 얇게 저며서 간장, 기름, 후춧가루로 양념하여 육포와 같은 요령으로 말린다.

- 북어자반(북어무침): 북어를 가늘게 찢어서 싹싹 비벼 목화송이 피어오르듯이 피워서 간장과 기름 또는 소금과 기름에 무친다.
- 북어조림: 북어 살을 간장, 고추장 등으로 간을 하여 조린 음식이다. 고추장을 넣지 않고 간장과 파, 마늘, 고춧가루, 깨소금으로 양념하여 조려도 된다.
- 북어양념장구이: 잘 말린 북어를 갖은 양념에 재웠다가 구운 음식이다.
- 북어초무침: 북어를 도톰하게 째서 더운 물에 잠깐 불렸다가 초고추장에 무친다.
- 북어보푸라기: 살을 가늘게 뜯어 손으로 비벼서 부드럽게 보풀린다. 간이 안 되어 있으므로 진장, 소금, 참기름, 꿀, 후춧가루, 고운 고춧가루 등으로 삼색이 나게 무친다. 1800년대 말엽에 나온 《시의전서(是議全書)》에 등장하는 북어무침은 북어보푸라기와 같다. "북어를 가늘게 찢어 손으로 싹싹 비벼서 가위로 썰어 기름, 깨소금, 고춧가루, 꿀, 진장을 넣고 무친다"라고 했다.
- 북어찜: 북어를 두들겨서 머리와 속뼈 등을 모두 빼고 더운 물에 담가 보드랍게 불린다. 불린 북어를 갖은 양념으로 조미하는데, 쇠고기를 다져 넣기도 한다.
- 북어회: 보풀이 일도록 손질한 북어 살을 굵직하게 찢어서 누

기를 준 다음, 초고추장과 기름, 깨소금을 넣고 무친 음식이다. 북어회는 생명태회와 마찬가지로 국수꾸미, 술안주, 밥반찬으로 좋다.

- 북어튀김: 북어 살에 달걀로 만든 튀김옷을 씌워서 기름에 튀긴 음식이다. 바삭바삭하고 고소한 맛이 난다.
- 코다리찜: 코다리는 생태와 북어의 중간 단계인 반건조품인데, 생태보다는 북어에 가깝다. 코다리의 전국화는 냉장시설이 등장한 다음의 일이다.
- 황태구이: 불린 황태의 물기를 제거하고 노릇하게 굽는데, 갖은 양념장을 바른다.
- 북어식해: 무는 얇게 썰어 소금에 심심하게 절인다. 고슬고슬하게 고두밥을 지어서 엿기름가루를 섞고 북어는 잠깐 불렸다가 잘라서 엿기름가루로 버무린다. 절인 무를 고춧가루로 빨갛게 물들여서 북어와 밥을 버무린다. 항아리에 꼭 눌러 담고 우거지로 위를 덮어 따뜻한 곳에서 삭힌다. 밥알이 삭으면 찬 곳에 두고 먹는다.[34]

국악인 성경린(成慶麟)의 〈불에 구워낸 더덕북어〉(《신동아》, 1978년 1월호)란 수필이 있다. 더덕북어 애찬이다. 손이 많이 가는 이와 같은 북어요리는 대부분 사라진 실정이다.

명태 가운데서도 특히 더덕북어를 몇 쾌고 사서 먼저 속을 발리기 좋게 등뼈 쪽을 두들기고 대가리와 꽁지를 동강 쳐내고는 가시가 하나도 없도록 말끔히 속을 고른 다음 북어무침을 할 북어 그리고 너비아니와 곁들일 구이를 할 북어를 가린다. (…) 하나하나 손끝으로 북어의 살을 잘게 뜯어내는데, 그걸 손쉽게 하기 위하여 껍질째 몇 마리씩 축축한 물행주로 싸두는 등 매우 수고가 드는 것이다. 북어의 살을 부풀린 다음에 솜 피듯 가늘게 뜯어내어 간장, 기름, 설탕, 후춧가루, 깨소금을 쳐서 무치는데, 미상불 손이 가기도 하려니와 맛도 희한하니 고급 반찬에 들었다. (…) 북어구이를 너비아니 이상으로 좋아한다. 더덕북어를 대가리와 꽁지를 잘라 오래 물속에 넣어두었다가 꺼내서 토막을 쳐서 갖은 양념을 하여 숯불에 올려 구워내는 건데, 쇠고기와는 다른 저 분저분한 맛이 구미를 돋군다.

근대에 만들어진 '북어 신화'의 하나로 '원산말뚝'이 있다. 북어의 집산지 원산에서 유래한 것인데, 원산말뚝은 '북어'를 가리킨다. 국어사전에는 '원산-말뚝, 북어를 속되게 이르는 말'로 등재되어 있다. 원산 앞바다에서 잡아 말뚝용 장작같이 딱딱하게 건조한 데서 비롯됐다는 설이 있는데, 정확하지는 않다. 북어의 본향인 원산을 상정하면서 붙여진 명칭임이 분명하다. 실향민은 지금도 '원산말뚝에 소주 한잔'이라고 하면 그 말귀를 알아듣는다. 본향의 맛, 본향의 명칭이 일제강점기부터 지금까지 유전 중인데 20세기 전반기에 만들어진 명칭일 것이다.[35] 맛은 어릴 적부터 이어지는 장기 지속적인 것이며, 함경도 아바이들이 느끼는 북어의 맛 역시 장기 지속적이기 때문이다.

내장을 먹는 방법에 관하여

명태의 백미는 내장이다. 명태는 버릴 것 없이 이용한다. 알로는 명란젓, 밸로는 창난젓을 담근다. 고지로 국을 끓이거나 말려서 기름에 볶거나 시래깃국, 뭇국에 넣어 먹는다. 밸은 훑어서 더운 물에 씻은 다음 간장과 기름, 파를 넣어 끓인다. 상요리라 하여 쇠고깃국보다 낫다고 했다. 대가리는 가루로 내어 국을 끓이는데, 맛이 구수하다. 관자뼈는 김장철에 김칫소에 넣으며 눈알은 푹 불렸다가 양념을 넣고 강냉이밥으로 식해를 담갔다.

으뜸은 명란젓인데, 살코기 못지않게 식탁을 풍성하게 해주는 귀한 식품이다. 터지지 않게 잘 간수한 알집을 접시에 소담하게 올려놓은 미끈하고 통통한 자태를 생각해보자. 조선시대 문헌에 명대란이 곳곳에 보이며, 왕실 의궤에도 등장하는 것으로 보아 왕실에서 서민에 이르기까지 널리 먹었음을 알 수 있다. 저장과 유통이 어려웠던 시절에는 북어 같은 건어물과 명란 같은 젓갈이야말로 동해 이외 지역 사람이 명태를 접할 수 있는 유일한 수단이었을 것이다. 날로도 먹고 쪄서도 먹고 탕으로도 먹으니 식성이 까다로운 이도 명란젓만큼은 사양하지 않는다. 이웃 일본에도 명란 문화가 전파됐다.

서민은 값싼 내장으로 내장탕을 끓여냈다. 냉동 원양태가 보편화되면서 신선한 곤이나 애를 구하기 어려워져 애탕의 옛 맛은 거의 사라졌으나, 내장으로 끓인 탕이야말로 명태탕의 진수다. 애탕을 만들 때는 먼저 알과 애, 곤이 등을 끓여내어 건져낸다. 알과 곤이는 그대로 두고 두툼한 애는 난도질하듯 잘게 썰고, 마늘과 고춧가루 등을 넣어 다시 끓여낸다. 일종의 양념장으로 애를 끓여내는 것인데, 그러면 얼큰하고 시원한 애탕이 완성된다. 다음의 요리는 현재 북한에서 전승되는 명란 및 명태 내장 요리다.

- 명태알젓(명란젓): 명란을 소금에 절였다가 고춧가루와 마늘로 양념하여 삭힌 음식이다.
- 명태밸젓: 명태밸에 양념을 두고 삭혀서 만든 짭짤한 음식인데, 영양가가 높으며 밥반찬이나 무를 넣고 익혀 먹기도 한다.

명란절임 실습. 함남 신포수산전문학교, 1955

- 명태젓: 명태 살 토막을 소금에 절이고 마늘, 고춧가루로 양념하여 삭힌 음식이다. 명태젓을 그대로 먹을 수도 있고, 무채를 섞어 식해를 담가 먹기도 한다.
- 명태고지젓: 고지(물고기의 흰 정액덩어리)를 소금에 절인 다음, 파와 마늘, 고춧가루, 생강 등으로 양념하여 삭힌다.
- 명태알전: 명란에 밀가루, 달걀을 섞어 지져낸 음식이다.
- 알밥: 터진 명란을 소금에 절이고 고춧가루와 다진 마늘을 버

무려서 익힌 짭짤한 밥반찬이다.

- 명태알젓찌개: 명란을 토막 내 넣고 짭짤한 맛이 나게 끓인 음식인데, 짭짤하고 국물이 바특하여 밥반찬으로 좋다.
- 건곰국: 북어와 피문어, 합(蛤, 조개)과 파를 합쳐 건곰국을 만들어 노인이나 병약자의 보신탕으로 애용했다. 건곰은 북어 배 안에 말라붙은 검은 간유인데, 이것이 우러나와 국 맛을 이끌어낸다.[36]

강원도 고성의 젓갈[37]

어민 구술

명란·창난은 이북에서 나왔어요. 전쟁 종반부에 이르면서 고향을 따라 계속 북진하다가 거진까지 올라왔습니다. 군사분계선이 그어지면서 거진에 정착할 수밖에 없었어요. 여기서 보니까 명태가 고향처럼 많이는 아니어도 조금씩[38] 생산됐어요. 아직 남쪽에서는 명란젓이나 창난젓이 없었어요. 그래서 부모님이 처음으로 젓갈을 담그기 시작했지요. 어려서부터 부모님이 명태공장을 했어요. 내장은 창난젓을 담갔고 알은 명란젓을 담갔고, 명태 간(애)은 비누공장에서 비누로 가공하거나 약품으로 식용했지요. 젓갈은 부모님이 담가서 1년 내내 먹었어요. 북쪽에서는 큰 항아리에 가득 담아서 땅에 파묻었지요. 냉장고가 없던 시절이지만 여름에도 젓갈이 상하지 않고 싱싱한 채로 젓이 잘 됐지요. 명란젓을 항아리에 담을 때는 양념한 명란을 깔고 그 위에 가랑잎을 한 겹 쭈욱 깝니다. 이런 식으로 반복해서 항아리를 가득 채우는데, 가랑잎이 방부제였지요. 창난은 불순물을 제거한 후에 잘게 썰어서 양념을 하는데, 젓갈을 담글 때는 숙성과 발효가 중요합니다. 옛날에는 젓갈을 짜게 만들었어요. 남쪽으로 와서 처음 젓갈을 담가 팔 때는 간 조절에 애를 먹었어요. 경상도는 짜게 먹지만 서울은 싱겁게 먹는 등 지역 차가 뚜렷했기 때문에 전국으로 판매하는 데 힘이 들었어요.

강릉 사천진의 젓갈
어민 구술

- 명란젓: 명란을 사 와가지고 담는데, 여기는 명태가 안 나니까 그다지 많이 담그지는 않는다. 과거에는 여기도 명태가 많이 났었고, 당연히 명란젓도 담가서 먹었다. 다른 젓갈보다는 소금의 양을 적게 넣고, 고춧가루 넣고, 다진 마늘, 생강, 설탕 등 양념 넣고 파도 썰어 넣고 무쳐서 바로 먹을 수 있다. 2~3일이면 젓갈이 아니고 반찬이 된다.
- 창난젓: 창자만을 빼서 소금에 절였다가 창자의 내용물을 깨끗하게 훑어 빼낸 다음 다시 물에 빨아서 고춧가루 양념해서 무쳐 삭힌다. 강릉시장에서 창난을 훑어서 판다. 그것을 사다가 집에서 다시 한 번 더 씻어서 소금에 하루 정도 절여놨다가 무쳐놨다가 2~3일 후에 먹는다. 명란이나 창난은 무쳐서 일주일 정도 있

다가 먹으면 맛이 있다. 전부 손맛이다.

• 서거리젓: 북어 아가미를 떼어 소금에 버무려 젓으로 담근다. 서거리젓을 다져서 겨울 김장 때 썼으나 현재는 멸치젓을 많이 쓴다. 명태가 많은 고장의 특징이며 말린 것으로 담근 젓갈이어서 담백한 맛이 난다.[39]

식약동원과 민간요법

《임원십육지》〈정조지(鼎俎志)〉에서는 "민간에서 북어라 한다. 맛은 달고 성질은 평하다. 허로(虛勞)를 보하여 몸에 유익하다"라고 했다.[40] 1884년의 《방약합편》에서는 물고기 열세 가지를 다루었다. 명태를 '명태(明太)·북어(北魚)'로 표기하고, "명태는 짜고 따스해 허로와 풍병을 낫게 하나, 많이 먹으면 회(蛔)가 동한다. 그렇지만 명란은 비위를 조화시킨다"라고 했다.[41]

1954년 11월부터 1958년 3월까지 북한의 동해수산연구소에서 신포와 청진 앞바다에서 어획한 명태 살을 성분 분석했다. 그 결과 수분 83.26퍼센트, 에테르 추출물 0.84퍼센트, 회분 1.47퍼센트, 단백질 14.29퍼센트였다. 내장에는 수분, 회분, 에테르 추출물, 총질소, 단백질소, 비단백 및 고질소, 조단백질, 순단백질 등이 있었다.[42] 명태의 경우 각 부위에서 다양한 약용 성분을 뽑아낸다. 명태는 완전단백질로 성장과 생식에 필요한 필수아미노산이 풍부하여 체조직을 구성하고 체액·혈액의 중성을 유지하는 데 중요하다. 질 좋은 비타민 A와 나이아신이 풍부하여 인체의 피부와 점막에 없어서는 안 될 식품이다. 특히 레티놀은 고운 피부와 주름 방지에 탁월하다.

일제강점기에는 대구와 명태에서 간유를 뽑아 대부분 일본으로 가져갔다. 엄격한 간유검사소를 설치하여 용기와 용량, 품질 등을 통제했다. 품질은 4등급으로 나누었다. 간유산업을 구축하려는 뜻은 어디까지나 일본인이 먹기 위해서였으며, 일본 내에서 판매하는 데는 품질 규격화가 긴요했기 때문이다.[43] 대체로 다음과 같은 효과가 있다고 했다.

- 살: 해저 가까이 살기 때문에 위쪽에 사는 고등어와 달리 지방이 적고 단백질이 많아 맛이 담백하다. 칼슘, 인, 철 등을 함유하고 있어 어린이 이유식과 노인 영양식으로 적합하다.
- 애: 시력 보호 영양제가 없던 시절에 애(간)는 시력을 좋게 하는 영양 식품으로 애용되어왔다. 눈이 침침하여 특별한 약이 없어 애를 태우던 이들에게 눈을 밝게 해주는 최고의 약이었다. 간유(肝油)는 애에서 짠 기름으로 비타민 A와 D, DHA 및 EPA가

명태 가공품 일람표

명태 부분	가공 제품명
살	각종 가공품
위	세균 배양제
눈	비타민 B1, B2, 분말정제
애	경화유, 내연유, 비누, 약용간유, 간유 고약 원료, 고단위 비타민 간유, 비타민 A 정제, 종합영양소
창자	간장, 창난
열	웅담 대용품, 소화제
란젤한시도스	인슐린 당뇨약, 정충 분리 증용
수세	비타민 A, 소화효소
알	종합영양식료품, 명란젓
고지리	통조림 및 기타 식료품, 호르몬제, 아미노산장유
껍질	제라징(젤라틴)

출처: 북한 국립수산시험장 청진지장 자료(사회과학원 민속학연구실, 1951)

들어 있으며,[44] 비타민 A, D 결핍증 예방 작용이 있다. 어린이 영양제로 쓰며 폐결핵, 허약자, 야맹증, 구루병, 피부병 등에도 쓴다. 애는 가마에 태워서 그 기름으로 등잔을 켜기도 했다.

• 알: 알에는 부족하면 불임이 되는 비타민 E(토코페롤)가 많아 생식 기능 정상화와 노화 방지 영양원이다. 명란젓은 비타민 A가 많아서 시력 보호는 물론 점막 보호, 피부 건강에 효과가 좋다.

- 창자: 장에 좋고 칼슘분은 명란젓보다 세 배 이상 월등하고 회분(Ash)도 명란젓보다 많아 영양소를 골고루 함유한다.
- 아가미: 아가미(서거리)에는 칼슘이 멸치보다 많다. 칼슘은 체액의 알칼리성 유지에 기여하고 뼈대 조직과 관련이 있어 부족 시에 골연화증, 골다공증을 일으킨다.
- 곤지: 곤지에는 각종 영양소가 골고루 함유되어 있으며, 특히 단백질과 인이 풍부하여 뼈, 치아 및 근육 수축에 관여한다. 지방 함량이 내장 중 가장 적어서 맛도 담백하다.

에
필
로
그

명태잡이의
종말

페티항과 거진항에서

캐나다 뉴펀들랜드의 페티항 어민들은 자신들의 앞바다가 대구의 전설적인 서식지라는 사실을 자랑스러워했다. 페티항은 북대서양 연안의 작은 어촌으로, 지난 1000년 동안이나 대구어업이 흥했던 곳이다. 그런데 그 대구가 사라졌다. 1000년 동안이나 흥청거리던 어업이 마침표를 찍었다. 유감스럽게도 페티항 어민들은 천년 대구어업의 끝물에 서 있었던 것이다.

이제 그들은 어부가 아니다. 면허 소지자에게만 어획량이 엄격하게 할당되고 신규 면허는 더 이상 발급되지 않는다. 어부들은 어장 감시원으로 직업이 바뀌었다. 그들은 대구를 잡으면 상처가 나지 않게 낚싯바늘을 살짝 빼내고 숫자가 쓰이고 꼬리표가 달린 플라스틱 실을 끼워 넣는다. 그러고는 다시금 대구를 놓아준다. 저인망어선으로 작업해온 결과 대구가 상업적으로 멸종했고, 이제는 오로지 과학 실험 연구를 위해서만 잡을 뿐이다.

대서양 대구잡이를 가장 먼저 시작한 바스크족의 민간 설화에 따르면, 중세의 어부는 길이가 약 1미터나 되는 대구를 끌어올렸다. 이런 대구가 당시에는 아주 흔했다. 깜짝 놀랄 만한 일은 대구가 낯선 말로 지껄인다는 것이다. 설화에 따르면, 그 말은 바스크어였다. 바스크족이 먼 미지의 바다로 나아가 대구와 고래를 잡아왔기 때문이다. 엄청난 양의 대구를 소금에 절여 영양가 높은 먹을거리를 상하지 않게 확보했기에 원해항해가 가능했다. 사실 아메리카대륙의 최초 발견자는 콜럼버스가 아니었다. 염장대구를 먹으면서 대항해에 나선 이들은 바이킹과 바스크족이었다. 바이킹은 지금의 뉴펀들랜드에 당도하여 정착촌까지 만들었다. 바이킹 유적이 뉴펀들랜드에서 발견되는 것은 전혀 놀라운 일이 아니다.[1]

그렇게 풍성했던 대구가 대서양에서 대거 사라졌다. 탐욕스러운 민영화, 독점화, 산업화된 어업이 풍부했던 대구를 없애버렸다. 기술 발달로 인해 거대한 공장형 선박을 갖춘 대기업이 그보다 작은 규모의 전통적 어부들이 모는 선단을 바다에서 밀어내며 대구를 절멸시켰다. 대구는 남획이란 개념이 통하지 않을 정도로 풍부한 종이라고 주장해온 과학자들 때문에 대구를 잡으려는 노력은 더욱 격렬해졌다. 그들은 대구에게 남획이란 개념은 과학적으로 통하지 않는다고 끝까지 주장했다.[2] 물론 모든 과학자가 그러했던 것은 아니다. 2003년 '우리를 둘러싼 바다 프로젝트(Sea Around Us Project)'를 통해 괄목할 만한 보고서가 제출됐다.[3] 그러나 이미 대구는 대서양에서 사라지고 난 다음이었다.

우리나라 동해에서는 명태가 사라지고 있었다. 그 요인은 대구와 달리 기후변화였다. 1980년대로 접어들면서 수온 상승의 조짐은 여러 곳에서 확인됐다. 먼저 속초 해역에서 더 이상 연승이 불가하고 자망으로만 어획이 가능해졌다. 자원 소멸 징조는 연승에 그대로 반영됐다. 1990년대에 들어서 명태가 급격히 사라지기 시작했고, 2000년대로 들어서면 아예 보이지 않게 됐다.

기후변화의 본격판은 육지의 과일나무에서도 빚어졌다. '대구 사과'가 소멸하고 200킬로미터나 북상한 강원도 양구에서도 사과가 자라기 시작했다. 경상도는 더 이상 사과 적정 재배지가 아니며, 북방 강원도 산골이 외려 역할을 대신하게 됐다. 육상에 나타난 이러한 불길한 조짐은 훨씬 전에 바다에서 벌어지고 있었다. 다만 바다의 변화는 눈에 보이지 않기 때문에 사과처럼 즉자적으로 경고음이 체감되지 못했다.

1999년 강원도 고성은 명태축제를 시작했다. 아이러니한 것은 명태축제가 시작된 1999년은 바로 명태가 소멸되던 끝물이었다는 점이다. 축제 팡파르가 바다로 퍼지는데 정작 주인공은 이미 그곳에서 철수하고 있었다. 명태 소멸은 흥청거리던 거진항을 여지없이 침몰시켰다. 일손을 빼앗긴 어민은 시름없이 방황만 하고 있었다. 내가 고성 일대를 조사하면서 돌아다니던 2000년 시점에 어민과 과학자들은 여전히 남획과 수온변화 두 원인 사이에서 오락가락하고 있었다.

> 수온 문제도 있지만, 현지에서 고갈됐다고 봐야죠. 저인망어선이 싹쓸이해가는 것도 큰 이유죠. 노가리를 다 잡아가니까 이제 없는 거죠. (…) 사람들이 망을 한 번씩 올릴 때 요만한 치어들이 남획된다는 말이죠. 그런 것들도 경매를 붙여준단 말입니다. 그러니 문제가 심각하죠.
> - 2000년 아야진 조사

북양태가 들어온 것은 20여 년 가까이 지났을까요. 지금은 강원도산 명태가 영 없지요. 명태 어획량이 많이 줄어든 지 한 10여 년 됩니다. 3년쯤 전부터는 명태를 찾아보기 힘들게 됐지요. 더구나 작년처럼(1999) 명태가 안 드는 것은 난생처음이었어요. 명태가 한 마리도 안 났구요. 구경도 못 했어요. 그래서 이쪽 어민들 사는 게 마련도 아닙니다. 한류성 어족인 명태가 살 수 있는 환경보다 수온이 높아지구요. 결국 명태가 감소할 수밖에 없는 것 아니겠어요.
- 2000년 거진 조사

이미 1990년대 접어들면서 명태 어획은 쇠락하고 있었다. 바다가 뜨거워지는 조짐은 서서히, 그러나 분명하게 진행되고 있었다. 유의할 점은 명태의 수온에 따른 성쇠가 20세기 전반기에도 여러 번 있었다는 사실이다. 1960년대 초반, 북한의 수산과학자들은 수온변화에 따른 명태의 성쇠를 정확히 주목했다.

많은 어류는 수문기상학적 요인에 의해 어획고의 심한 변동을 초래한다. 실례로 해양이 비교적 온난한 해와 한랭한 해의 어획고 변동이 거의 규칙적으로 일어난다. 1954~1962년, 1934, 1935, 1939년 자료에 의하면 동조선 해안에서 한랭한 해는 온난

한 해에 비하여 어획고가 현저히 높다.[4]

동해안 수온의 성쇠는 주기적으로 일어났다. 명태는 20세기 전반, 즉 1910~1920년만 해도 경상북도 포항에서도 어장이 형성됐으나 차츰 북상한 것으로 보인다. 정상적인 주기에도 연도에 따라 어장 성쇠가 반복됐다. 가령 1903년의 경우[5] 초겨울이 온난하여 명태 어획이 줄어들었으나 12월부터 다시 정상을 찾으면서 신포, 차호 근해에서 어장이 호황을 이룬다. 그러나 1990년대 이래로 본격화한 온난화는 이전 시기의 미세한 성쇠와는 완전히 다르다. 지구 전체가 뜨거워지기 시작한 것이고, 명태는 그 일차적 희생양이 되어가고 있었다.

세 번째 밀레니엄 벽두에 사라진 명태

명태는 우리나라 근해 및 캘리포니아 북부에서 베링해에 이르기까지 넓게 분포하고 있다. 환동해 북부에 형성된 명태어장은 세계 명태 서식지의 서단에 위치하며, 기후변화에 따라 얼마든지 분포 지역이 달라질 수 있다. 명태는 단일 어종으로는 세계에서 가장 많은 어획고를 기록하며, 북태평양 전체의 명태 어획량은 세계 어획량의 5~10퍼센트에 달한다. 한반도

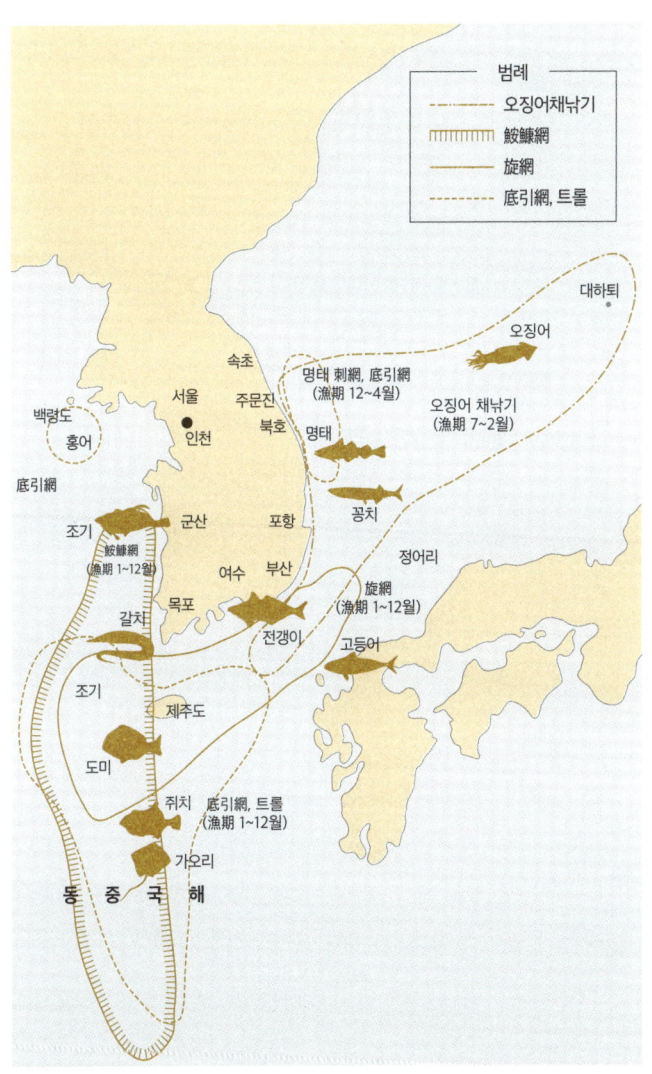

분단 이후의 어장도. 동해의 명태어장이 남쪽까지 형성돼 있었고, 서해의 조기어장이 여전히 연평 근해에 형성되고 있었다. 수산청 자료, 1992

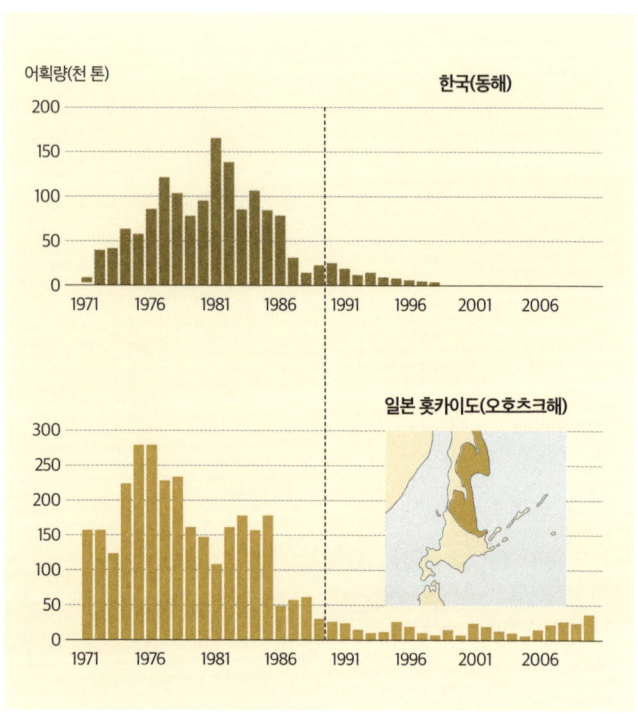

명태의 연도별 감소 추이. ©Sukguen Jung

명태어장에 영향을 주는 쿠릴(오야시노)해류권 북방은 얼음으로 뒤덮인 곳이다. 북방권에서 해양포유동물과 바닷새, 생산성이 좋은 북방명태(Walleye Pollock)와 태평양대구(Pacific Cod), 연어가 잡힌다. 쿠로시오해류의 영향으로 아열대성 일본 정어리, 멸치, 오징어, 고래, 바닷새 등이 올라오는 바다이기도 하다. 오호츠크해의 얼음은 1980~1990년대 이래로 녹기 시작했다. 쿠릴해류 에코 시스템에 큰 변화가 생긴 것이다.

그러나 명태는 총량 면에서는 소멸되지 않았다고 본다. 2021년 일본의 수산자원연구소와 수산자원센터가 환동해 연안의 홋카이도, 아오모리, 니가타 등의 연구센터와 공동 조사한 데이터에 따르면, 자원량(2세 이상 총중량)은 1990년 어기(4월부터 이듬해 3월까지)에 86만 8000톤, 친어량(親魚量, 어미 개체 수 총량)은 34만 2000톤이다. 2000년대 후반 이후는 자원량과 친어량이 모두 낮은 수준이다. 그런데 자원량은 이후 증가 경향을 나타낸다. 2020년 어기의 자원량은 16만 4000톤, 친어량은 8만 5000톤이었다.[6] 1990년대보다는 줄어들었지만 많은 양이다. 다만 수온변화에 따라 주 서식지가 북상한 것으로 보이며, 덕분에 한반도 동해안에서도 명태가 북상하여 휴전선 이남 강원 해역에서는 사라진 것이다. 함경도의 명태 자원도 줄어든 것으로 확인된다.

동해에서 명태 소멸 조짐은 1990년대부터 보이기 시작했다. 2000년에 동해 쪽으로 어로 조사를 나가 보니 거진은 명태 조업을 했지만, 거진 아래쪽에서는 이미 명태 조업을 하지 않고 있었다. 아야신이나 주문진도 명태 조업권이었으나 조업이 중단된 상태였다. 남쪽의 속초 청호동에서 명태를 잡지 않게 된 시점은 1980년 무렵이었다. 명태 소멸 조짐이 1990년대보다 10여 년 소급되는 1980년대였음이 확인된다.

국립수산진흥원의 1999년 표본조사에 따르면, 1~2월 두 달간 명태 어획량은 45톤에 불과했다. 1998년 1~2월의 260톤과 비교하여 17퍼센트 선, 5년 평균치 870톤에 비하면 불과 5퍼센트 수준이었다. 동해에서 명태 어족 자체가 사라지고 있었기 때문이다. 동해의 명태 소멸은 1980년대부터 2000년대 초반에 이루어진 역사적 사실로서 그 시기를 정확히 명시할 수 있다. 1981년 14만 톤에서 20여 년 만인 2010년에는 2톤으로 격감했고, 그 10년 뒤인 2020년에는 이미 완벽하게 사라졌다. 다음 표의 통계는 어획량이 소멸 단계까지 급하락하며, 반면에 가격은 급상승하던 상황을 설명해준다.

그때까지도 국립수산진흥원은 엉뚱한 발표를 하고 있었다. "지난 1970~1980년대 소형 명태, 즉 노가리를 대량으로 잡았기 때문에 동해안 명태어장의 자원 상태가 극히 악화된 실정"이라고 말했다. 불행하게도 수산에 관한 책임연구기관이 글로벌적 온난화를 감지하지 못하고 이상하게 발표했다. 동해 명태가 반입되던 서울시 농수산물 도매시장관리공사 측은 "지난 1~2월 중 국내산 생태는 거의 반입되지 않았다"

20년간 명태의 연도별 어획량 및 평균 가격

구분	어획량	평균 가격(톤당)
1990년대	12,079	1,334
2000년대	152	5,175
2010년대	2	14,542

출처: 수산자원관리공단

라면서 "북한산이나 일본산이 대거 수입되고 있다"라고 말했다. 국내산 명태 가격은 5킬로그램짜리가 1만 2000원 선에서 1만 8000원 선으로 치솟고 있었다. 실제로 그 당시 생태음식점에서는 일본산을 쓰고 있었고, 소비자도 자신이 먹는 생태가 홋카이도산이라는 것을 잘 알고 있었다. 1999년의 상황이었다.[7]

1990년대부터 동해 어민은 어획고 부진으로 생계 곤란을 겪고 있었다. 일부는 막노동이라도 하겠다며 보따리를 챙겨 무작정 도시로 떠났다. 고성수협에 따르면 2000년 명태 어획고는 2억 5300만 원으로 1999년의 16억 300만 원에 비해 어획량은 7퍼센트, 금액은 16퍼센트에 그쳤다. 2000년에도 하루 평균 어선 118척이 출어했으나 어획량은 척당 평균 25킬로그램, 13만 원에 불과해 출어 경비조차 건지지 못했다. 거진읍의 352가구는 가구당 쌀 40킬로그램을 긴급 지원받아

가까스로 입에 풀칠하는 실정이었다. 거진수협 조합원 1500여 명 중 70퍼센트가 넘는 1000여 명은 각종 영어 자금과 어구 등 시설 자금으로 받은 융자금이 평균 6000만~7000만 원에 달했지만 갚을 능력이 전무해 파산 위기에 직면해 있었다.[8]

> 명태가 어쩌다 잡혀요. 오늘 제가 스물네 개 잡아왔는데 이 사람은 네 마리 잡아왔어요. 이 양반은 24두름 잡아왔는데(20마리×24두름=480마리), 근데 이분은 또 오늘 네 마리밖에 못 잡았다니까요.
> - 2002년, 아야진 조사

여전히 명태 소멸의 원인을 수온변화와 자원 남획 두 측면에서 찾고 있었다. 환경운동가들은 익숙한 자원 남획에 몰두하고 있었다. 마침내 2000년에 들어서면서 고성에서도 동해 명태를 구경하기 어려워졌다. 서울 등지의 값비싼 생태는 대부분 북한산 아니면 일본산이었다. 2000년 무렵 명태 새끼와 노가리를 둘러싼 이야기를 심심치 않게 들을 수 있었다.

> 노가리를 가지고 명태 새끼라 안 하고 노가리 새끼라고 하는데 잘못된 거란 말이에요. 노가리 새끼가 명태 새낍니다. 노가리 새

끼라고 별종이라고 잡아먹게 하니까 잘못한 거란 말입니다.
- 속초시 청호동 조사

정부가 얼마나 무식하냐면, 노가리랑 명태랑 다른 어종이라고 해서 보호 안 하고 막 잡게 하다가 3년 전부터 뒤늦게 보호에 나서기 시작했어. 노가리가 명태 치어라는 것을 공식 인정한 것이 불과 4~5년 전이었어요.
- 거진 조사

동해 어선어업에서 규모가 큰 업종은 동해구 트롤어업, 동해구 기선저인망어업, 근해 채낚기어업, 정치망어업 등이다. 특히 동해구 트롤어업은 다른 어업에 비해 수층·저질 및 해황 등에 따른 어장의 제한이 비교적 적기 때문에 이 해역의 조업에 적합한 업종이다. 동해구 트롤선은 총톤수 60톤 이하의 중형급이고, 연안 8마일 바깥쪽 어장에서 조업하는데, 보통 수심이 300~800미터이고, 저질은 심해 해초가 덮인 펄이다. 어획물은 새우류, 게류, 고둥류와 같은 정착성 저서생물에서 회유어족인 명태, 청어, 은어, 임연수어 등 다양하다. 이러한 트롤어선에서조차 명태가 잡히지 않게 됐다. 정부에서 하는 일이라고는 고작 어선 감축이었다. 이 역시 2000년 무렵의 일이다. 바다를 모르는 관료에게 포로가 되어 미래를 예견하는 해양수산 정책이 실종된 비극적 귀결이었다.

> 지금 명태 했던 배들이 작년부터 감축이 많이 들어가 있었구요. 작년에 척당 3억 8000에서 3억 6000 정도. 아야진 배는 세 척 들어갔었고, 금년에도 아마 몇 척 있는 것 같습니다.
> – 아야진 조사

어민은 헷갈렸고, 과학자 역시 명쾌하게 진단을 내놓지 않는 상태에서 해수부 관료가 나섰다. 그들은 사라진 명태의 대안으로 하지 말아야 할 사업을 시작했다. 부산에 위치한 국립수산과학원은 명태 양식과 치어 방류라는 획기적 방안(명태 살리기 프로젝트)을 발표했고, 언론이 대서특필하면서 국민을 호도했다. 2015년부터 해양수산부가 추진해온 명태 방류 사업 그리고 이어진 명태 양식은 박근혜 전 대통령뿐만 아니라 언론과 국민으로부터 큰 관심을 받았다. 그러나 명태 살리기 프로젝트는 동해 명태 소멸의 원인 진단부터 잘못됐다. 관료나 수산과학자나 언론이나 부화뇌동하는 수준이나 방식은 마찬가지였다. 명태 치어가 바다에 뿌려졌다. 그러나 대부분 죽었다.

상승한 수온에서 생존할 가능성이 전혀 없음에도 관료들은 이 무모한 행동에 엄청난 예산을 투입하고는 아무도 그 책임을 지지 않았다. 명태를 둘러싸고 21세기 벽두에 벌어진 보기 민망한 풍경이었고, 언론에 포로가 된 시민은 명태 치어가 자라서 성어가 되어 밥상에 오를 날을 기대했다. 그러나 방류한 치어가 명태가 되어 밥상에 오르는 일은 결코 일어나지 않았다. 국민 생선이 사라진 상황에서 졸속으로 만들어진 정책이었는데, 어찌 보면 그만큼 명태가 한국인의 삶에 깊숙이 들어와 있기에 멸종을 피하고자 하는 졸속 대응이 역설적으로 이루어진 것일지도 모르겠다.

뜨거워진 바다, 고장 난 지구

명태 소멸에 관하여 수온변화가 주원인이라는 사회적 합의가 뒤늦게 이루어졌다. 온난화가 계속될 경우 해류 흐름에 변화가 생겨 서식지가 훨씬 북상할 것으로 보인다. 북위 50도를 따라 서쪽에서 동쪽으로 흐르는 아북극해류는 알류샨열도까지 북상할 것으로 보여 알래스카만의 알래스카해류를 사라지게 만들 것이다. 태평양 서쪽에서 냉수 연안류의 형성이 저지된다면 명태, 베링해가자미, 알래스카새우 등 냉수성 어종은 베링해에 국한될 것으로 보인다. 베링해로 북태평양의 따뜻한 해수가 침투한다면 명태 서식에 맞지 않는 조건이 형성되어 서식지가 지금보다 훨씬 위축되는 결과를 가져온다. 한반도 근해의 해수온 상승을 전제로 할 경우 가장 심각하게 타격받는 것이 냉수성 어종이다. 북쪽에서 유입되는 냉수괴가 끊긴다면 명태 같은 중층성 냉수 어종이 사라지리라고 추측된다. 사실은 일각에서나마 이미 1990년대 초반에 나왔던 진단이다.[9]

동해 냉수어의 소멸과 퇴장은 전 지구적 현상이다. 동해안의 경우 겨울 수온이 계속 상승하여 준아열대기후로 변하고 있다. 지구온난화에 의해 연근해 해수 온도가 최근 100년 사이 꾸준히 상승, 온대에서 준아열대로 변화하는 징후를 나타내고 있다는 분석이 이미 나왔다.[10] 가령 따스한 제주 바다에서 서식하던 자리돔이 북상하여 독도 근해에서 서식한다. 온난화로 명태와 대구 등 겨울철 바닷물고기가 감소하고 있으며, 여름에 잡히던 오징어가 겨울에도 적지 않게 잡히는 이상 현상이 나타났다. 오징어가 마침내 동해에서 소멸하기 시작했다. 이처럼 세계 어장에는 기후변화라는 위협이 드리워져 있다. 물고기는 수온과 산도 변화에 민감하며, 대서양 청어와 대구도 이런 민감성을 잘 보여준다. 미미한 기후변화조차 산업형 어업은 물론이고 생존형 어업에 일대 타격을 가한다.[11]

일찍이 한국해양과학기술원(KIOST)의 지구온난화 프로젝트(1994)에 참여한 연구자들은 대기 중 이산화탄소 농도가 2050년 이후 현재의 두 배로 증가한다는 전제 아래, 한반도의 연평균 기온이 2.8도 상승하고 강수량은 15퍼센트 늘어나며, 남한 지역에서는 사과·배·복숭아 등 온대 과수의 생산이 어려워지고, 벼멸구 등 해충의 주요 발생지가 중부 지방으로 북상한다는 등의 예측을 1990년대 초반에 내놓았다. 경상도에서 많이 경작되던 사과가 강원도 양구 등지로 북상했다. 사과가 원하는 적정 기후 8~10도에서 경상도 기후가 이미 상승해버린 탓이다. 하물며 수온에 민감한 물고기가 살아가는 바다 환경은 육지에 비할 바가 아니다.

노가리 남획 때문에 명태가 소멸했다는 그동안의 주장은 국내는 물론이고 세계적으로도 논문 한 편 없다. 명태가 많이 잡히는 시기에는 당연히 명태 새끼인 노가리도 많이 잡힐 수밖에 없다. 노가리 남획 때문에 명태가 사라졌다는 주장은 이치에 맞지 않는다. 어른 물고기는 제외하고 노가리 같은 미성어만을 선택적으로 잡는 어구어법도 존재하지 않는다. 노가리를 많이 잡은 것이 아니고 망목 크기를 줄였더니 노가리가 많이 잡힌 것이다. 명태가 많이 잡히는 시기에는 당연히 새끼 명태인 노가리도 많이 잡힌다. 노가리를 굳이 잡을 필요가 없는 러시아 연안과 일본 연안에서도 1980년대 이후 우리나라와 마찬가지로 명태 어획고가 크게 줄어들었다.[12]

우리나라 바다는 아열대 어종과 냉수성 어종의 서식 경계다. 기후변화에 따라 한 어종의 서식지가 조금만 남으로 내려가거나 북으로 올라가도 그 어종의 씨가 말라버린다. 그러나 더 남쪽으로, 더 북쪽으로 가면 여전히 많이 잡힌다. 명태는 1990년대 이후 서식지가 북상하기 시작했다. 우리 동해뿐 아니라 일본 홋카이도에서도 어획고가 줄었다. 반면에 북쪽 오호츠크해에서는 오히려 늘어났다. 우리 해역에서는 사라진 명태가 러시아와 베링해에서는 잘 잡힌다. 미국 수산학 연구에 따르면 지구온난화로 명태 서식지는 베링해에서 북극해로 계속 북상 중이다.

지구의 온도 조절 장치인 바다가 고장이 났다. 기상이변이 속출하고 이산화탄소가 급증하여 산업혁명 전보다 기온이 크게 올랐다. 온난화로 인한 과잉열 대부분을 흡수하는 바다가 제대로 작동하지 못하면서 지구는 열 지옥으로 빠져들고 있다. 지구의 기후는 바다가 결정한다. 뜨거워지는 바다에서 동해라고 예외는 아니다. 현재 동해 명태의 퇴장이라는 냉엄한 현실을 목도하는 중이다.

온난화는 지구 전체의 전반적 현상이다. 열대 인도양 및 서태평양에 위치한 웜풀(Warm Pool)은 전 지구 바다에서 가장 따뜻한 해역으로 기후학적으로 중요한 곳이다. 한국해양과학기술원이 2006년에 발표한 자료에 따르면,[13] 최근 100년 동안 웜풀을 포함한 서태평양 해수면 온도가 상승했으며, 최근 30여 년간은 급격하게 상승했다.

나는 북서태평양 원주민의 영혼이 깃든 고기잡이에 대해 쓴 《인디언의 바다》 번역본을 펴낸 적이 있다. 캐나다 밴쿠버에 살면서 워싱턴대학의 인류학 교수로 재직하던 저자 힐러리 스튜어트는 원주민의 영성 체계에 주목했다. 밴쿠버 원주민은 핼리벗(넙치)잡이용 낚싯바늘 한쪽에 특별한 무늬를 새겨 넣고 주술의 도움으로 고기를 잡았다. 주술은 이른바 인간-자연-신이 교감하는 중요한 매개물이었다. 그들은 고기를 낚을 때도 고기의 영혼에게 예의를 갖추었으며, 모든 물고기에게 영력이 있다고 믿었다.[14] 한반도 사람들은 동해 명태가 사라졌어도 이 영혼이 깃든 물고기를 여전히 소비하고 있으며, 굿판과 제사상에 모시는 중이다. 동해 명태의 퇴장과 무관하게 동해 명태가 아니라 오호츠크 명태일지라도 한국인의 영혼이 깃든 물고기에 관한 경외와 사랑은 장기 지속될 전망이다.

부록 | 구술자 명단

1. 강원도 해역 구술조사
• 조사 시점: 2000~2001년, 현재 나이로 환산해야 함

강원도 고성 대진

문세원(남, 69세) 대진포구 옆에서 작은 구멍가게 운영

이종분(여, 64세) 문세원의 처

하용준(남) 대진어촌계장

강원도 고성 거진

오유영(남, 69세) 수복 후 이주. 선장 출신

정재수(남, 62세) 명란공장 북청식품 주인, 북청 출신으로 신포에서 40~50리 거리. 이북에서의 명태 가공에 관한 그 나름의 기억을 가

지고 있으며, 젓갈공장 운영 중

김태봉(남, 63세) 거진어촌계 선임총대 역임, 상당히 적극적인 마을 지식인. 연승바리 선장을 했으며 자망바리를 16년간 했음

고일호(남, 55세) 고향은 제주도지만 부모를 따라 어릴 때 거진으로 이주, 거진어촌계 간사

강원도 고성 아야진

마남철(남, 44세) 부친의 고향이 함경도. 아야진어촌계 감사

이영철(남, 45세) 본토박이로서 자망협회장

박명철(남, 38세) 인제에서 태어났지만 어릴 때 이곳으로 이주

홍철희(남, 41세) 부친의 고향이 함경도 청진

강원도 속초시 청호동 아바이마을

김영빈(남, 61세) 청호어촌계장으로, 고향은 이북 고성

박임학(남, 77세) 북청군 신포 출신으로, 이북에서의 어업 정황 제보

윤복자(여, 63세) 단천군 신덕리가 고향, 현재 아바이마을에서 단천식당 운영

강원도 강릉시 사천면 진리

최원종(남, 58세) 경상북도 울진 출신. 강릉으로 이주한 지 약 35년

김화자(여, 75세) 포항 출신. 8세 때 부친의 사업 관계로 강문 아래 안목마을로 이주. 사천 진리로 시집옴. 식문화 구술

이종원(여, 74세) 강릉 남양진 출생. 스무 살에 사천 진리로 시집옴.
식문화 조사

김덕중(남, 48세) 사천면 진리가 고향. 인천에서 생활하다가 1983년에 귀향. 2톤 반짜리 조그만 배를 타고 있음

2. 북한 해역 구술조사

• 조사 시점: 1950~1960년대. 북한 민속학연구실 현지조사. 가장 빠른 시점은 1951년 6월인데 10여 년 이상 조사가 이루어지지 않다가 1963년에 재개되며, 1966년 9월이 마지막 조사임
• 주 구술자: 당시 60~70대. 최대 1870년생으로부터 1880~1890년대 생이 주를 이룸. 따라서 구술 내용은 대한제국 말부터 일제강점기, 해방공간, 분단 이후에 걸쳐 있음
• '부양'은 현직 어민이 아니라 부양받는 은퇴자라는 뜻
• '담화'는 구술면담조사의 북한식 표현

함경북도 청진시, 라진군
[1951년 6월 24일]
최봉오(남, 64세) 부양
배용도(남, 80세) 부양
송책감(남, 73세) 부양
리갑선(남, 62세) 부양

함경북도 어랑군, 경성군

[담화 자료 1. 1963년 6월 30일, 어랑군 어대진 수산협동조합]

조연한(남, 67세) 부양

박학산(남, 76세) 부양

리화삼(남, 64세) 부양

리봉진(남, 68세) 부양

오원준(남, 57세) 조합원

[담화 자료 2. 1963년 7월 1일, 어랑군 어대진구 26반]

김창남(남, 46세) 어로공

[담화 자료 3. 1963년 7월 2일, 어랑군 어대진리 35반]

김만갑(남, 64세) 부양

[담화 자료 4. 1963년 7월 3일, 경성군 온대진리 집산수산협동조합]

정금춘(남, 56세) 관리위원장

[담화 자료 5. 1963년 7월 3일, 경성군 온대진리 10반]

고창안(남, 77세) 부양

함경남도 홍원군

[담화 자료 1. 1966년 5월 22일, 홍원군 읍농장]

최홍모(남, 44세) 당위원장

[담화 자료 2. 1966년 5월 23일, 홍원군 읍]
진용옥(남, 66세) 부양
공기홍(남, 73세) 부양
박진수(남, 71세) 부양
박호묵(남, 62세) 부양

[담화 자료 3. 1966년 5월 25일, 홍원군 남흥리 천도]
김세숙(남, 71세) 부양
박진수(남, 70세) 부양
김용묵(남, 65세) 부양

강원도 원산시
[1966년 9월 7~9일, 고성군 고성읍 21반, 59반]
박춘섭(남, 72세) 부양
리춘근(남, 67세) 부양

주

1 명태 어보의 서사

1 정백운·도유호, 〈라진 초도 원시 유적 발굴 보고〉, 《유적발굴보고》 1집, 1955, p.50.

2

구분 \ 지리지	《세종실록지리지》	《신증동국여지승람》
어류	大口魚·水魚·沙魚·年魚	訥魚·餘項魚·錦鱗魚·古刀魚·黃魚·廣魚·松魚·大口魚·䒤魚·鱧魚·銀口魚·銀魚·秀魚·赤魚·麻魚·何首魚·雙足魚·白魚·鱐魚
패류	紅蛤	鰒·紅蛤·回細蛤
갑곡류 (甲穀類)	文魚	紫蟹
해조류	藿·上藿·昆布·海藻	藿·海衣·細毛·牛毛
기타 수산동물	文魚	海蔘·文魚
가공품 및 수산동물	全鮑·鮑甲·石決明·烏魚骨·海獺皮·魚油·魚皮	

377

3 《태조실록》권12, 태조6년 10월 丙戌.

4 《성종실록》권3, 성종 원년 2월 壬戌.

5 《승정원일기》, 효종 3년(1652) 10월 8일.

6 장국종, 〈이조 후반기의 수산업발전〉, 《력사과학논문집》13, 평양: 과학종합출판사, 1988, pp.81~82.

7 박구병, 〈한국명태어업사〉, 《부산수대논문집》20, 1978, p.31.

8 홍양호, 《耳溪洪良浩全書》, 민족문화사, 1982.

9 황필수 지음, 박재연 외 교주, 《명물기략》, 학고방, 2015.

10 趙在三, 《松南雜識》3, 〈漁獵類〉14, '魚鳥類 北魚明太'.

11 함경도에서 명태 간으로 기름을 짜서 등불을 밝힌 데서 '밝게 해준다'는 뜻으로 명태가 됐다는 전설도 있으나, 주류는 아니다.

12 황광해, 《食史》, 하빌리스, 2017, p.127.

13 《동아일보》, 1921년 8월 30일.

14 鄭文基, 〈朝鮮北魚明太〉, 《朝鮮》273, 朝鮮總督府, 1938, pp.46~47.

15 鄭文基, 〈朝鮮北魚明太〉, 《朝鮮》273, 朝鮮總督府, 1938, p.47.

16 《日省錄》, 정조 6년 5월 28일, 29일.

17 《朝鮮の聚落》, 조선총독부, 1935.

18 《星湖僿說》, 〈類選〉권1 下.

19 김문기, 〈청어, 대구, 명태: 소빙기와 한류성 어류의 박물학〉, 《대구사학》115, 2014, p.195.

20 徐有榘, 《蘭湖漁牧志》, 〈魚名攷〉, '海魚', 明鮐魚.

21 이규경 지음, 전병철·이규범 역주, 주강현 해제, 《五洲衍文長箋散稿》, 국립해양박물관, 2019.

22 李圭景, 《五洲衍文長箋散稿》권11, 〈北魚辨證說〉.

23 趙在三, 《松南雜識》3, 〈漁獵類〉14, 〈魚鳥類〉, 北魚明太.

24 李裕元, 《林下筆記》권27, 〈春明逸史〉, 明太.

25 김문기, 《바다물고기 지식: 근세 동아시아의 어류박물학》, 한국학술정보, 2019, p.27.

26 장원한, 〈명태 자원과 수산자원학의 기본 문제〉, 《조선수산》, 1963년 10월, pp.6~10.

27 사도 출생의 역사인류학자 이타가키 류타(板垣竜太) 도시샤대 교수는 자신의 고향에서 어릴 적부터 명태를 멘타이가 아니라 스케토다라(スケトウダラ)로 불렸다고 구술 증언했다. (2024년 7월 10일, 서울)

28 竹中邦香報, 〈朝鮮海重要水産物〉, 《大日本水産會報告》 第132號, 1893年 6月 25日, pp.70~73.

29 김문기, 《바다물고기 지식: 근세 동아시아의 어류박물학》, 한국학술정보, 2019, p.217.

30 명칭과 관련하여 북한 민속학연구실의 논문(김희권, 〈명태의 다양한 명칭과 그 구분〉)과 민속 조사 공책, 남한의 호칭은 저자의 강원도 현지조사에 기반했다.

31 다니엘 네틀·수잔 로메인 지음, 김정화 옮김, 《사라져가는 목소리들》, EJB, 2003.

32 손용호, 《조선동해어류지》, 평양: 과학백과사전출판사, 1980, p.106.

33 박승국·윤익병, 《조선의 바다》, 평양: 국립출판사, 1956, pp.181~183.

34 朝鮮總督府 水産試驗場 編, 〈朝鮮總督府 水産試驗場 パソフレット〉, 1935~1942.

35 주강현, 《환동해문명사》, 돌베개, 2015.

36 朝鮮總督府殖産局, 《朝鮮の十代漁業》, 1921, pp.16~18.

37 요시다 케이이치 지음, 박호원·김수희 옮김, 《조선수산개발사》, 민속원, 2019, p.48.

38 위의 책, p.54.

39 송기환, 〈금년도 명태어군 회유와 생산성 제고를 위한 몇 가지 문제〉, 《조선수산》, 1961년 10월, p.11.

40 송기함, 〈지난해 명태잡이 경험을 어떻게 살릴 것인가〉, 《조선수산》, 1959년 8월, pp.7~10.

41 손용호, 《조선동해어류지》, 평양: 과학백과사전출판사, 1980, p.106.

42 박병권·김원동, 〈동해안 석호 퇴적 환경에 관한 연구〉, 《지질학회지》 17권 4호, 1981.
43 朝鮮殖産銀行調查課, 〈朝鮮の明太〉, 《朝鮮商品誌》 第4編, 1925, p.11.
44 《咸南水産だより》 第2卷 第1號, 咸南: 咸鏡南道水産會, 1941, pp. 10~11.
45 上田常一, 〈新浦の明太魚〉, 《文敎の朝鮮》 89, 1933.
46 朝鮮漁業組合中央會 編, 《朝鮮漁業組合要覽》, 京城, 1942, p.51.
47 '홍원군 읍농장 최홍포 44세', 북한 민속학연구실 조사자료, 1966년 5월 22일.
48 진경환, 《백성의 말 하려 하니 목이 메고 눈물 난다》, 문예원, 2023, p.168.
49 朝鮮漁業組合中央會 編, 《朝鮮漁業組合要覽》, 京城, 1942, p.51.
50 1951년 구술 자료.
51 1951년 조사 자료이므로 70여 년 전으로 소급된다.
52 朝鮮漁業組合中央會 編, 《朝鮮漁業組合要覽》, 京城, 1942.
53 통일원, 《북한의 자연지리와 사적》, 1994, p.251.

2 북어의 길, 자본의 길

1 《일성록》, 정조 6년(1782) 5월 29일.
2 장국종, 〈이조 후반기의 수산업발전〉, 《력사과학논문집》 13, 평양: 과학종합출판사, 1988, pp.81~82.
3 《星湖僿說類選》 권1 하.
4 고승희, 《18~19세기 함경도 지역의 유통로 발달과 상업활동》, 이화여대 대학원 박사학위 논문, 1995.
5 고승희, 《조선후기 함경도 상업 연구》, 국학자료원, 2003.
6 황철산, 〈북포(北布)에 관한 약간의 고찰〉, 《문화유산》 3호, 평양: 민속학연구실, 1958(주강현 엮음, 《황철산민속학》, 민속원, 2016).

7 고동환, 〈포구상업의 발달〉, 《한국사 시민강좌》 9, 1991, p.185.

8 최완기, 〈조선후기의 都買商業과 물가변동〉, 《국사관논총》 65, 1995, p.165.

9 《신증동국여지승람》, 각 도 토산조.

10 최완기, 〈조선후기의 都買商業과 물가변동〉, 《국사관논총》 65, 1995, pp.163~167.

11 《林園十六志》 〈佃漁志〉 卷4, '魚名攷 海魚'.

12 장국종, 〈17~18세기 수산물 생산의 장성에 대하여〉, 《력사과학》 4, 평양: 과학백과사전종합출판사, 1984, p.41.

13 고승희, 《조선후기 함경도 상업연구》, 국학자료원, 2003.

14 고동환, 〈18·19세기 外方浦口의 상품유통 발달〉, 《한국사론》 13, 1985, pp.260~267.

15 金晟基, 《조선후기 지방상업연구》, 한국경제사상연구회, 1996, p.152.

16 유종기, 〈조선후기 영동지방 장시에 관한 연구〉, 《영동문화》 8, 관동대 영동문화연구소, 2001년 2월.

17 《永嘉誌》 〈道路條〉.

18 金晟基, 앞의 책, p.51.

19 羅愛子, 〈開港期(1876~1904) 民間海運業〉, 《國史館論叢》 53, pp. 59~60.

20 고종 43년(1906, 淸 德宗 光緒 32年, 日本 明治 39年) 6월 3일.

21 《各觀察道去來案》 2, 光武 10년 6월 3일.

22 李憲昶, 〈韓國 開港場의 商品流通과 市場圈〉, 《經濟史學》 9, 1985, pp.130~131.

23 《通商報告》, 1890년 3월분.

24 《大韓每日申報》, 1909년 7월 1일.

25 〈이달에 劉昌烈·崔震鏞·李秉朝 등이 設立 請願한 咸鏡南北道北魚 漁業組合所를 農商工部에서 承認하다〉, 《大韓每日申報》, 1910년 1월 14일.

26 차철욱, 〈일제시대 남선창고주식회사의 경영구조와 참여자의 성격〉, 《지역과 역사》 26, 부경역사연구소, 2010, pp.259~301.
27 《湛軒書》〈外集〉卷1, 杭傳尺牘 祭嚴鐵橋書.
28 《朝鮮の明太》, 朝鮮殖産銀行調査課, 1925, pp.49~50.
29 《官報》 1897호, 광무 5년 5월 27일.
30 조선시대 4대 법전은 《經國大典》, 《續大典》, 《大典會通》, 《大典通編》을 일컫는다.
31 《宣祖實錄》 2권, 선조 1년 6월 4일.
32 《顯宗改修實錄》 2권, 현종 즉위년 10월 15일.
33 《純祖實錄》 18권, 순조 15년 1월 11일.
34 《한국사 17 근대: 동학농민봉기와 갑오개혁》, 국사편찬위원회, 1984.
35 《哲宗實錄》, 철종 14년(1863) 1월 16일.
36 〈壬戌錄〉, 〈鍾山集抄〉 '北祥錄', 《한국사사료총서》 8, 국사편찬위원회. "而咸興浦口及元山等地, 有近年新設北魚稅之名."
37 《承政院日記》 2660책, 철종 14년 1월 16일. "咸興浦口及元山·德源等地, 有近年新設北魚稅之名."
38 《宗親府謄錄》 5, 甲子 3월 8일.
39 《宗親府謄錄》 5, 甲子 4월 17일.
40 《宗親府謄錄》 5, 甲子 4월 18일.
41 이영호, 〈19세기 恩津 江景浦의 商品流通構造〉, 《한국사론》, 서울대학교 국사학과, 1986년 2월.
42 《備邊司謄錄》, 순조 30년(1830) 11월 16일.
43 《高宗實錄》, 고종 21년 6월 6일.
44 《各司謄錄》〈公文編案〉 3.
45 《高宗實錄》 3권, 고종 3년 10월 20일.
46 《各司謄錄》〈경상도편〉 6.
47 임형택 편역, 《李朝時代 敍事詩》 上, 창작과비평사, 1992, pp.88~92.
48 코바야시 타끼지 지음, 서은혜 옮김, 《게 가공선》, 창비, 2012.

49 조선의 민속전통 편찬위원회, 《조선의 민속전통》 4, 평양: 과학백과종합출판사, 1994, p.193.

50 요시다 케이이치 지음, 박호원·김수희 옮김, 《조선수산개발사》, 민속원, 2019, p.204.

3 환동해의 조선인과 일본인

1 大日本水産會, 《日本水産會百年史》, 1982, p.66.

2 朝鮮總督府 農商工部 水産局, 《韓國水産誌》 1卷, 1908, pp.199~200.

3 下啓助·出脇宗次 共編, 《韓國水産業調査報告》, 東京: 農商務省水産局, 1905, p.65.

4 新潟縣下ニ於テ試製ノ北魚朝鮮國ヘ販賣手續取調方同縣ヨリ依賴一件, 1888.

5 玉名淸, 〈朝鮮海漁業槪況〉, 《大日本水産會報告》 第116號, 1891年 12月 30日, pp.30~35.

6 朝鮮總督府, 《朝鮮の十大漁業》, p.17.

7 〈咸鏡江原兩道に於ける本邦漁業者の景況〉, 《大日本水産會報告》 第144號, 1894年 6月 25日, pp.63~68.

8 鏑木余三男, 〈朝鮮國江原咸鏡兩道水産槪況〉, 《大日本水産會報告》 第152號, 1895年 2月 25日, pp.50~62.

9 군지 시게타다(郡司成忠)가 결성한 개척사업단.

10 요시다 케이이치 지음, 박호원·김수희 옮김, 《조선수산개발사》, 민속원, 2019, p.290.

11 조선우선주식회사 엮음, 하지영·최민경 옮김, 《조선우선주식회사 25년사》, 소명출판, 2023.

12 加藤洋, 〈朝鮮の明太魚漁業〉, 《大日本水産會報》 第230號, 1901年 9月 30日, pp.1~18.

13 加藤洋, 〈朝鮮の明太魚漁業〉, 《大日本水産會報》 第231號, 1901年

14 〈山口縣水産試驗場報告〉, 1901.

15 〈本邦人の明太魚漁業〉,《大日本水産會報》第239號, 1902年 6月 30日, pp.70~71.

16 〈元山附近明太魚の漁況〉,《大日本水産會報》第249號, 1903年 5月 10日, pp.43~45.

17 〈韓國元山港海産物輸出額〉,《大日本水産會報》第260號, 1904年 4月 10日, p.38.

18 요시다 케이이치 지음, 박호원·김수희 옮김,《조선수산개발사》, 민속원, 2019, pp.290~291.

19 山口精 編著,《朝鮮産業誌》中卷 第9章, 東京: 寶文館, 1909.

20 庵原文一,〈朝鮮海に於ける日鮮漁民の關係〉,《大日本水産會報》第340號, 1911年 1月 10日, pp.3~7.

21 元山府 編,《日本海の商港元山》, 元山府, 1926.

22 山本庫太郎,《朝鮮移住案內》, 東京: 民友社, 1904, p.17.

23 《朝鮮の明太》, 朝鮮殖産銀行調査課, 1925, pp.9~10.

24 《朝鮮の明太》, 朝鮮殖産銀行調査課, 1925, p.16.

25 〈北海道明太移入取引の改善に就て〉,《朝鮮之水産》第65號, 1929, pp.1~2.

26 板垣只二,〈北海道産乾明の太移入に就いて〉,《朝鮮》143, 1926.

27 章勳夫,〈北海道明太魚調査報告〉二,《朝鮮之水産》第46號, 1928, pp.19~23.

28 北海道水産試驗場 編,《明太魚製造試驗報告》, 1933年 12月.

29 《朝鮮の明太》, 朝鮮殖産銀行調査課, 1925, p.53.

30 《北海道 北魚移入 逐年增加의 趨勢》, 每日申報社, 1929.

31 《北海島明太로 朝鮮北魚大打擊 十五萬圓의 株式會社創立》, 每日申報社, 1927.

32 임채성 지음, 임경택 옮김,《음식조선》, 돌베개, 2024, p.300.

33 魚隱密,〈本道特産食品展示卽賣會並沿海各小學校水産實習製品卽賣會雜觀〉,《咸南水産だより》第1卷 第1號,咸南: 咸鏡南道水産會,1940, p.31.

34 《朝鮮の明太》,朝鮮殖産銀行調査課,1925, p.22.

35 《咸南水産だより》第1卷 第10號,咸南: 咸鏡南道水産會,1940, p.7.

36 川原正孝,《私の經營理念: 人を活かす經營(特別講演)》,日本マネジメント學會全國研究大會報告要旨集,2013年 10月 18日.

37 이기복,《일제하 '水産博覽會'와 조선수산업의 동향》,부산대학교 박사학위논문,2010, p.64.

38 朝鮮産昆布,《大日本水産會報告》99號,1890年 5月,p.3.

39 〈朝鮮海水産の實況〉,《大日本水産會報告》第213號,1900年 3月 28日,pp.2~6.

40 이기복,《일제하 '水産博覽會'와 조선수산업의 동향》,부산대학교 박사학위논문,2010, pp.66~67.

41 이기복,《일제하 '水産博覽會'와 조선수산업의 동향》,부산대학교 박사학위논문,2010, p.121.

42 《朝鮮水産統計》,1907·1910·1922년 도별어획고표.

43 朝鮮總督府殖産局,《朝鮮の十代漁業》,1921.

44 요시다 케이이치 지음, 박호원·김수희 옮김,《조선수산개발사》,민속원,2019.

45 요시다 케이이치 지음, 박호원·김수희 옮김,《조선수산개발사》,민속원,2019, p.490.

46 《朝鮮第2區機船底曳網漁業水産組合十年史》,元山,1940, pp.1~10.

47 김수희,《근대 일본어민의 한국지출과 어업경영》,경인문화사,2010, pp.171~173.

48 《咸南水産だより》第2卷 第1號,咸南: 咸鏡南道水産會,1941, p.11.

49 朝鮮漁業組合中央會 編,《朝鮮漁業組合要覽》,京城,1942, p.51.

50　小林英夫,〈1930年代 朝鮮工業化 政策の展開過程〉,《朝鮮史研究會論文集》3, 朝鮮史研究會, 1973.

51　차승기,《식민지제국의 그라운드 제로, 흥남》, 푸른역사, 2022, p.77.

52　신도선,〈그 영광 길이 빛내리〉,《조선수산》, 1959년 1월.

53　〈朝鮮漁業協會第十日回巡邏報告〉,《大日本水産會報》第214號, 1900年 4月 30日, pp.14~24.

54　이기복,《일제하 '水山博覽會'와 조선수산업의 동향》, 부산대학교 박사학위논문, 2010, p.210.

55　이기복,《일제하 '水山博覽會'와 조선수산업의 동향》, 부산대학교 박사학위논문, 2010, p.210.

56　内田惠太郎,《稚魚を求めて: ある研究自敍傳》, 岩波書店, 1964.

57　중앙대 DCRC·영월책박물관 엮음,《유리판에 갇힌 물고기: 한국근대 어류학과 어류사진아카이브》, 아카이브북스, 2004.

58　김영민·김해권,〈일제강점기에 사용된 흑백 유리건판 연구〉,《우리 물고기: 정문기박사 수집 유리건판 자료집》, 국립해양박물관, 2014, p.316.

59　이기복,〈일제강점기 内田惠太郎의 조선산 어류조사와 바다식민의 잔재〉,《역사민속학》, 2004.

60　岡田彌一郎·内田惠太郎·松原喜代松 共著,《日本魚類圖説》, 東京: 三省堂, 1935.

61　内田惠太郎,《朝鮮魚類誌》, 朝鮮総督府水産試驗場, 1939.

62　内田惠太郎·今泉吉典·中川志郎·浅田孝二 共著,《稚魚を求めて. ねずみの社會. われら動物家族. 愛蝶記》, 講談社, 1982.

63　정문기,《어류박물지》, 일지사, 1974, pp.110~111.

64　石川亮太,〈帝國史の視点から見た植民地朝鮮の水産·海洋知の形成: 朝鮮総督府水産試驗場を中心に〉, 研究課題 23K00888, 2023~2026.

65　《택리지》〈함경도〉.

66 《內需司庄土文績》卷14(奎章閣圖書 19307), 江景浦龍洞宮北魚船會計成冊.

67 鏑木余三男, 〈朝鮮國江原咸鏡兩道水産概況〉, 《大日本水産會報告》第152號, 1895年 2月 25日, pp.50~62.

68 高崎宗司, 《植民地朝鮮日本人》, 岩波新書, 2002, pp.17~18.

69 山本庫太廊, 《朝鮮移住案內》, 東京: 民友社, 1904, p.55.

70 〈鏡城視察報告 進達의 件〉, 公第42號, 1897年 8月 28日.

71 朝鮮總督府 殖産局, 《朝鮮의 水産業》, 1937.

72 이병천, 《개항기 외국상인의 침입과 한국상인의 대응》, 서울대학교 박사학위논문, 1985.

73 《咸南北魚出荷 元山이 第一位》, 中外日報社, 1928.

74 〈朝鮮咸鏡道柳島製鹽〉, 《大日本水産會報告》第158號, 1895年 8月 15日, p.114.

75 〈鏡城視察報告 進達의 件〉, 公第42號, 1897年 8月 28日.

76 〈朝鮮咸鏡道漁業一斑〉, 《大日本水産會報告》第158號, 1895年 8月 15日, p.114.

77 〈朝鮮旅行報告書〉, 神戶高等商業學校, 1906, p.74.

78 元山商業會議所, 《元山案內》, 1914, p.55.

79 나고야와는 敦賀의 해류 연락 지점으로 연결됐다.

80 정재정, 《일제침략과 한국철도(1892~1945)》, 서울대출판부, 1999, p.141.

81 《朝鮮の明太》, 朝鮮殖産銀行調査課, 1925, pp.33~34.

82 《朝鮮の明太》, 朝鮮殖産銀行調査課, 1925, pp.36~40.

83 《朝鮮の明太》, 朝鮮殖産銀行調査課, 1925, pp.40~41.

84 元山商業會議所, 《元山案內》, p.31.

85 서상일, 〈大邱商工界一瞥〉, 《별건곤》33, 1930년 10월.

86 土屋傳作, 〈咸北交通의 發達과 其將來〉, 《朝鮮文朝鮮》194號, 朝鮮總督府, 1933年 12月, p.282.

| 87 | 土屋傳作,〈咸北交通의 發達과 其將來(承前)〉,《朝鮮文朝鮮》115 號, 朝鮮總督府, 1927年 5月, pp.26~31.
| 88 | 土屋傳作,〈咸北交通의 發達과 其將來(承前)〉,《朝鮮文朝鮮》115 號, 朝鮮總督府, 1927年 5月, p.174.
| 89 | 八峯,〈北方의 東海岸〉,《朝鮮之光》86號, 1929, pp.75~77.

4 생태·기술·어민의 유산

1. 朝鮮總督府殖産局,《朝鮮の十代漁業》, 1921, pp.19~21.
2. 直良信夫,《釣針》, 東京: 法政大學出版局, 1976.
3. 《高麗圖經》卷23,〈雜俗〉2.
4. 朝鮮總督府 農商工部 水産局,《韓國水産誌》1卷, 1908.
5. 조선의 민속전통 편찬위원회,《조선의 민속전통》4, 평양: 과학백과종 합출판사, 1994, pp.203~204.
6. 알프 뤼트케 외 지음, 이동기 옮김,《일상사란 무엇인가》, 청년사, 2002, p.24.
7. 《世宗實錄》77卷, 세종 19년 5월 1일.
8. 徐有榘,《蘭湖漁牧志》〈魚名攷〉'海魚', '明鮐魚'.
9. 《임원십육지》〈전어지〉권3.
10. 《正祖實錄》卷30, 정조 14년 4월 30일.
11. 金鑢,《牛海異魚譜》, 1801.
12. 《備邊司謄錄》, 정조 16년 임자 윤사월 25일.
13. 조선의 민속전통 편찬위원회,《조선의 민속전통》4, 평양: 과학백과종 합출판사, 1994, pp.203~206.
14. 關澤明淸·竹中芳香,《朝鮮通漁事情》, 東京: 團團社書店, 1893.
15. 朝鮮漁業協會,〈朝鮮海水産業의 實況〉,《大日本水産會報告》第 213號, 1900年 3月, 28日, pp.2~6.
16. 朝鮮總督府 農商工部 水産局,《韓國水産誌》2卷, 1910, pp.12~14.

17 《한국어구도감》, 국립수산과학원, 2002, pp.446~447.
18 장국종, 〈17~18세기 수산물생산의 장성에 대하여〉, 《력사과학》 4, 평양: 과학백과사전종합출판사, 1984, p.41.
19 장국종, 앞의 논문, p.41.
20 김문식 외, 《일제의 경제침탈사》, 현음사, 1982, p.374.
21 竺松彌一, 〈綿絲網地價格關常識〉, 《조선수산》 126, 1935.
22 진경환, 《백성의 말 하려 하니 목이 메고 눈물 난다: 주해 조선후기 현실비판 가사》, 문예원, 2023, pp.164~165.
23 조선의 민속전통 편찬위원회, 《조선의 민속전통》 4, 평양: 과학백과종합출판사, 1994, pp.203~204.
24 今村鞆, 《船の朝鮮》, 京城: 螺炎書屋, 1930.
25 수산청, 《한국의 수산》, 1966, p.91.
26 최홍포, 44세, 홍원군 읍농장, 1966.
27 장일환, 〈어군탐지기에 의한 명태 탐색〉, 《조선수산》, 1961년 12월.
28 서해안 일대의 '가늠'과 유사한 개념. 주로 산봉우리가 보이는 삼각함수의 위치에 따라 수심을 짐작한다.

5 명태의 근대 서사

1 張和洙, 《分斷國の經濟交流論》, 東京: 泉文堂, 1980.
2 유영구, 《남북을 오고간 사람들》, 중앙일보사, 1994.
3 〈북어 짐 속에 四百萬圓, 北조선 貨幣를 운반타가 發覺〉, 《중앙신문》, 1948년 3월 7일.
4 김재웅, 〈북한의 민간상업 통제정책과 상인층의 대응(1945~1950)〉, 《한국근현대사연구》 55(2010년 겨울호), 한국근현대사학회, 2010, pp.198~236.
5 水産課 寶德義一, 〈滿洲貿易經濟懇談會及見本市ノ概況〉, 《咸南水産だより》 第1卷 第8號, 咸南: 咸鏡南道水産會, 1941, p.11.

6 〈외화 잡아들이는 北魚가 등장〉, 《자유신문》, 1948년 4월 25일.
7 《자유신문》, 1945년 12월 6일.

白米(小)	1斗	70원	앞나무	1束	40원
白采	1貫	25원	무	1貫	25원
生薑	1貫	40원	파	1貫	55원
고추(小)	1斗	65원	마늘	1접	35원
長斫坪		450원	소금(小)	1斗	50원
소금(天)		25원	石炭	1톤	600원
성냥	1厘	30원	간장	1斗	30원
술(藥酒)		35원	一級正宗		150원
牛肉	1근	25원	生鮮 숭어	100匁	10원
망둥어	300匁	5원	고등어		15원
얼간		12원	자반		15원
고구마	1貫	8원	메루치	100匁	17원
두부	1채	1원 50전	비누	洗濯	8원
洗顔		5원 50전	알루미늄남비	小	130원
廣木	1통	960원	洋靴자리		450원
복수		550원	洋服		2600~2700원
오바	최저	2500원	內衣명실	上下	260원
귤	1介	5원	柿(生)	1介	5원
사과	1介	6원	梨	1介	15원
栗	2升	20원	電球	왓트	40원
北魚	1쾌	18원	고무신	1足	85원
밀가루	1貫	50원	鷄卵	10介	18원
糯米	小斗	50원	지까다비		75원
팥	小斗	90원	綠豆(黑)	小斗	50원
油太		70원	김	100枚	15원
미역	100匁	10원	양말비단	1足	9원 50전

명실	1足	6원 50전	絲메리야스	毛糸1폰드	90원
콩나물	100匁	2원	미나리	1束	3원 50전
설탕	1근	65원	시금치	1貫	30원
乾柿	1접	130원	바께스	1介	27원
느타리	1꼬치	15원	實栢	7원	
大棗	5合	25원	鉛筆	1打	15원
煙草	興亞	10원	미도리		8원
雙猫		6원			

8 데이비드 콘드 지음, 사계절 편집부 옮김, 《분단과 미국(1945~1950)》 1, 사계절, 1988, pp.194~195.
9 주강현, 《관해기 3 동쪽바다》, 웅진지식하우스, 2006.
10 김귀옥, 《월남민의 생활경험과 정체성》, 서울대출판부, 1999, p.303.
11 수산청, 《한국의 수산》, 1966, pp.91~92.
12 1967년 1월 19일 해군 56함이 북한 해군에 피격돼 침몰함에 따라 1967년 12월 5일 수산청 훈령으로 어로저지선을 2마일 남하해 북위 38°34′45″로 조정했다.
13 《우리바다》 361, 수협중앙회, 1998년 5월.
14 엄경선·장재환, 《동해안 납북어부의 삶과 진실》, 설악신문사, 2008.
15 정문기, 《어류박물지》, 일지사, 1974, pp.113~115.
16 이성우, 《한국요리문화사》, 교문사, 1985, pp.235~236 재인용.
17 《朝鮮の明太》, 朝鮮殖産銀行調査課, (朝鮮商品誌 第4編), 1925, pp.7~8.
18 《조선수산》, 1959년 6월.
19 岩永重華, 《最新 韓國實業指針 附渡航案內》, 寶文館, 1904, p.292.
20 1975~1976년에 강원도 고성군 거진 해안에서 일상으로 보았던 덕은 덕장으로 불렸다. 전봇대 높이의 긴 말장을 세우고 3단이 아니라 5~6단 높이까지 내걸었다. 낮에는 해풍, 밤에는 배두대간에서 불어오는 육

지 바람으로 숙성, 건조했다.

21 《咸南水産だより》第1卷 第6號, 咸南: 咸鏡南道水産會, 1940, pp.1~2.
22 주강현,《관해기 3 동쪽바다》, 웅진지식하우스, 2006.
23 주강현,《환동해문명사》, 돌베개, 2015.
24 《後漢書》卷85, 〈東夷列傳〉 75.
25 石毛直道 지음, 김상보 옮김,《魚醬과 食醢의 연구》, 수학사, 1995.
26 이성우,《한국식품문화사》, 교문사, 1990, p.139.
27 《조선일보》, 1936년 9월 3일.
28 《북관지》〈경흥부 토산〉.
29 조선의 민속전통 편찬위원회,《조선의 민속전통》1, 평양: 과학백과종합출판사, 1994, p.117.
30 《한국민속의 세계》3, 고려대학교 민족문화연구원, 2001, pp.578~579.
31 《조선음식》(사회주의생활문화백과 제1권), 평양: 근로단체출판사, 1985, pp.289~300 참조.
32 〈강원도편〉,《한국민속종합조사보고서》, p.428.
33 최남표, 〈명태로서 질 좋은 련제통조림 생산을 위한 몇 가지 문제〉,《조선수산》, 1962년 1월.
34 〈강원도편〉,《한국민속종합조사보고서》, p.428.
35 《동아일보》, 1935년 11월 18일.
36 정문기,《어류박물지》, 일지사, 1974, pp.108~109.
37 함경남도 북청군 거산면 근자리가 고향인 제보자 정재수는 한국전쟁 후 부모를 따라 남하했다. 근자리는 신포에서 40~50리가량 떨어진 곳이라 이북에서의 명태 가공에 관한 그 나름의 기억을 가지고 있다.
38 '조금'은 함경도 명태 어획고보다 떨어진다는 뜻이다. 고성군의 명태 어획을 보면 상당한 수준이었다.
39 〈강원도편〉,《한국민속종합조사보고서》, p.428.
40 《임원십육지》〈정조지〉.
41 "北魚鹹溫虛勞風 多食動蛔卵和中",《方藥合編》〈損益本草〉 '本草

42 김순택, 〈명태의 물리 화학적 성질〉, 《조선수산》, 1961년 12월, pp. 18~22.

43 咸鏡南道漁業組合聯合會, 〈咸鏡南道特産肝油の販賣統制〉, 《朝鮮之水産》136, 1936, pp.25~27.

44 임정규, 〈북어 간유 중의 DHA 및 EPA의 함량〉, 경성대학교 석사학위논문, 1998.

에필로그 명태잡이의 종말

1   마크 쿨란스키 지음, 박중서 옮김, 《대구: 세계의 역사와 지도를 바꾼 물고기의 일대기》, RHK, 2014(원서: Mark Kurlansky, 《cod》).

2   폴 그린버그 지음, 박산호 옮김, 《포 피시: 참치·대구·연어·농어를 통해 파헤친 인간의 이기적 욕망과 환경의 미래》, 시공사, 2011, pp.146~147.

3   Daniel Pauly, Jay Maclean, *In A Perfect Ocean*, Washington: Island Press, 2003.

4   장원한, 〈명태 자원과 수산자원학의 기본 문제〉, 《조선수산》, 1963년 10월, pp.6~10.

5   〈韓海の明太魚好況〉, 《大日本水産會報》第257號, 1904年 1月 10日, p.25.

6   Yasunori Sakrai, "An Overview of the Oyashino ecosystem," *Deep Sea Research* 11, 2007. www.elsevier.com/locatc/dsr2.

7   《조선일보》, 1999년 3월 4일.

8   《조선일보》, 2001년 3월 17일.

9   김수암·장창익, 《어류생태학》, 서울프레스, 1994, p.19.

10 국립수산진흥원 어장환경과 한상복 박사는 "1916년 이후 한반도 해역 수온변화 추이 분석 결과, 겨울 수온이 갈수록 따뜻해지는 양상을 보

이고 있다"라고 밝혔다. 강릉 앞바다의 경우 겨울 수온은 지난 100년 간 2도 높아졌으며, 울진은 1.8도 상승했다.

11   브라이언 페이건 지음, 정미나 옮김, 《피싱: 인간과 바다, 그리고 물고기》, 을유문화사, 2018, p.526.

12   정석근, 《되짚어보는 수산학》, beto출판사, 2022, pp.68~69.

13   KORDI, Pacific Ocean Study on Environment and Interactions between Deep Ocean and National Seas, 2006. 12.

14   힐러리 스튜어트 지음, 주강현 옮김, 《인디언의 바다》, 블루&노트, 2010.

찾아보기

가시이 겐타로(香椎源太郎) 165, 166
가와하라 마사타카(川原正孝) 167
고바야시 다키지(小林多喜二) 131
김려 14, 238
김이양 118
도리이 류조(鳥居龍臧) 9, 10, 37, 120, 134, 183, 202, 310, 311
마크 쿨란스키(Mark Kurlansky) 12, 393
민정중 32, 34
박제문 125
백석 282, 315, 325, 326
사와 슌이치(澤俊一) 37, 38, 119
서유구 28, 30, 35, 43, 53, 146, 191, 192, 235, 247, 331
세키자와 아케키요(關澤明淸) 151
신기선 107
안수길 334, 335

오희문 326
우치다 게이타로(內田惠太郎) 181, 184, 185, 186, 187, 188, 189, 327
유길준 109
이규경 22, 44, 45, 47, 52, 55, 95, 102, 112, 378
이만영 42, 52
이삼현 120, 121
이와나이(岩內) 159, 160, 161
이유원 34, 46, 98
이중환 124, 190
정약전 14, 17
조재삼 33, 46
홍성민 130
홍양호 29, 39, 378
황윤석 36, 37

가자미식해 324, 326, 329, 330

갈망(葛網) 244, 247, 257
거망(擧網) 47, 57, 241, 242, 245
건착망 176, 179, 241
걸그물 242, 243
경상(京商) 94
계보학 49
균역청 105, 106, 237, 239
그라운드 제로 181, 386
그물바리 57, 216, 218, 228, 234, 257
낙사공 230, 275
낚시바리 57, 215, 216, 223, 227
남구만 250
남북밀무역 283, 287
남선창고 110, 111, 382
납채시루 115
내상(萊商) 94
누원점(樓院店) 96
니가타현 150
당망(搪網) 235, 247
대관령 312, 315, 316, 317, 319, 320, 321
대부망 241
대초도 23
더덕북어 60, 301, 303, 304, 341, 342
덕걸이 143, 312, 314
덕주 101, 136, 307, 308, 310

도루묵(도루메기) 35, 43, 58, 69, 270, 324, 329, 331
도야마현 154
들망 139, 250, 270
뜬고기 272
마량도 69, 70, 71, 72, 75, 78, 79, 80, 81, 82, 83, 86, 142, 151, 153, 222, 240, 242, 289, 293, 306
마승(麻繩) 247
만상(灣商) 94
망태(網太) 54, 57, 253
멘타이(メンタイ), 멘타이코(明太子) 50, 379
면사망 244
명물고증학(명물학) 44
명태 동건법 308
명태고방 111
명태덕장 9, 37, 119, 292, 311
명태망선 139, 268
명태수조망 139
명태식해 324, 328, 329, 330
명태어란제조조합 164
명태어조합 164
명태자 147, 149, 160, 161, 162, 163, 164, 167
모리배 268, 269
무명잡세 117, 120
무태어 27, 28, 29, 30, 31, 32

민타이(Минтай) 51
밀물고기 272
방렴(防簾) 40, 237, 238, 239, 260
방추차(紡錘車, 가락바퀴) 215, 220, 221
백안단(白安端) 69, 70, 175
백일세(百一稅) 119
베링해 50, 61, 63, 71, 318, 358, 367, 370
봉치시루 115
북방명태(Walleye Pollock) 360
북상(北商) 94, 95, 97, 98
북선창고(北鮮倉庫) 111
북어세 90, 112, 119, 120, 121, 122, 123, 124, 125, 128, 129
북어전세(北魚槙稅) 123
북어조합 104, 109, 110
북어주인 99
북어창고주식회사 110
북어첩세혁파장정 124
북포(北布) 94, 95, 98, 380
사도가시마(佐渡島) 50, 152
사재감(司宰監) 36, 92, 118
삼방로(三防路) 93
삼팔무역(삼팔밀무역) 283
상달고사 116
서상(西商) 94, 95
서호리 334, 335

송상(松商) 94, 95
송우점(松偶店) 96
쇠배와 떡배 113, 114
수산공진회 168, 171, 176
수산박람회 168
수월세(手越稅) 119, 120, 121, 122, 123
수조망(手繰網) 57, 80, 151, 152, 153, 154, 155, 180, 240, 241, 242, 243, 277
스케토(스케토다라, 鱈, スケトウ) 50, 150, 152, 379
시마네현 155, 156, 174
시전(市廛) 96
신창 67, 69, 70, 75, 77, 80, 134, 135, 154, 164, 180, 197, 291, 294, 304, 306
야마구치현 107, 152, 153, 154, 155, 156, 169
어로허용선 297
어수량(어량) 25, 27
연승바리 216, 220, 227, 228, 373
오호츠크해 50, 63, 360, 361
용대리 9, 316, 319, 321, 339
용동궁북어수세(龍洞宮北魚收稅) 125
원산말뚝 342, 343
원산상의소 199

원산역 201
은어 55, 58, 118, 216, 270, 329, 330, 331, 365
자망바리 216, 299, 373
저각망(底角網) 180
저도어장 298, 299
저예망 57, 171, 172, 173, 174, 175, 176, 179, 180, 181, 184
전마선(傳馬船) 227, 260
접적어장(接敵漁場) 298
조선물산공진회 168, 170
조선선용발동기공진회 172
조선수산용품전람회 172
조선총독부 수산시험장 64, 173, 183, 186, 188, 189
조일통상장정 149
조태(釣太) 57, 215
중다우배 268, 269
지주전호제(地主佃戶制) 133
진부령 9, 312, 314, 316, 319, 320, 321
짓나눔 142, 143
차이배 233, 264, 266, 267
차호 67, 70, 77, 84, 85, 151, 153, 154, 163, 164, 175, 179, 197, 210, 225, 242, 358
책가어물장(冊街魚物場) 102
청진역 202

칡그물 248
쿠릴(오야시노)해류권 360, 361
타뢰망(打瀨網) 174
탁지아문 123
통어시대 147, 148
페티항(Petty Harbour) 12, 13, 353
포상(布商) 95
함경도 아바이 15, 224, 254, 312, 317, 318, 320, 343
홀치망(忽致網, 수조망) 155, 241
홍원수산사업소 84

〈어선조사보고〉 184
〈조선해어업개황〉 150

《각사등록》 128
《게 가공선》 130, 131, 132, 382
《경국대전》 117
《경성군 읍지》 30
《고려도경》 220
《공청도은진현강경포북어수세절목》 127
《균역사목》 235
《균역청사목》 235
《난호어목지》 43, 192, 235
《동국여지승람》 24
《만기요람》 238
《명물기략》 31, 378

《명천군 읍지》 30
《물명고》 52
《미암일기초》(유희춘일기) 325
《민중자서전》 17
《방약합편》 30, 31, 348
《북새기략》 29
《북새잡요》 39
《북한민속학사》 15
《비변사등록》 125, 239
《성소부부고》〈도문대작〉 36
《세종실록지리지》 24, 377
《속대전》 117, 259
《송남잡지》 33
《쇄미록》 325
《승정원일기》 121, 378
《신증동국여지승람》 24, 28, 95, 234, 377, 381
《약천집》 250
《여지도서》 25, 28, 29
《연경재전집》 43
《오주연문장전산고》 45, 52, 95, 102, 112
《오주연문장전산고》〈북어변증설〉 45, 47, 102
《요록》 324
《우해이어보》 14, 238
《이재난고》 36
《일성록》 36, 380

《임원십육지》 53, 96
《임원십육지》〈예규지〉 102
《임원십육지》〈전어지〉 28, 30, 35, 43, 158, 191, 235, 244, 257, 331, 388
《임원십육지》〈정조지〉 348, 392
《임원십육지》〈청어 잡는 법〉 236
《임하필기》 98
《자산어보》 17, 48
《재물보》 52
《조기 평전》 11, 18
《조선동해어류지》 71, 379
《조선수산》 9, 166, 177, 379, 386, 389, 391, 393
《조선신사대동보》 109
《조선통어사정》 151
《주방문》 324
《치어를 찾아서》 185, 186, 187
《택리지》 124, 190, 386
《한국수산지》 79, 96, 148, 221, 242, 243, 244, 246, 251, 301
《한국어보》 35, 187
《한일통어규칙》 152
《허생전》 101
《화한삼재도회》 44

주강현

해양문명사가. 제주대학교 석좌교수로 오래 있었고, 제주도에서 복합문화공간 '라키비움 바다'를 만드는 중이다. 국립해양박물관장, 아시아퍼시픽 해양문화연구원장, 한국역사민속학회장 등을 거쳤으며, 민속학·인류학·역사학·해양학 등을 기반으로 분과학문을 뛰어넘어 전방위적으로 연구하고 집필하고 있다. 포르투갈 해양학술원 회원이기도 하다.

지은 책으로는 《양정 인물 평전》, 《바다를 건넌 붓다》, 《해양실크로드 문명사》, 《환동해 문명사》, 《조기 평전》, 《제주기행》, 《세계의 어시장》, 《등대의 세계사》, 《독도강치 멸종사》, 《제국의 바다 식민의 바다》, 《관해기》(1·2·3), 《적도의 침묵》, 《독도견문록》, 《돌살》, 《두레》, 《유토피아의 탄생》, 《우리 문화의 수수께끼》, 《등대 문화사》, 《세계박람회 1851~2012》, 《상하이 세계박람회》, 《Ocean Expology》, 《왼손과 오른손》, 《굿의 사회사》, 《마을로 간 미륵》(1·2), 《황철산 민속학》, 《북한민속학사》, 《북한의 우리식 문화》, 《북한의 민족생활풍습》 등 50여 권이 있다. 번역서 《인디언의 바다》(Hilary Stewart)와 일서 《黃金の海·イシモチの海》(法政大), 어린이책 《강치야 독도야 동해바다야》, 《탐라국 제주》, 《조선사람 표류기》, 《명태를 찾습니다!》 등도 펴냈다.

이 책은 《조기 평전》에 이은 현대적 어보다. 정약용의 《자산어보》를 잇는, 물고기의 총체적 역사를 다루는 어보를 속속 펴낼 예정이다.